Bevor Sie weiterblättern:

...wenn Sie ein Computer-Buch suchen, das Sie in einer leicht-verständlichen Sprache und auf unterhaltsame Art über alle Grundlagen informiert...

...wenn Sie nicht 500 Seiten und mehr durchackern möchten, um am Ende doch Ihren "entfernten Bekannten" (den PC-Spezialisten aus Tante Hedwigs Kegelclub) zu Rate ziehen zu müssen...

...wenn Sie nicht zum Computer-Genie werden wollen, sondern lediglich lernen möchten, Ihren Computer für Ihre alltäglichen Arbeiten einzusetzen...

...dann vertrauen Sie sich einem erfolgreichen Konzept an.

Die "für alle"-Reihe ist ideal für jeden, der nicht zum absoluten Computer-Freak oder ambitionierten Profi-Programmierer, sondern zu einem ganz normalen und sicheren Anwender werden will.

Rainer Bartel

Das Computerbuch für den "normalen" Anwender!

DATA BECKER

Copyright   © 1993 by DATA BECKER GmbH
Merowingerstr. 30
40223 Düsseldorf

1. Auflage 1993

Lektorat   Silvia Dreger

Schlußredaktion   Astrid Bittner

Umschlaggestaltung   Werner Leinhos

Grafiken   Frank Geile

**Textverarbeitung
und Gestaltung**   Udo Bretschneider

Belichtung   MAC, Studio für Satz und Design GmbH, Düsseldorf

**Druck und
buchbinderische Verarbeitung**   Paderborner Druck Centrum, Paderborn

ISBN 3-89011-300-1

Wichtiger Hinweis

Vorwort

Wenn Sie schon einmal in Excel hineingeschnuppert haben, werden Sie vielleicht Zweifel haben, ob ein solch kompliziertes und vielfältiges Programm tatsächlich auf weniger als 300 Seiten erklärt werden kann.

Ich kann Sie beruhigen: Dieses Buch ist so konzipiert, daß es tatsächlich "für alle" geeignet ist. Also auch für Leser, die gar nichts über Excel wissen. Deshalb werden die wirklich wichtigen Arbeitsabläufe und Methoden vorgestellt.

Sie lernen die Dinge kennen, die Sie bei der täglichen Arbeit mit Excel wirklich brauchen. Wenn Sie also keine Lust haben, jede Ecke und jeden Winkel von Excel kennenzulernen, dann sind Sie hier goldrichtig!

Um dieses Buch sinnvoll zu nutzen, brauchen Sie keinerlei Vorkenntnisse. Weder über den Computer, vor dem Sie sitzen, noch über dessen Innereien und die ganze Software, die dort gespeichert ist.

Ich garantiere Ihnen: Sie werden nach der Lektüre dieses Buches - oder auch zwischendurch - jederzeit aus der Welt des Computers auftauchen können, ohne irgendwelche Spätschäden davonzutragen.

Wie Sie dieses Buch benutzen sollten

Sie müssen "Excel für alle" nicht in einem oder stufenweise von vorne nach hinten durcharbeiten. Meistens reicht es, wenn Sie sich anhand des Inhaltsverzeichnisses für ein Thema entscheiden und das entsprechende Kapitel durchlesen.

Innerhalb der Kapitel finden Sie eine feinere Unterteilung in Abschnitte, die einem speziellem Problem gewidmet sind. Wollen Sie also etwas ganz bestimmtes mit Excel lösen, suchen Sie den entsprechenden Abschnitt. Dort weden Sie dann aus dem Text und den Abbildung entnehmen können, wie Sie Ihr Excel-Problem lösen können.

Am Ende der meisten Kapitel gibt es jeweils einen Teil, der von möglichen Problemen und Fehlern handelt. Sie werden hier genau die Hinweise finden, die Sie bei der Bewältigung eines Problems brauchen.

Ich möchte Ihnen ans Herz legen, die Kapitel 1 und 2 zu studieren. Dann haben Sie nämlich das Handwerkszeug im Griff, das Sie bei der Arbeit mit Excel immer brauchen.

Ganz wichtig:

Sie können bedenkenlos alle Beispiele und Aktionen am eigenen Computer ausprobieren. Dabei können Sie nichts kaputtmachen! Im Gegenteil: Das Experimentieren bringt Ihnen nach und nach die gewünschte Sicherheit beim Umgang mit Excel.

Auf was Sie beim Aufschlagen der Seiten achten sollten

Beim Durchblättern des Buches werden Sie sehen, daß manche Textstellen besonders hervorgehoben sind. Diese Stellen enthalten entweder das Wichtigste aus einem Abschnitt oder besondere Tips, Hinweise oder Warnungen.

Hervorgehoben sind die Textstellen dadurch, daß die Schrift auf einem grauen Hintergrund steht.

Finden Sie daneben ein Excel-Symbol mit Glühbirne, handelt es sich um einen Tip oder Hinweis. Ein solcher Tip oder Hinweis hilft Ihnen, eine Arbeit zu vereinfachen, oder klärt, warum eine Arbeit so und nicht anders ausgeführt werden sollte.

Steht neben einem hervorgehobenen Text ein Symbol mit Ausrufezeichen, handelt es sich um eine Warnung. Diese soll Sie auf mögliche Fehler, die passieren können und unangenehme Folgen haben, aufmerksam machen.

Alles, was Sie eintippen sollen, um ein Beispiel nachzuvollziehen, erscheint entweder im Text selbst oder in einer separaten Zeile - dann sieht es so aus:

```
=SUMME(A1:Q35)
```

Im Text selbst habe ich solche Eingaben in Anführungszeichen einge-
schlossen - Beispiel: "=SUMME(A1:Q35)". Die Anführungszeichen
lassen Sie beim Eintippen bitte weg.

Bei der Arbeit mit Excel werden Ihnen oft Namen für Befehle und
andere Dinge begegnen. Solche Namen habe ich grundsätzlich mit
Anführungszeichen versehen - Beispiel: Wählen Sie den Befehl
"Öffnen..." aus dem Menü "Datei".

Gehört zum Nachvollziehen eines Beispiels, daß Sie eine oder
mehrere Tasten drücken sollen, werden die Tasten im Text so
dargestellt:

> Enter

Schließlich gibt es noch Abschnitte, die so gekennzeichnet sind:

Fachchinesisch

 Sie enthalten weiterführende Erklärungen in einer Sprache, die
man landläufig als "Fachchinesisch" bezeichnet. Solche Abschnitte
können Sie überspringen. Wenn es Sie aber interessiert, dann lesen
Sie das Fachchinesisch halt!

Am Ende eines jeden Kapitels finden Sie wichtige Informationen
noch einmal in Kurzform - dieser Teil ist ebenfalls durch einen
grauen Hintergrund und zusätzlich durch Glühbirnen-Symbole
kenntlich gemacht.

Rainer Bartel   *Juni 1993*

Inhaltsverzeichnis

1. Was bedeuten diese vielen Tasten?   15

   1.1   Die verschiedenen Funktionsbereiche der Tastatur   18
   1.2   So arbeiten Sie am besten mit der Maus   24

2. Das ist Excel   29

   2.1   Dazu ist Excel da   32
   2.2   Dazu ist Excel nicht da   34

3. Den Rechner einschalten und Excel starten   35

   3.1   So finden Sie die Excel-Gruppe   40
   3.2   Excel starten   44
   3.3   Starthilfe - wenn gar nichts geht   45
   3.4   So sieht Excel aus   47
   3.5   Mögliche Probleme beim Starten von Excel   51

4. Eine einfache Tabelle mit Excel aufbauen   54

   4.1   Die verschiedenen Bereiche von Excel und wie Sie dort
           hinkommen   55
   4.2   So tragen Sie Zahlen in die Tabelle ein   58
   4.3   Das bedeutet ####### in der Tabelle   62
   4.4   Text eintippen ist auch ganz einfach   67
   4.5   Tippfehler sind schnell korrigiert   70
   4.6   So markieren Sie in der Tabelle   72
   4.7   Was nicht sein soll, wird einfach gelöscht   76
   4.8   Addieren manuell, halb- und vollautomatisch   79
   4.9   Bleibende Werte - so wird die Tabelle gespeichert   84
   4.10   Mögliche Fehler beim Anlegen einer Tabelle   91

5. Umfangreiche Tabellen einfach erstellen   97

5.1	Zellen automatisch füllen lassen	102
5.2	So tragen Sie Formeln ein	112
5.3	So kopieren und verschieben Sie Formeln	116
5.4	So geben Sie einem Bereich einen Namen	119
5.5	Dazu brauchen Sie Funktionen	123
5.6	So tragen Sie Funktionen ein	125
5.7	Mögliche Fehler beim Erstellen umfangreicher Tabellen	127

6. Diagramme, die Eindruck machen   136

6.1	So hilft Ihnen Excel beim Erstellen eines Diagramms	137
6.2	Balken-, Säulen- oder Kreisdiagramme?	147
6.3	So beschriften Sie Ihr Diagramm	154
6.4	Andere Farben, anderes Aussehen	156
6.5	Mögliche Fehler beim Erstellen von Diagrammen	167

7. Schönheitskorrekturen an Tabellen und Diagrammen   170

7.1	Eine andere Schrift wäre schöner	172
7.2	Spalten verbreitern und passend machen	180
7.3	So verändern Sie die Zeilenhöhe	182
7.4	Rahmen bringen mehr Übersicht	184
7.5	So färben Sie Text, Zellen und Rahmen	190
7.6	So verschönert Excel eine Tabelle automatisch	194
7.7.	Mögliche Fehler bei Schönheitskorrekturen	195

8. Drucken mit Excel   198

8.1	Den richtigen Drucker auswählen	199
8.2	So bestimmen Sie, wie der Druck aussieht	200
8.3	So bestimmen Sie, was gedruckt wird	202
8.4	So sehen Sie, was gedruckt wird	203
8.5	So verbessern Sie die gedruckte Tabelle	205

| 8.6 | Und so starten Sie den Ausdruck | 208 |
| 8.7 | Mögliche Probleme beim Drucken mit Excel | 209 |

9. Excel als Karteikasten — 213

9.1	Das sind Datensätze und Datenfelder	213
9.2	So legen Sie eine Adressendatei an	215
9.3	So lassen Sie die Adressen sortieren	222
9.4	So finden Sie eine Adresse	223
9.5	Mögliche Fehler beim Anlegen und Benutzen einer Adressendatei	225

10. Einige nette Dinge, die Sie nicht unbedingt brauchen — 226

10.1	So gestalten Sie eigene Zahlenformate	226
10.2	So arbeiten Sie mit Druckformaten	231
10.3	So benutzen Sie die Rechtschreibprüfung	234
10.4	Makros - und wie Sie von ihnen profitieren	237

11. Was Sie besser lassen sollten — 241

11.1	Computer ausschalten, während Excel noch läuft	241
11.2	Computer ausschalten, während die Windows-Oberfläche noch eingeschaltet ist	242
11.3	Von einer Diskette aus arbeiten	243
11.4	Diskette rausziehen, während das Laufwerk noch arbeitet	243
11.5	Kabel rausziehen oder reinstecken, während der Computer eingeschaltet ist	243
11.6	Das Verzeichnis, in dem Excel gespeichert ist, umbenennen	244

12. Die wichtigsten Funktionen im Überblick — 245

13. Ein paar fertige Formeln für den Sofortgebrauch — 249

14. Excel-Begriffe, die Sie kennen sollten   256

15. Begriffe, die Sie kennen sollten, um mitreden zu können   262

Stichwortverzeichnis   266

1. Was bedeuten diese vielen Tasten?

Sicherlich haben Sie einige Freunde, die sich - sobald Sie Ihnen dazu Gelegenheit geben - als PC-Gurus entpuppen. Wenn Sie Pech haben, werden Ihnen Begriffe wie SCSI (sprich: Skasi), CPU (sprich: Ze-Pe-U), Megahertz und Speichergrenzen derart konzentriert um die Ohren gehauen, daß nach einigen Minuten der Punkt gekommen ist, wo Sie nur noch mit glasigen Augen verständnisvoll nicken, das Gehirn aber schon abgeschaltet haben.

Manche computernden Freunde brauchen im übrigen noch nicht mal einen Anstoß zu solchen verbalen Exkursionen.

Tatsächlich gibt es zum Thema "Hardware" (sprich: Hardwär) nicht viel was Sie wirklich wissen müssen - außer natürlich, was Hardware überhaupt bedeutet. Mit diesem Begriff sind die festen Teile Ihres Computers gemeint; das, was Sie im Unterschied zur "Software", den Programmen, anfassen können (bzw. anfassen könnten, wenn das Gehäuse des Computers geöffnet wäre). Beim ersten Kontakt mit dem PC, auf dem Sie dann das Programm Excel benutzen wollen,

15

brauchen Sie nur über zwei Hardware-Bestandteile einige Informationen: über die Tastatur und die Maus.

Die Tastatur ist zunächst der Bestandteil, zu dem Sie die meisten Informationen brauchen. Zum Thema "Maus" erfahren Sie alles Wichtige im nächsten Abschnitt. Beide Teile - Tastatur und Maus - sind dazu da, mit dem Computer Kontakt aufzunehmen. Während der Bildschirm zeigt, was der Computer Ihnen zu sagen und zu zeigen hat, sind Tastatur und Maus die Mittel, mit denen Sie dem Computer Befehle erteilen, ihm also mitteilen, was der tun soll.

Die folgende Abbildung zeigt die heute übliche Tastaturart, die sogenannte "MF2"-Tastatur.

Geraten Sie nicht in Panik, wenn auf den Tasten Ihrer Tastatur ganz andere Bezeichnungen stehen - Sie haben nicht etwas ein falsches Buch zu Ihrem Computer gekauft, sondern Sie besitzen eine Tastatur mit englischer Beschriftung. In der folgenden Tabelle finden Sie die in diesem Buch benutzten Tastenbezeichnungen und die jeweils möglichen Varianten, die Sie eventuell auf Ihrer Tastatur vorfinden.

Diese Tastenbezeichnungen werden in diesem Buch verwendet:	Diese Tastenbezeichnungen finden Sie eventuell auf Ihrer Tastatur:
Alt	ALT, Sonderzeichen
Ende	END, End
Pos1	HOME, Home, POS1
Strg	CTRL, Ctrl, STRG, CONT, KTRL
Entf	Löschen, DEL, Del, DELETE, Lösch
Einfg	Einfügen, INS, Ins, INSERT
Enter	ENTER, RETURN, NEXT ◁— ◁⅃
Esc	Escape, ESCAPE, EingLösch
Rück	BACK, Backspace ◀—
Umschalt	⇧ △ , Shift
Tab	TAB, ⊨▶
RückTab	RÜCKTAB, ◀⊨
Bild ↑	PgUp, Seite △
Bild ↓	PgDn, Seite ▽
Groß	Caps-Lock, CAPS-Lock, Groß/Klein
Abbr	ScrollLock
Num	NumLock
Druck	PrtSc

Um den Aufgaben der diversen Tasten auf die Spur zu kommen, sollten wir die Tastatur zuerst einmal in einzelne Bestandteile zerlegen.

Auf den folgenden Seiten werden die Bedeutungen und Funktionen dieser Bestandteile und der dazugehörigen Tasten - soweit für den Umgang mit Excel interessant - erklärt. Sie müssen sich nicht unbedingt alles merken - wenn es im Verlauf des Buches nötig ist, werden die Funktionen noch einmal erläutert. Aber hier haben Sie alle Informationen gebündelt und zum Nachschlagen.

17

1.1 Die verschiedenen Funktionsbereiche der Tastatur

Die Schreibmaschinentasten

Die meisten dieser Tasten kennen Sie, wenn Sie jemals eine Schreibmaschine unter den Fingern hatten. Über die Tasten wird der Text
eingegeben. Es befinden sich allerdings einige Tasten mit außerge-
wöhnlichen Namen in diesem Bereich, die in Computerprogrammen
für bisweilen ziemlich exotische Zwecke da sind, wie ⌜Strg⌝ und
⌜Alt⌝.

Andere Tasten haben eine etwas andere Bedeutung als auf der
Schreibmaschine. So ist z. B. die Zeilenschaltungstaste (im Computer-
fachchinesisch: ⌜Enter⌝-Taste) nicht ausschließlich für Zeilenschal-
tungen verantwortlich, auch mit der ⌜Tab⌝-Taste können Sie mehr
tun, als nur Zeilen einzurücken.

Zumindest zur mechanischen Schreibmaschine gibt es bei den
meisten Tasten des Schreibmaschinenteils eine Besonderheit: Sie
verfügen über eine Tastenwiederholung. Wenn Sie z. B. auf die Taste
⌜M⌝ drücken, erscheint ein "m" auf Ihrem Bildschirm. Lassen Sie den
Finger etwas länger auf der Taste, erscheint "mmmmmmmmmmm".

Die ⌜Enter⌝-Taste

Die Größe dieser Taste ist Ihrer Bedeutung angemessen.
Einerseits entspricht Sie der Zeilenschaltungstaste (auch
Wagenrücklauftaste genannt) einer elektrischen
Schreibmaschine. D. h., daß Sie beispielsweise mit einem
Druck auf diese Taste in einem Textverarbeitungsprogramm eine
Zeile beenden und gleichzeitig eine neue Zeile beginnen können.

18

Andererseits hat diese Taste bei der Arbeit mit Excel eine andere, aber ausgesprochen wichtige Funktion. Sie teilen Excel mit, welche Zahlen und Texte in einer Tabelle erscheinen sollen, indem Sie die gewünschten Werte und Wörter eintippen. Jede Eingabe muß bestätigt werden, und das geschieht durch Drücken der `Enter`-Taste. In den meisten anderen Programmen hat diese Taste die gleiche Funktion - sie dient zum Bestätigen von Eingaben.

Die `Umschalt`-Tasten

Das Eingeben von Großbuchstaben funktioniert mit der Computertastatur genauso wie bei der Schreibmaschine. Wenn Sie eine der beiden `Umschalt`-Tasten gedrückt halten und dann zusätzlich auf eine Buchstabentaste drücken, erhalten Sie den entsprechenden Großbuchstaben.

Wenn Sie eine Zeitlang nur Großbuchstaben eingeben wollen, können Sie auf die permanente Großschreibung umschalten, und zwar mit der `Groß`-Taste. Möglicherweise steht auf keiner Ihrer Tasten das Wort "Groß" drauf. In diesem Fall ist es die Taste mit dem Pfeil nach unten, die oberhalb der linken `Umschalt`-Taste liegt. Es kann auch sein, daß die `Groß`-Taste mit der Bezeichnung "CapsLock" versehen ist - wenn dieser Begriff nicht auf der Taste selbst auftaucht, dann doch an einem der kleinen Lämpchen in der rechten oberen Ecke der Tastatur. Ist die Großschreibung aktiviert, leuchtet dieses Lämpchen. Um wieder zur normalen Schreibweise zurückzukommen, drücken Sie auf eine der `Umschalt`-Tasten (bei manchen Tastaturen müssen Sie statt dessen die `Groß`-Taste ein zweites Mal betätigen).

Wenn Sie bei eingeschalteter Großschreibung einen Buchstaben mit gedrückter `Umschalt`-Taste eintippen (was für eine komische Idee!), erhalten Sie einen Kleinbuchstaben - mit einer der `Umschalt`-Tasten erzielen Sie also immer die jeweils nicht aktivierte Schreibweise.

Auf den Tasten mit den Ziffern und Satzzeichen finden Sie jeweils zwei Angaben; auf der Taste `1` ist z. B. das Ausrufezeichen ("!") untergebracht. Das jeweils in der oberen Hälfte der Taste angegebene Zeichen erreichen Sie durch Drücken der Taste bei festgehaltener `Umschalt`-Taste. Die `Groß`-Taste wirkt auf diese Tasten übrigens

19

nicht. Selbst wenn Sie die ⎡Groß⎤-Taste betätigt und so in die Groß-
buchstabenschreibweise umgeschaltet haben, müssen Sie immer noch
die ⎡Umschalt⎤-Taste benutzen, wenn Sie z. B. ein Fragezeichen ("?")
brauchen - es findet sich auf der gleichen Taste wie das "ß".

⎡Strg⎤- *und* ⎡Alt⎤-*Taste*

Strg   **Alt**   Die Tasten ⎡Strg⎤ und ⎡Alt⎤ (das sind die
                               Abkürzungen für "Steuerung" und "Alternative",
was Sie sich nicht merken müssen) haben einiges mit den ⎡Umschalt⎤-
Tasten gemeinsam.

Wie diese richten Sie nämlich allein gar nichts aus, sondern erst in
Kombination mit einem Buchstaben (bzw. einer Ziffer oder einem
Satzzeichen). Während Sie mit der ⎡Umschalt⎤-Taste Großbuchstaben
auf den Bildschirm zaubern, können Sie mit der ⎡Strg⎤- oder ⎡Alt⎤-
Taste und einer zusätzlich gedrückten Zeichen- oder Funktionstaste
(das sind die Tasten ganz oben auf Ihrer Tastatur, deren Beschriftungen jeweils mit einem "F" beginnen) einen Befehl an den Computer
abschicken. Ob dieser Befehl verstanden wird und wie, hängt vom
jeweiligen Programm ab. Bei der Arbeit mit Excel können Sie viele
umständliche Aktionen durch so eine Tastenkombination sehr viel
schneller erledigen.

Die Wirkung einer solchen Tastenkombination tritt übrigens nur ein,
wenn Sie die ⎡Strg⎤- bzw. ⎡Alt⎤-Taste drücken und festhalten, dann
die zusätzliche Taste betätigen und beide wieder loslassen.

Die ⎡Esc⎤-*Taste*

Esc   "Escape" - daher leitet sich der abgekürzte Name dieser Taste
           ab - bedeutet "fliehen", "flüchten" und "entkommen". Und so
können Sie in vielen Fällen mit einem Druck auf diese Taste einer
unangenehmen Situation entkommen. In den meisten Fällen werden
Sie die ⎡Esc⎤-Taste bei der Arbeit mit Excel dazu benutzen, eine an-
gefangene Aktion abzubrechen, ohne daß diese zu Ende gebracht
wird. Sie können z. B. mit der ⎡Esc⎤-Taste auch die Text- bzw.
Zahleneingabe in einer Tabelle abbrechen, wenn Sie es sich anders
überlegt haben.

Die ⌴Rück⌴-Taste

⬅ Auch Sie werden sich manchmal vertippen. Da Sie Ihrem Bildschirm schlecht mit TippEx zu Leibe rücken können, sind Sie zum Verbessern auf andere Mittel angewiesen, z. B. auf die ⌴Rück⌴-Taste. Ein Druck auf diese Taste löscht das zuletzt eingetippte Zeichen.

Die Funktionstasten

Mit einem Druck auf eine der Funktionstasten starten Sie eine besonders wirkungsvolle, manchmal auch etwas geheimnisvolle Funktion. Welche Funktionstaste was bewirkt, hängt vom jeweiligen Programm ab. In Excel können Sie regen Gebrauch von den Funktionstasten machen, weil Sie mit ihnen eine Reihe nützlicher Aktionen schnell starten können. So bringt Ihnen das Drücken der ⌴F1⌴-Taste in jeder Situation einen passenden Hilfetext auf den Bildschirm - doch dazu später mehr.

Neben dem einfachen Betätigen einer Funktionstaste spielen bei Excel auch die Kombinationen von ⌴Strg⌴- bzw. ⌴Alt⌴-Taste und Funktionstaste eine wichtige Rolle. Selbst solch wilde Kombinationen wie ⌴Umschalt⌴ + ⌴Strg⌴ + ⌴F3⌴ sind gültig und führen zum Ausführen einer Funktion.

Der Bewegungsbereich

Das hat nichts mit Gymnastik zu tun. Bei der Arbeit mit dem Computer und besonders mit Excel sind Sie oft genötigt, die Schreibmarke oder eine Markierung an eine andere Stelle zu bewegen.

Leider gibt es für das, was eben "Schreibmarke" genannt wurde, keine wirklich elegante deutsche Übersetzung; auf Englisch heißt es "Cursor" (sprich: Körser). Beim Eingeben von Text und Zahlen ist es so, daß genau an der Stelle der nächste Buchstabe bzw. die nächste Ziffer erscheint, wo ein kleiner senkrechter Strich blinkt. Wollen Sie

21

einen Buchstaben an einer Position innerhalb des bereits Eingegebenen einfügen, bewegen Sie den Cursor dort hin und tippen das gewünschte Zeichen ein.

Genau das erledigen Sie mit den Tasten des Bewegungsbereichs, die auch Richtungstasten genannt werden. Das sind die vier Tasten mit den Pfeilen drauf. Mit ihnen können Sie den Cursor in die jeweilige Richtung bewegen. Dazu kommen noch die Tasten Pos1 (Abkürzung für "Position 1", also den Anfang) und Ende, mit denen Sie an den Anfang bzw. an das Ende des eingegebenen Textes springen können.

Mit den Pfeiltasten können Sie außerdem die Markierung in einer Excel-Tabelle (ein Rähmchen) von einer Stelle zur anderen bringen. Die Markierung bewegt sich jeweils in der angegebenen Richtung. Benutzen Sie die Taste Bild ↑ oder die Taste Bild ↓, springt die Markierung nicht zeilenweise sondern jeweils eine Bildschirmseite nach oben bzw. nach unten. Mit der Taste Pos1 können Sie immer an den Anfang einer Tabellenzeile springen. Die Besonderheiten der Ende-Taste in einer Excel-Tabelle lernen Sie später noch kennen.

Ausnahmen in diesem Block bilden die Entf- und die Einfg-Tasten. Während die Einfg-Taste in Excel praktisch überhaupt nicht sinnvoll eingesetzt werden kann, dient die Taste Entf dazu, eine Funktion aufzurufen, mit der Sie bestimmen können, was entfernt, also gelöscht werden soll.

Der Ziffernblock

 Hier finden Sie nicht viel Neues. Im Grunde genommen ist dieser Tastaturbereich nicht unbedingt nötig. Alle Tasten sind hier doppelt belegt, so daß z. B. die Taste 4 auch als Richtungstaste benutzt werden kann. Zwischen den beiden Belegungsarten schalten Sie mit der Taste Num um. Leuchtet das Lämpchen bei "Num", können Sie mit dem Ziffernblock Zahlen und Rechenzeichen eingeben. Wenn Sie mit Excel arbeiten, sollte das Lämpchen bei "Num" leuchten. Sie können dann längere Zahlenkolonnen bequemer

eintippen als über die Zifferntasten im Schreibmaschinenbereich. Das geht dann so schnell wie bei einem Tisch- oder Taschenrechner.

Die Anordnung der Ziffern und Rechenzeichen (+, -, * und / stehen für Addition, Subtraktion, Multiplikation und Division) entspricht genau der eines üblichen Taschenrechners. Die ⌈Enter⌉-Taste im Ziffernblock dient zum Bestätigen der Eingabe. Durch diese Anordnung ist es bequem möglich, alle Zahleneingaben mit der rechten Hand durchzuführen, ohne zwischendurch in den Schreibmaschinenbereich wechseln zu müssen.

Wenn die Tastatur piept

Sie haben ja die Tastenwiederholung kennengelernt. Wenn Sie eine Taste gedrückt halten, wird das zugehörige Zeichen am Bildschirm wiederholt angezeigt. Wiederholen Sie dieses Experiment mit einer Taste außerhalb des Schreibmaschinenbereichs, kann es passieren, daß Ihr Computer beginnt unangenehm und wiederholt zu Piepen. Keine Sorge - Sie haben dann bloß eine Taste erwischt, die jeweils nur einmal gedrückt werden sollte. Nach dem Ende des Piepkonzerts können Sie dann weiter mit der Tastenwiederholung experimentieren.

Aber auch beim normalen Eintippen kann es zum Piepen kommen. Wenn Sie nämlich schneller tippen, als es der Computer verarbeiten kann - und das kommt gelegentlich vor, wenn der PC anderweitig beschäftigt ist - werden maximal 16 eingegebene und noch nicht verarbeitete Zeichen gespeichert. Wenn dieser Speicher voll ist, beschwert sich der Computer: Er beginnt zu piepen. Nach dem Piepen noch etwas einzutippen, hat keinen Sinn, es wird nämlich ignoriert. Warten Sie also das Ende des Lärms ab, und geben Sie dann weiteren Text ein.

1.2 So arbeiten Sie am besten mit der Maus

Falls Ihre Vorstellung von der Arbeit am Computer ausschließlich aus dem Eintippen von irgendwelchen Befehlen und der schmucklosen Anzeige am Bildschirm bestand, können Sie aufatmen. Excel ist nämlich ein Programm, das sich einer Einrichtung bedient, die Windows heißt. Nebenbei: Sowohl Windows als auch Excel stammen vom gleichen Hersteller, der Firma Microsoft. Deshalb passen Excel und Windows auch so gut zusammen.

Windows ist eine Software, die den ganzen Platz auf dem Bildschirm benutzt. Dort wird eine Reihe von Bildern dargestellt, die jeweils zeigen, was gerade im Computer passiert und was Sie tun können. Weil das so ist, nennt man Windows eine Benutzeroberfläche. Eine Benutzeroberfläche finden Sie praktisch an jedem technischen Gerät, z. B. einem Auto. Dort gibt es den Tachometer und die anderen Armaturen, durch die Sie über die aktuelle Situation informiert werden. Um dem Auto mitzuteilen, was es tun soll, benutzen Sie die Pedale, das Lenkrad und den Schaltknüppel. Windows wird nicht mit Pedalen und Hebeln bedient, sondern mit der Maus.

Und weil Excel nur unter Windows läuft, wird auch Excel mit der Maus bedient. Wichtig: Mit Excel können Sie nur vernünftig arbeiten, wenn eine Maus an Ihrem PC angeschlossen ist!

Falls Ihr Computer also nicht mit einer solchen Maus ausgerüstet ist, sollten Sie sich ganz schnell eine besorgen bevor Sie sich an Excel heranmachen.

Es gibt zwei Typen von Mäusen: Solche mit zwei Tasten und welche mit drei Tasten. Für die Arbeit mit Excel sind nur die jeweils linken und rechten Tasten wichtig; die mittlere Taste einer Drei-Tasten-Maus dient bei Excel eher dekorativen Zwecken. Am häufigsten werden Sie aber die linke Maustaste drücken. Und das geht am besten, wenn Sie die Maus auf folgende Art und Weise halten:

Abb 1: Und so halten Sie die Maus am besten

Achten Sie darauf, daß das Kabel der Maus von Ihnen weg in Richtung auf den Computer zeigt, und daß die Maus annähernd rechtwinklig zur Tischkante liegt. Sie halten die Maus zwischen dem Daumen und dem Ringfinger (der kleine Finger hilft ein bißchen dabei) und legen den Zeige- und den Mittelfinger leicht auf den Tasten auf der Oberseite der Maus auf.

Wenn Sie die Maus jetzt über die Tischoberfläche bewegen, wird sich auf dem Bildschirm ein Zeiger bewegen. Natürlich nur dann, wenn auf Ihrem PC schon die Windows-Oberfläche bzw. auch schon Excel läuft. Dieser Zeiger heißt "Mauszeiger", weil seine Bewegungen durch die Maus gesteuert werden. Beobachten Sie, wie der Mauszeiger sich analog zu den Bewegungen Ihrer Hand mit der Maus auf dem Bildschirm verhält.

Dieser Mauszeiger ist jetzt Ihre in den Bildschirm hinein verlängerte Hand. Sie können mit dem Mauszeiger Dinge am Bildschirm machen, die Sie üblicherweise mit der Hand auf Ihrem Schreibtisch erledigen: etwas anfassen, verschieben, Tasten auslösen und anderes mehr.

Anklicken

Die einfachste Übung ist das Anklicken. Es funktioniert etwa so wie das Betätigen eines Druckschalters an einem Gerät. Sie bewegen den Mauszeiger am Bildschirm auf das Bildchen oder den Teil eines Bildes, mit dem Sie etwas anstellen möchten. Wenn sich der Mauszeiger auf diesem Bild befindet, betätigen Sie kurz die linke Maustaste: drücken und sofort wieder loslassen.

In den meisten Fällen wird durch das Anklicken etwas ausgewählt. So wird bei Excel ein Tabellenfeld dadurch ausgewählt, daß Sie den Mauszeiger in dieses Feld bewegen und dann mit der linken Maustaste klicken.

Oft finden Sie auf dem Bildschirm graue Rechtecke mit einer Beschriftung, die plastisch wirken, so als seien sie auf der Mattscheibe aufgeklebt. Diese Dinger heißen Schaltflächen und entsprechen den Schaltern an einem Gerät. Wie Sie sich schon denken können, müssen Sie eine solche Schaltfläche anklicken, wenn Sie die Aktion auslösen wollen, für die diese Schaltfläche zuständig ist.

*Abb 2:   Solche grauen, beschrifteten Rechtecke
           nennt man "Schaltflächen"*

Doppelklicken

Etwas schwieriger ist der Doppelklick. Hier geht es darum, den
Mauszeiger auf ein Bild zu bewegen und dann die linke Maustaste
zweimal kurz nacheinander zu drücken. Ob das erfolgreich war,
merken Sie daran, daß sich am Bildschirm etwas verändert. Meistens
verschwindet nach einem Doppelklick das anvisierte Symbol, und es
erscheint statt dessen ein rechteckiger, umrandeter Bereich auf dem
Monitor - das ist dann ein geöffnetes Fenster.

Machen Sie sich keine Sorgen, wenn anfangs Ihr Doppelklick gar
nichts auslöst. Sie müssen erst ein Gefühl dafür entwickeln, wie rasch
die beiden Klicks aufeinander folgen müssen. Erinnern Sie sich noch,
daß Sie beim Autofahren als Anfänger oft den Rückwärtsgang nicht
auf Anhieb gefunden haben? Ähnlich ist es beim Doppelklick: Nach
einiger Übung klappt er meist sofort.

Außerdem: Mit einem Doppelklick, der nicht geklappt hat, können
Sie keinen Schaden anrichten. Schlimstenfalls passiert nämlich
überhaupt nichts.

Ziehen

Denken Sie daran: Die Maus ist Ihre in den Bildschirm verlängerte
Hand. Deshalb können Sie mit der Maus - genauer: mit dem Maus-
zeiger - auch Dinge anfassen und bewegen. Man nennt diesen
Vorgang "Ziehen".

Sie bewegen den Mauszeiger auf das Symbol bzw. auf ein verschieb-
bares Objekt, drücken die linke Maustaste und halten diese gedrückt.
Wenn Sie jetzt die Maus bewegen, wird sich der angefaßte Gegen-
stand am Bildschirm analog dazu bewegen. Lassen Sie die Maustaste
los, wird das bewegte Element an der neuen Position abgelegt.

Seien Sie nett zu Ihrer Maus!

Sie wissen ja, Mäuse sind recht zarte Wesen. Deshalb sollten Sie auch mit Ihrer Computermaus gewaltfrei umgehen. Es reicht aus, die Maustasten ganz zart zu drücken. Meist ist das auch erfolgreicher, weil Sie beim brutalen Hämmern auf die Maustaste die Maus verschieben und der Zeiger sich dabei oft vom gewünschten Objekt wegbewegt.

Außerdem: Halten Sie die Maus fest. Wenn Sie nämlich den Mauszeiger an die gewünschte Stelle bringen und die Maus dann loslassen, um anschließend den Zeigefinger wie einen Adler auf die Maustaste herabstürzen zu lassen, werden Sie meistens nicht das erreichen, was Sie wollten.

Vielleicht haben Sie schon gemerkt, daß sich der Mauszeiger nur bewegt, wenn die Maus beim Verschieben auf der Tischoberfläche liegt. Schwebt die Maus, bleibt der Mauszeiger stehen, egal wie stark Sie die Maus bewegen. Das liegt am technischen Prinzip der Maus: Auf der Unterseite finden Sie eine Kugel, die etwas aus dem Gehäuse herausragt. Die Bewegungen dieser Kugel werden in Mauszeigerbewegungen übersetzt. Und das geht nur, wenn die Kugel auf dem Tisch aufliegt.

Lassen Sie beim Klicken die Hand auf der Maus.

Besorgen Sie sich eine Unterlage für die Maus. Am besten eine "Mausmatte", auch Mauspad genannt, die es überall im Fachhandel zu kaufen gibt.

2. Das ist Excel

Excel ist ein Programm, das zur Kategorie der Tabellenkalkulationen zählt. In diesem Begriff steckt schon drin, was Excel eigentlich ist. Sie können mit Excel beliebige Informationen tabellarisch anordnen.

Sie wissen nicht so recht, was eine Tabelle ist? Schauen Sie sich einmal die Abbildung auf der folgenden Seite an. Es handelt sich um ein Kniffel-Formular. Kniffel ist ein recht bekanntes Würfelspiel, bei dem jeder Spieler nach drei Würfelversuchen bestimmen muß, in welches Feld des Formulars das Ergebnis eingetragen werden soll. Sind alle Felder besetzt, ist die Runde zu Ende. Die eingetragenen Zahlen werden addiert - wer die höchste Gesamtpunktzahl erreicht, hat gewonnen.

Zum Spiel gehört das Kniffel-Formular. Dies ist eine richtige, waschechte Tabelle. Die Informationen werden in Zeilen und Spalten angeordnet dargestellt. Beim Kniffelblock sind in der ersten Spalte z. B. die Namen der einzelnen Wertfelder aufgeschrieben. Die leeren Felder in jeder Spalte nehmen dann später die Ergebnisse auf.

Tabellen

Im täglichen Leben sind Sie häufig mit Tabellen konfrontiert; jede Preisliste oder auch Speisekarte ist eine Tabelle. Oder denken Sie an den Zugfahrplan sowie an den Stundenplan. Ein klassisches Beispiel: Die Entfernungstabelle, die Sie im Autoatlas finden.

Allein schon das tabellarische Anordnen von Informationen macht Excel wertvoll. Denken Sie daran, wie oft Sie bei Ihrer Arbeit Daten auflisten müssen und wie mühselig das von Hand ist. Selbst, wenn Sie den Computer schon zum Schreiben (für die Textverarbeitung) einsetzen, werden Sie wissen, daß es gar nicht so leicht ist, ordentliche Tabellen zu gestalten.

Excel bietet eine Menge ganz spezieller Methoden an, mit denen Sie Tabellen aufbauen und gestalten können. Dazu zählt nicht zuletzt die Möglichkeit, die eingegebenen Daten jederzeit nach Wunsch verschieben zu können.

29

Außerdem können Sie alle eingetragenen Zahlen und auch Text nach Wunsch in verschiedenen Schriftarten und -größen darstellen und alles auch noch farbig anlegen.

Abb 3: Ein Formular für das Würfelspiel "Kniffel" - eine typische Tabelle

Name:

Ergebnis: 1. Spiel _____
Ergebnis: 2. Spiel _____
Ergebnis: 3. Spiel _____
Ergebnis: 4. Spiel _____
insgesamt: _____

Kombinationen	es zählen nur	1. Spiel	2. Spiel	3. Spiel	4. Spiel
1er	Einser				
2er	Zweier				
3er	Dreier				
4er	Vierer				
5er	Fünfer				
6er	Sechser				
Summe	obere Abteilung				
Bonus (35 Punkte)	wenn 63 oder mehr				
Gesamt-summe	obere Abteilung				
3er Pasch	alle Augen				
4er Pasch	alle Augen				
Full House	immer 25				
kl. Straße	immer 30				
gr. Straße	immer 40				
5er Pasch (Kniffel)	immer 50				
Chance	Summe aller Augen				
Summe	untere Abteilung				
Summe	obere Abteilung				
Gesamt-summe	obere + untere Abt.				

Kalkulationen

Der zweite Teil des Wortes Tabellenkalkulation macht deutlich, daß
Sie mit Excel Tabellen nicht nur gestalten, sondern auch Berechnungen
in Tabellen durchführen können. Wobei mit Kalkulieren sogar
noch mehr gemeint ist als simples Berechnen.

Im einfachsten Fall benutzen Sie Excel als Ersatz für einen Taschen-
oder Tischrechner. Sie tippen z. B. die Werte ein, die aufaddiert
werden sollen, und lassen dann die Summe berechnen. Oder Sie
tragen zwei Zahlen ein und berechnen die Differenz. Auch das
Multiplizieren und Dividieren geht ganz einfach.

Das beste daran: haben Sie die Summe aus einer Zahlenkolonne
errechnet, können Sie einfach einen Wert aus dieser Liste ändern und
werden sofort die entsprechend neu berechnete Summe vor sich
haben!

Eine ganze Ebene höher liegen schon die zahlreichen Möglichkeiten,
mit Excel große Datenmengen auszuwerten.

Sie können automatisch einen Mittelwert, das Minimum und das
Maximum einer Zahlenreihe errechnen lassen oder komplexe finanz-
mathematische Tatbestände (Nach dem Muster: "Wie hoch ist die
jährliche, lineare Abschreibung für meinen Computer, der 3.150 DM
gekostet hat, bezogen auf einen Restwert von 1 DM und einer
Nutzungsdauer von 3 Jahren?") ermitteln.

2.1 Dazu ist Excel da

Excel dient in erster Linie dazu, Tabellen anzulegen, zu gestalten und rechnerisch auszuwerten. Der größte Teil der Befehle und Funktionen dreht sich um dieses Aufgabengebiet. Excel kann aber noch mehr - Sie können Diagramme erzeugen und in Excel-Tabellen Daten verwalten.

Diagramme

Sie wissen ja: Ein Bild sagt mehr als tausend Worte. Deshalb ist es oft sehr reizvoll, die Informationen aus einer Tabelle in Form eines Diagramms darzustellen. Die Fernsehsender machen das ja z. B. bei den Wahlen, um die Stimmanteile der Parteien darzustellen.

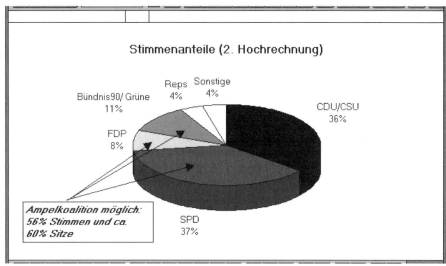

Mit Excel können Sie aus Zahlenreihen und Überschriften wunderschöne Diagramme erzeugen und diese dann nach allen Regeln der Kunst verfeinern.

Datenbank

Stellen Sie sich vor, Sie wollten allen Mitgliedern Ihres Kegelclubs eine Liste der Telefonnummern zukommen lassen. Dann würden Sie das sicher in Form einer Tabelle tun. In die ersten Spalte tragen Sie untereinander die Nachnamen ein, dann die Vornamen, die Adressen und schließlich die Telefonnummern.

Weil Sie mit Excel solche Tabellen bzw. Listen sehr einfach anlegen und gestalten können, eignet sich das Programm recht gut als Ersatz für einen Karteikasten oder - wie man im Fachchinesisch sagt: zur Dateiverwaltung.

Verwalten Sie die Clubmitglieder mit einem Karteikasten, müssen Sie die einzelnen Kärtchen bei Bedarf von Hand sortieren. Und wenn Sie eine bestimmte Adresse suchen, müssen Sie die vorhandenen Karten mühsam durchsuchen.

Eine Excel-Tabelle mit Adreßdaten (aber auch anderen Informationen: CD-Sammlung, Bücherlisten etc.) können Sie vollautomatisch

33

sortieren lassen. Und wenn Sie etwas in einer solchen Tabelle suchen, können Sie das ganz bequem erledigen.

Excel ist also dazu da, Tabellen zu erzeugen, in Tabellen zu rechnen, Diagramme aus Tabellendaten herstellen zu lassen und Daten zu verwalten.

2.2 Dazu ist Excel nicht da

Sie können mit Excel keine Briefe schreiben. Auch zum Verfassen anderer Textdokumente - Diplom- oder Doktorarbeiten, Berichte, Memos - eignet sich das Programm nicht.

Auch Bilder können Sie mit Excel nicht malen. Und wenn Sie am Computer ein wenig spielen möchten, dann ist Excel auch nicht das geeignete Programm dafür.

3. *Den Rechner einschalten und Excel starten*

Schalten Sie den Computer ein und los gehts - manchmal ist das leichter gesagt als getan. Wo sitzt der verflixte Schalter? Anscheinend haben die Hersteller nichts besseres zu tun, als bei jedem Computer den Netzschalter woanders anzubringen. Sie werden den bewußten Schalter an Ihrem PC entweder vorne, seitlich oder hinten finden. In jedem Fall erkennen Sie ihn daran, daß er zur Gattung der Kipp-schalter zählt und daß er mit "An/Aus" oder "1/0" beschriftet ist. In der Regel gibt es nur einen solchen Kippschalter am Computer.

Haben Sie den richtigen Schalter erwischt, wird der Computer durch ein mehr oder weniger lautes Geräusch (meistens ein Piepston) auf sich aufmerksam machen. Warten Sie dann ein Weilchen, und beob-achten Sie den Bildschirm. Passiert gar nichts auf der Mattscheibe, müssen Sie den Monitor einschalten. Lage und Form dieses Einschalters variiert mindestens so sehr wie beim Einschalter des Computers. Allerdings haben alle Bildschirme eine Leuchte an der Vorderseite, die signalisiert, daß das Gerät eingeschaltet ist.

Abb 5: Ein Computer von vorne

Auch am Computer gibt es häufig diverse Lämpchen und Schalter. Eine Leuchte zeigt hier ebenfalls, daß der Netzstrom eingeschaltet ist. Dann gibt es manchmal eine Leuchtanzeige mit einer Zahlenangabe, die angeblich aussagen soll, wie schnell der PC läuft.

Oft befindet sich an der Vorderseite des Rechners auch noch ein Reset-Schalter, der meist entsprechend bezeichnet ist.

Benutzen Sie den Reset-Schalter nur im äußersten Notfall!

Mit dem Reset-Schalter können Sie den Computer neu starten, wenn aus irgendeinem Grund nichts mehr geht. Das kann auch bei der Arbeit mit Excel schon mal passieren. Einen solchen "Absturz" (so der fachchinesische Ausdruck) erkennen Sie daran, daß Ihr Computer weder auf Tastatureingaben noch auf Mausaktionen reagiert. Ist das der Fall, können Sie zunächst versuchen, zur Windows-Oberfläche zurückzukehren.

Dazu benutzen Sie die Tastenkombination $\boxed{\texttt{Strg}}$ + $\boxed{\texttt{Alt}}$ + $\boxed{\texttt{Entf}}$. Halten Sie die beiden erstgenannten Tasten gedrückt, drücken Sie dann auf $\boxed{\texttt{Entf}}$ und lassen Sie alle Tasten wieder los. Der Computer reagiert entweder mit einem veränderten Aussehen des Bildschirms - oder gar nicht. Kommt keine Reaktion auf Ihre Tastatureingabe, müssen Sie den Reset-Schalter benutzen.

Ansonsten können Sie den Anweisungen folgen, die am Bildschirm angezeigt werden, indem Sie - und das ist meistens am erfolgverspre-chendsten - die $\boxed{\texttt{Esc}}$-Taste drücken.

Nach dem Einschalten

Ist der Computer samt Bildschirm eingeschaltet, können an Ihrem PC verschiedene Dinge passieren. Meistens werden rasch wechselnd verschiedene Textzeilen am Bildschirm auftauchen und wieder verschwinden. Der ganze Spielfilm endet dann entweder mit einem

Bildschirm, dessen unterste beschriebene Zeile "C:\>" lautet, oder mit einem recht bunten Bild, dann sind Sie automatisch bei der Windows-Oberfläche angelangt!

Kein Windows - was tun?

Bleibt Ihr Bildschirm textgefüllt, ist das auch nicht weiter schlimm. Sie müssen die Windows-Oberfläche, die Excel für seine Arbeit braucht, durch eine Eingabe starten. Das können Sie immer dann tun, wenn die letzte Zeile am Bildschirm, in der ein Text steht, einfach mit dem ominösen Kürzel "C:\> bestückt ist.

Geben Sie dann

    WIN [Enter]

ein. Ganz wichtig ist es, die [Enter]-Taste nach der Eingabe zu drücken, damit der Befehl auch wirklich ausgeführt wird.

Was ist, wenn etwas anderes als "C:\>" erscheint?

Solange in der bewußten letzten Zeile etwas steht, was so ähnlich aussieht wie "C:\>", ist alles in Ordnung - folgende Möglichkeiten können auftreten:

```
C:\>
C>
C:>
D:\>
```

Diese Liste erhebt keinen Anspruch auf Vollständigkeit; alle Kombinationen aus einem Buchstaben zwischen C und Z mit oder ohne Doppelpunkt und Schrägstrich sowie dem Größerzeichen (>) sind in Ordnung. Auch ein Kleinerzeichen (<) oder andere Satzzeichen können vorkommen. Wichtig ist, daß hinter diesem Kürzel ein kleiner Strich, ein Cursor blinkt.

Abb 6: So kann der Bildschirm nach dem Einschalten des Computers aussehen

```
c:\>
```

Wird statt dessen ein Text angezeigt, in dem die Begriffe "(A)bbrechen", "(W)iederholen" und "(U)ebergehen" vorkommen, dann sollten Sie einmal nachschauen, ob sich im Diskettenlaufwerk (bzw. in einem der beiden Diskettenlaufwerke, wenn Sie zwei haben), eine Diskette steckt. Entfernen Sie diese und starten Sie den Computer erneut. Benutzen Sie dazu die erwähnte Tastenkombination Strg + Alt + Entf.

Also Strg + Alt festhalten und dann zusätzlich die Entf-Taste drücken.

Bei diesem zweiten Versuch werden Sie dann tatsächlich bei einem Bildschirm landen, der Ihnen eines der beschriebenen Kürzel anzeigt. An dieser Stelle können Sie dann die Windows-Oberfläche mit einem einfachen Befehl starten - geben Sie ein:

```
WIN
```

und drücken Sie anschließend die Enter-Taste.

Jetzt wird die Windows-Oberfläche gestartet.

Und die wird sich auf Ihrem Computer etwa so darstellen:

Abb. 7: So oder so ähnlich wird die Windows-Oberfläche nach dem Start aussehen

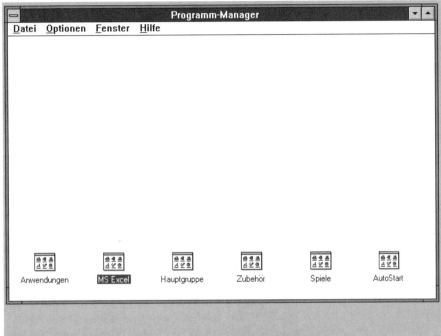

Windows erscheint nicht - was tun?

Wenn die Windows-Oberfläche nicht erscheint, sondern statt dessen eine neue Fehlermeldung am Bildschirm auftaucht, dann ist die Windows-Oberfläche auf Ihrem Computer entweder gar nicht oder nicht richtig installiert. In diesem Fall müssen Sie erst Windows und eventuell auch Excel auf Ihrem Computer installieren.

Mit ein wenig Mut und den Disketten, die den Programmverpackungen von Windows und Excel beiliegen, können Sie diese Arbeit selbst ausführen. In beiden Paketen gibt es jeweils ein schmales Handbuch, das jeweils eine Anleitung für die Installation enthält. Richten Sie sich nach diesen Anleitungen, werden Sie die Installation von Windows und Excel normalerweise erfolgreich hinter sich bringen können. Im übernächsten Kapitel mit dem Titel *Starthilfe* finden Sie eine ebenfalls ganz kurze Anleitung für die Installation von Windows und Excel.

3.1 So finden Sie die Excel-Gruppe

Nach dem Start der Windows-Oberfläche wird am Bildschirm ein Fenster erscheinen. Daher hat Windows auch seinen Namen. Alle Informationen werden in Fenstern (englisch: Windows) angezeigt. Ein solches Fenster erkennen Sie an seinem Fensterrahmen und an seiner Titelleiste. Die findet sich am oberen Rand des Fensters und sagt, wie das Programm heißt, das in diesem Fenster abläuft.

Das erste Fenster, das immer nach dem Start von Windows erscheint, ist der Programm-Manager. Dieser Manager erledigt das, was Manager einer Firma ihren Kunden gegenüber meistens machen: Er sorgt dafür, daß Ihre Wünsche in die Tat umgesetzt werden. Sind sind also der Kunde bei Windows und werden zunächst vom Programm-Manager bedient.

Der Programm-Manager hat sich klein gemacht - was tun?

Es kann sein, daß sich der Programm-Manager ganz klein gemacht hat. Dann finden Sie auf dem ansonsten leeren Bildschirm in der linken unteren Ecke ein Symbol. Dieses Symbol trägt am unteren Rand ein Schildchen mit seinen Namen: "Programm-Manager".

Keine Panik, wenn der Bildschirm nicht ganz leer ist: Hat jemand Ihren Computer für Sie eingerichtet, wird dieser Jemand eventuell dafür gesorgt haben, daß nach dem Start der Windows-Oberfläche auch noch andere Fenster und/oder Symbole zu sehen sind. Ignorieren Sie zunächst alle Fenster und Symbole außer denen des Programm-Managers.

Abb. 8: Und so sieht der Programm-Manager aus, wenn er sich ganz klein macht

Damit Sie endlich zu Ihrem Excel finden, muß der Programm-Manager tatsächlich als Fenster zu sehen sein. Bei dieser Gelegenheit lernen Sie ein Verfahren kennen, das Sie beim Umgang mit der Windows-Oberfläche und den Programmen immer wieder anwenden müssen. Wenn Sie den Mauszeiger auf das Symbol des Programm-Managers bringen und einen Doppelklick ausführen, wird das Fenster geöffnet.

Klappt der Doppelklick nicht auf Anhieb, wird rechts oberhalb des Symbols ein Textfeld aufklappen. Das ist dann ein Menü, indem alle möglichen Befehle zeilenweise aufgelistet erscheinen.

Sie können sich jetzt entscheiden: Haben Sie genug Ehrgeiz, versuchen Sie den Doppelklick auf das Symbol so oft bis tatsächlich das Fenster des Programm-Managers erscheint. Haben Sie es eilig, klicken Sie nur einmal auf das Programm-Manager-Icon und wählen Sie mit einem weiterem Mausklick aus der Liste "Wiederherstellen" aus. Sie wissen ja: Mauszeiger drauf und einmal kurz die linke Maustaste drücken.

Spätestens dann wird sich das Programm-Manager-Fenster öffnen.

Sie können das Programm-Manager-Symbol entweder zweimal anklicken oder den Befehl "Wiederherstellen" im Menü des Symbols anklicken.

Wie das Fenster des Programm-Managers aussieht, hängt sehr davon ab, ob und wer schon einmal an Ihrem Computer mit der Windows-Oberfläche gearbeitet hat. Das Aussehen von Windows kann nämlich auf vielfältige Art und Weise verändert werden.

Und jedes Mal, wenn man Windows wieder verläßt, werden diese Veränderungen automatisch gespeichert, damit Windows nach jedem Start wieder so aussieht, wie man es verlassen hat. Wichtig ist nur, daß jetzt ein Fenster am Bildschirm zu sehen ist, in dessen Titelleiste der Name "Programm-Manager" angezeigt wird.

Das sind Gruppensymbole

In diesem Fenster werden Sie dann ein paar rechteckige Symbole finden. Jedes Symbol ist mit einem Namen versehen. Vielleicht liegen alle vorhandenen Symbole schön ordentlich ausgerichtet am unteren Rand des Fensters - vielleicht aber auch nicht.

Übersichtlicher ist es allemal, wenn Ordnung herrscht. Und dafür können Sie sorgen. Sie müssen dazu ein Menü öffnen. Da Sie das bei der Arbeit mit Excel noch sehr oft machen müssen, schadet es sicher nicht, die Benutzung eines Menüs jetzt auszuprobieren.

Die verschiedenen Menüs sind in der Menüleiste untergebracht. Jedes Menü hat einen Namen, der hier angezeigt wird. Klicken Sie jetzt einmal das Menü mit dem Namen "Fenster" an. Unterhalb des Namens wird das Menü aufgeklappt. Es enthält mehrere Zeilen, wobei jede Zeile für einen Befehl steht.

Einer dieser Menübefehle lautet "Symbole anordnen". Wollen Sie diesen Befehl benutzen, klicken Sie einmal mit der linken Maustaste auf die Zeile, in der er angezeigt wird. Sehen Sie, die Symbole werden nun in Reih und Glied angeordnet.

Wie viele Symbole erscheinen und wie diese heißen, hängt wieder davon ab, ob und wer schon mal an Ihrem PC mit Windows gearbeitet hat. Ziemlich sicher ist nur, daß Sie vier Symbole finden werden, die mit den Namen "Anwendungen", "Hauptgruppe", "Zubehör" und "Autostart" versehen sind.

Abb. 9: Das Fenster des Programm-Managers und die typischen Bedienelemente

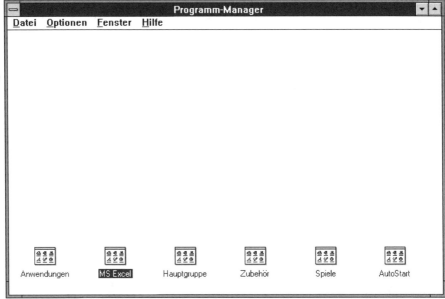

Eigene Excel-Gruppe vorhanden!

Wird im Programm-Manager-Fenster ein Symbol angezeigt, dessen Name auf Excel hinweist, haben Sie schon fast gewonnen! Der Name kann aber ganz unterschiedlich sein - ein paar Beispiele:

```
"EXCEL"
"MS EXCEL"
"MICROSOFT EXCEL"
"MS EXCEL 4.0"
"MICROSOFT EXCEL 3.0"
"EXCEL-GRUPPE"
```

Das Wort Excel sollte schon im Namen vorkommen!

Keine eigene Excel-Gruppe vorhanden

Gibt es kein Gruppensymbol mit dem Wort "Excel" im Namen, müssen Sie in der Gruppe "Anwendungen" nachschauen. In dieser Gruppe werden automatisch alle Symbole von Programmen untergebracht, wenn Sie oder derjenige, der Ihre Windows-Oberfläche eingerichtet hat, nicht ausdrücklich etwas anderes eingestellt hat. Gibt es keine Gruppe "Anwendungen", halten Sie nach einer Gruppe namens "Programme" oder "Anwendungsprogramme" Ausschau.

3.2 Excel starten

Wie können Sie nun feststellen, ob sich in einer dieser Gruppen das Excel-Symbol befindet? Nun, Sie schauen halt nach. Dazu müssen Sie das jeweilige Gruppenfenster öffnen. Wie das geht, soll am Beispiel der Gruppe "MS Excel" vorgeführt werden. Wie das Excel-Symbol aussieht, können Sie der folgenden Abbildung entnehmen.

In Kapitel 3.3 wird die Installation von Excel beschrieben.

Zuerst suchen Sie das Symbol der Excel-Gruppe. Dann bringen Sie den Mauszeiger auf das Symbol und führen einen Doppelklick aus. Sie ahnen es sicher schon: aus dem Symbol wird ein Fenster. Und in diesem Fenster finden Sie ein oder mehrere Symbole.

Probieren Sie das auch einmal mit dem Fenster namens "Anwendungen" aus. Ach so, dort gibt es kein Excel-Symbol. Macht nichts: Sie können ein Fenster natürlich auch wieder schließen. Dazu ist am rechten Rand der Titelleiste ein besonderes Symbol angebracht; es sieht aus wie ein Rechteck mit einem Minuszeichen. Mit einem Doppelklick auf dieses Symbol (es heißt übrigens "Systemmenü") bewirken Sie, daß das Fenster wieder geschlossen wird.

Haben Sie in der Excel-Gruppe oder in der Gruppe "Anwendungen" das Excel-Symbol gefunden, können Sie Excel endlich starten.

Auch das Excel-Symbol kann mit verschiedenen Namen bezeichnet sein. Hauptsache, das Wort "Excel" taucht im Namen auf!

Und wie wird das Programm Excel jetzt gestartet? Ganz einfach: Mit einem Doppelklick auf das Excel-Symbol. Zunächst wird eine kleine Sanduhr am Bildschirm erscheinen. Sie soll Ihnen mitteilen, daß der Computer arbeitet. Dann erscheint ein Rechteck am Bildschirm, in dem schon der Name "Excel" erscheint. Und dann hat sich das Excel-Fenster schließlich geöffnet - das Programm wurde erfolgreich gestartet!

3.3 Starthilfe - wenn gar nichts geht

Grundsätzlich: Sie können ein Programm nur starten, wenn es auf der Festplatte in Ihrem Computer gespeichert ist. Das gilt sowohl für Windows als auch für Excel. Wenn Sie an Ihrem eigenen PC arbeiten (ganz gleich, ob in der Firma oder zu Hause), wissen Sie, welche Programme auf der Festplatte gespeichert sind. Führt dann der Versuch, die Windows-Oberfläche zu starten, zu einer Fehlermeldung, bedeutet dies, daß mit dem Programm Windows etwas nicht in Ordnung ist.

Abhilfe dagegen erreichen Sie auf zwei Wegen. Entweder, Sie bitten einen Kollegen oder Bekannten, der sich auskennt, um Rat und Tat, oder Sie installieren die Windows-Oberfläche auf Ihrem Computer neu.

Letzteres ist allerdings eine Aktion, die ein wenig Mut erfordert. Schließlich können Sie kaum abschätzen, was bei dieser Neuinstallation verändert wird und was erhalten bleibt. Trotzdem würde ich Ihnen raten, notfalls eine solche Windows-Installation durchzuführen. Ohne jetzt zu sehr ins Detail zu gehen, hier eine Kurzanleitung dazu:

1. Suchen Sie Ihre Original-Windows-Disketten heraus. Ohne diese Disketten geht's nicht!

2. Entfernen Sie eventuell die noch in den Laufwerken befindlichen Disketten und starten Sie Ihren Computer neu; entweder mit den Tasten $\boxed{\texttt{Strg}}$ + $\boxed{\texttt{Alt}}$ + $\boxed{\texttt{Entf}}$ oder durch Ausschalten und Einschalten des Rechners. Nach der Startprozedur sollte ein C:\> oder etwas ähnliches mit einem blinkenden Cursorstrich am Bildschirm zu sehen sein. Falls nicht, liegt ein Fehler vor, den dann tatsächlich nur ein Fachmann beheben kann.

3. Legen Sie die Windows-Diskette Nr. 1 in das passende Laufwerk.

Alle aktuellen PC sind mit wenigstens einem Diskettenlaufwerk für die kleineren 3½-Zoll-Disketten ausgestattet. Diese 3½-Zoll-Disketten unterscheiden sich von ihren größeren Gegenstücken, den 5¼-Zoll-Disketten, nicht nur durch die Größe. 3½-Zoll-Disketten sind mit einer festen Kunststoffhülle geschützt. 5¼-Zoll-Disketten haben dagegen eine weiche Papphülle. Hat Ihr Computer nur ein Diskettenlaufwerk, trägt dieses den Laufwerkbuchstaben A. Sind zwei Laufwerke eingebaut, heißt eines davon "A" und das andere "B". Sie können übereinander liegen oder auch nebeneinander. Liegen die Diskettenschlitze nebeneinander, trägt jeweils das linke den Kennbuchstaben A. Viele Computer haben ein 3½- und ein 5¼-Zoll-Laufwerk. Je nachdem, welche Größe die Original-Disketten (z. B. von Windows) haben, müssen Sie diese dann immer in das passende Laufwerk einlegen.

> Aktuelle PC haben mindestens ein 3½-Zoll-Diskettenlaufwerk.

4. Tippen Sie den Kennbuchstaben des Laufwerks ein, in das Sie die Diskette eingelegt haben - z. B. A: (der Doppelpunkt ist Bestandteil des Kennbuchstabens und muß mit eingetippt werden). Anschließend müssen Sie die ⌈Enter⌉-Taste drücken.

5. Tippen Sie den Befehl ein, mit dem die Windows-Installation gestartet wird:

   SETUP ⌈Enter⌉

   Wichtig ist, daß Sie immer die ⌈Enter⌉-Taste nach einem Befehl auf der DOS-Ebene eingeben, damit dieser auch ausgeführt wird.

   Wenn dieser Befehl nur eine Fehlermeldung auf den Bildschirm bringt, haben Sie wahrscheinlich die falsche Diskette erwischt. Schauen Sie nach, ob Sie tatsächlich die Diskette Nr. 1 eingelegt haben.

6. Wenn das SETUP-Programm gestartet ist, werden Ihnen nacheinander verschiedene Bildschirme präsentiert, die in Textform beschreiben, was als nächstes passiert und was Sie tun müssen. Folgen Sie diesen Anweisungen, und wechseln Sie nach Aufforderung die Disketten aus.

Sind alle Stufen dieser Prozedur durchlaufen, wird Ihre Windows-Oberfläche wieder ordnungsgemäß funktionieren. Falls nicht, muß ein Fachmann bzw. eine Fachfrau ran. Die Grundeinstellungen Ihres Computers sind dann vermutlich verstellt, und das kann nur jemand herausfinden und korrigieren, der sich mit dem PC gut auskennt.

Kein Excel auf der Festplatte

Natürlich kann es auch sein, daß auf Ihrer Festplatte gar kein Excel gespeichert ist. Aber auch dagegen können Sie selbst etwas unternehmen, wenn Sie ein Paket Original-Disketten besitzen. Sie installieren Excel einfach neu. Das Verfahren ist ähnlich wie bei der Installation von Windows (schauen Sie im vorigen Abschnitt einmal nach). Sie legen zunächst die erste Excel-Diskette ins passende Diskettenlaufwerk und starten Windows mit

    WIN [Enter]

Dann öffnen Sie im Programm-Manager von Windows das Menü namens "Datei". Dort wählen Sie den Befehl "Ausführen..." an. Nun bekommen Sie ein kleines Fenster auf den Bildschirm, das mit einem Eingabefeld versehen ist.

Tippen Sie in diesem Eingabefeld den Kennbuchstaben des Diskettenlaufwerks, entweder A: oder B: ein (fügen Sie auf jeden Fall den obligatorischen Doppelpunkt hinzu und tippen Sie dahinter ohne ein Leerzeichen direkt hinter dem Doppelpunkt den Befehl SETUP ein). Klicken Sie dann auf die Schaltfläche "OK". Jetzt wird das Installations-Programm von der ersten Excel-Diskette gestartet. Auch bei der Excel-Installation werden Ihnen über den Bildschirm wichtige Informationen gegeben und Anweisungen vermittelt, die Sie einfach befolgen sollten.

Nach Abschluß der Installation landen Sie wieder beim Programm-Manager, in dessen Fenster jetzt ein Gruppensymbol für Excel angezeigt wird.

3.4 So sieht Excel aus

Nach dem Start präsentiert sich Excel in seiner üblichen Darstellung. Wie bei den meisten anderen Programmen, die unter der Benutzeroberfläche Windows arbeiten, werden zwei Fenster angezeigt. Das

47

eine Fenster gehört zu Excel - man nennt es auch das Programm- oder Anwendungsfenster. Sie erkennen es daran, daß in der Titelleiste am oberen Rand des Fensters der Name des Programms angezeigt wird.

Innerhalb des Programmfensters finden Sie dann ein Arbeitsfenster (auch Dateifenster genannt). Nach dem Start von Excel enthält dieses Arbeitsfenster ein leeres Arbeitsblatt; Fenster und Arbeitsblatt heißen einfach Tab1.

Abb. 10: So zeigt sich Excel nach dem Programmstart

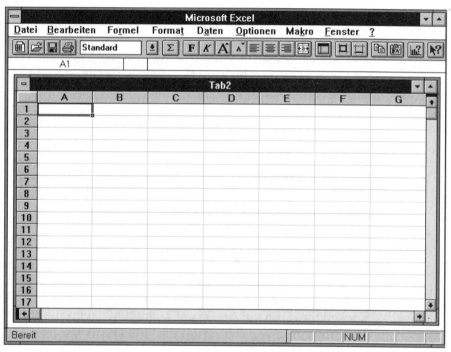

Das Programmfenster von Excel erscheint nach dem Start normalerweise so groß, daß es den Bildschirm ganz füllt. Sie erkennen diesen Zustand nicht nur daran, daß außer den Excel-Fenstern keine weiteren Fenster zu sehen sind, sondern auch daran, daß die Schaltfläche in der ganz rechten Ecke der Titelleiste zwei Dreiecke enthält. Eins davon zeigt nach oben, das andere nach unten.

Das Excel-Fenster ist nicht da - was tun?

Es kann Ihnen passieren, daß nach dem ordnungsgemäßen Start von Excel gar keine Excel-Fenster zu sehen sind. Das ist dann der Fall,

48

wenn Excel gleich nach dem Start automatisch zum Symbol gemacht wurde. Sie werden also unterhalb des Programm-Manager-Fensters ein Excel-Symbol vorfinden. Sie wissen ja: mit einem Doppelklick auf dieses Symbol öffnen Sie das Excel-Fenster.

Abb. 11: Hier liegt Excel nach dem Start als Symbol vor

Das Excel-Fenster ist so klein - wie wird es größer gemacht?

Ebenfalls möglich ist es, daß Ihr Excel-Fenster nicht den ganzen Bildschirm bedeckt, sondern sich als mehr oder weniger großes Fenster irgendwo auf dem Bildschirm zeigt. Das kann eigentlich nur passieren, wenn ein freundlicher Mitmensch an Ihrem Computer mit Excel gearbeitet und irgendwelche Einstellungen verändert hat.

Abb. 12: Hier zeigt sich Excel in einem kleinen Fenster

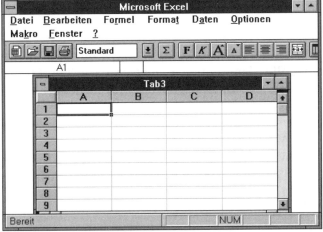

Am besten bringen Sie das Excel-Fenster direkt auf volle Größe. Klicken Sie dazu auf die Schaltfläche am rechten Rand der Titelleiste, die mit einem nach oben zeigenden Dreieck bestückt ist. Haben Sie die richtige Schaltfläche erwischt, wird das Excel-Fenster vergrößert und auf der Schaltfläche sind zwei Dreiecke abgebildet. Vielleicht

49

haben Sie aus Versehen auf die Schaltfläche mit dem nach unten zeigenden Dreieck geklickt. Damit haben Sie das Fenster zum Symbol gemacht. Aber das ist nicht weiter schlimm: Mit einem Doppelklick auf das Excel-Symbol bekommen Sie wieder ein Fenster. Dort können Sie dann das Vergrößern durch Anklicken der Schaltfläche mit dem nach oben weisenden Dreieck noch einmal probieren.

Was an und in den den Fenstern angezeigt wird

Das Programmfenster von Excel ist zunächst mit den gleichen Dingen ausgestattet, wie jedes andere Programmfenster auch. Sie finden eine Titelleiste, in der der Programmname angezeigt wird. Am rechten Ende der Titelleiste gibt es die beiden Schaltflächen zum Vergrößern des Fensters und zum Umwandeln des Fensters in ein Symbol. Ganz links sitzt das Symbol für das Systemmenü (Sie wissen ja: Mit einem Doppelklick auf das Quadrat mit dem Minuszeichen schließen Sie ein Fenster...).

Unterhalb der Titelleiste ist die übliche Menüleiste angebracht. Sie enthält die Menünamen. Klicken Sie einen Menünamen an, klappt das zugehörige Menü auf und Sie können einen der enthaltenen Befehle anwählen.

Wundern Sie sich nicht: Es werden nicht immer die gleichen und nicht immer alle Menünamen angezeigt. Excel stellt die Menüleiste unterschiedlich zusammen, je nachdem, was gerade erledigt werden kann und was nicht.

Die Menüleiste ändert sich, je nachdem, was bearbeitet wird.

Wie in (fast) allen anderen Programmen, die unter der Windows-Oberfläche arbeiten, finden Sie auch bei Excel die drei berühmten Menüs "Datei", "Bearbeiten" und "Hilfe", das bei Excel als "?" abgekürzt wird.

Unterhalb der Menüleiste gibt es die sogenannte Symbolleiste. Sie ist mit einer Reihe von Schaltflächen und wenigstens einem Anzeigefeld bestückt und stellt sozusagen das Armaturenbrett von Excel dar. Jede Schaltfläche entspricht einem Befehl oder einer ganzen Befehlsfolge. Klicken Sie auf eine der Schaltflächen, wird die entsprechende Aktion ausgelöst.

Damit können Sie einige Arbeiten sehr viel schneller erledigen als über das Anwählen von Menübefehlen. Ich werde Sie im folgenden immer dann auf den Gebrauch einer solchen Schaltfläche hinweisen, wenn dies sinnvoll ist.

Im Arbeitsfenster sehen Sie ein leeres Excel-Arbeitsblatt. Sie erkennen es an den Kennziffern für die Zeilen und an den Kennbuchstaben für die Spalten. Am Arbeitsfenster werden in jedem Fall Rollbalken angezeigt, mit denen Sie im Fenster blättern können.

Sie können im Excel-Programmfenster mehrere Arbeitsfenster gleichzeitig geöffnet haben. Damit Sie diese Fenster übersichtlich verwalten können, besitzt auch jedes Arbeitsfenster die Schaltflächen zum Vergrößern und Verkleinern. Sie können also ein Arbeitsfenster zum Symbol verkleinern, damit es anderen Fenstern nicht den Platz wegnimmt. Am besten bringen Sie jeweils das Arbeitsfenster auf volle Größe, an dem Sie gerade arbeiten. Klicken Sie dazu die Schaltfläche mit dem nach oben zeigenden Dreieck am Arbeitsfenster an. Das Arbeitsfenster wird dann so ausgedehnt, daß es keine eigene Titelleiste mehr hat. Statt dessen wird der Name des Arbeistfensters mit in die Titelleiste des Programmfensters von Excel übernommen.

Auch Arbeitsfenster können vergrößert und verkleinert werden.

3.5 *Mögliche Probleme beim Starten von Excel*

Hier noch einmal die möglichen Probleme, die beim Starten von Excel auftreten können, und was Sie dagegen tun können:

- Sie landen nach dem Anschalten des Computers nicht sofort bei der Windows-Oberfläche. Tippen Sie in der Bildschirmzeile, in der der Cursor blinkt, einfach WIN ein, und drücken Sie anschließend die ⌈Enter⌉-Taste.

- Die Windows-Oberfläche erscheint nicht nach der Eingabe von WIN. Entweder sind die Grundeinstellungen Ihres PC nicht korrekt oder die Windows-Oberfläche ist nicht auf Ihrem Computer installiert. Probieren Sie folgendes: Geben Sie in der Bildschirmzeile, in der der Cursor blinkt CD WINDOWS ein und drücken Sie die ⌈Enter⌉-Taste. Wenn danach keine Fehlermeldung à la "Ungültiges Verzeichnis" erscheint, können Sie noch einmal versuchen, einfach WIN einzutippen und die Enter-Taste zu drücken.

Gibt es nach dem Befehl CD WINDOWS Enter eine Fehlermeldung, ist auf Ihrem PC Windows vermutlich nicht installiert. Sie können Windows jetzt selbst installieren (wenn Sie einen Satz Original-Windows-Disketten haben) oder es sich von einem Kenner installieren lassen.

- Auf der Windows-Oberfläche im Fenster des Programm-Managers gibt es kein Symbol für die Excel-Gruppe. Entweder existiert einfach keine Excel-Gruppe oder Excel ist nicht auf Ihrem PC installiert. Probieren Sie folgendes: Öffnen Sie das Menü "Datei" und wählen Sie den Befehl "Ausführen...". Tippen Sie in das Eingabefeld des Fensters "Ausführen" einfach EXCEL ein und klicken Sie auf die Schaltfläche "OK". Wird danach Excel nicht gestartet, ist das Programm wahrscheinlich nicht auf Ihrem PC installiert. Sie können die Installation von Excel jetzt selbst ausführen oder von einem Fachmann ausführen lassen.

- Nach dem Starten erscheint kein Excel-Fenster. Wahrscheinlich ist Excel gestartet und dann automatisch zum Symbol verkleinert worden. Suchen Sie das Excel-Symbol am unteren Rand des Bildschirms. Falls das Fenster des Programm-Managers alles verdeckt, verkleinern Sie es zum Symbol. Mit einem Doppelklick machen Sie aus dem Excel-Symbol das Excel-Programmfenster.

- Nach dem Start ist das Excel-Fenster nicht groß genug. Klicken Sie auf die Schaltfläche mit dem nach oben zeigenden Dreieck, die Sie am rechten Rand der Titelleiste des Excel-Programmfensters finden. Dadurch wird das Excel-Fenster auf volle Bildschirmgröße ausgedehnt.

Fachchinesisch

Sie können auch selbst eine Gruppe für Excel einrichten. Dazu müssen Sie sich im Programm-Manager befinden. Öffnen Sie das Menü "Datei" und wählen Sie den Befehl "Neu...". Achten Sie darauf, daß im folgenden Fenster der Knopf "Programmgruppe" angekreuzt ist. Nun klicken Sie auf "OK".

Tippen Sie im folgenden Fenster in das Eingabefeld "Beschreibung" MS Excel ein, und klicken Sie auf "OK". Sie haben eine neue Gruppe kreiert, das Gruppenfenster ist geöffnet. Jetzt müssen Sie noch ein Symbol für Excel anlegen. Öffnen Sie wieder das Menü "Datei" und wählen Sie den Befehl "Neu...". Klicken Sie dieses Mal den Knopf "Programm" an und anschließend auf "OK". Im folgenden Fenster klicken Sie auf die Schaltfläche "Durchsuchen...". Dadurch wird ein Fenster geöffnet, das den Inhalt Ihrer Festplatte anzeigt.

Klicken Sie im rechten Listenfeld (da, wo die Ordnersymbole zu sehen sind) auf das oberste Symbol und dann auf "OK". Suchen Sie jetzt im rechten Listenfeld nach einem Symbol, das mit "excel" beschriftet ist, und klicken Sie es an. Bestätigen Sie die Auswahl durch einen Klick auf "OK". Jetzt sollte im linken Listenfeld eine Zeile namens EXCEL.EXE angezeigt werden. Klicken Sie auf diese Zeile und anschließend auf "OK". Klicken Sie im Fenster "Programmeigenschaften" auf "OK". Im neu angelegten Gruppenfenster erscheint das Excel-Symbol. Sie können es ab sofort dazu benutzen, Excel zu starten.

Abb. 13: So suchen Sie die Programmdatei von Excel aus

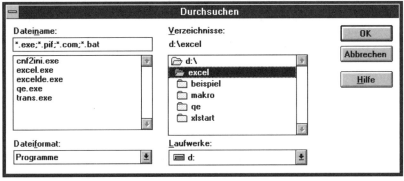

4. Eine einfache Tabelle mit Excel aufbauen

Ich hoffe, Sie haben, während der Lektüre des dritten Kapitels, tatsächlich den Computer eingeschaltet und Excel gestartet. Falls nicht, sollten Sie das spätestens jetzt nachholen. Stoßen Sie dabei auf Probleme (keine Windows-Oberfläche, keine Excel-Gruppe, kein Excel-Symbol...), finden Sie in Kapitel 3.5 eine Reihe von Tips zur Lösung.

Der ganze Rest dieses Kapitel ist für Sie nur unter der Voraussetzung interessant, daß Sie jetzt das Programmfenster von Excel auf dem Bildschirm Ihres Computers haben. Also, was hält Sie ab?

Nach dem Start von Excel wird das Excel-Programmfenster geöffnet. Falls Ihnen das Fenster zu klein ist oder gar nicht angezeigt wird, sollten Sie es zunächst auf volle Bildschirmgröße bringen.

Ist kein Excel-Fenster in Sicht, schauen Sie einmal nach, ob am unteren Bildschirmrand ein Excel-Symbol zu sehen ist. Vielleicht verdeckt das Programm-Manager-Fenster den unteren Teil des Bildschirms. Dann machen Sie den Programm-Manager zum Symbol, indem Sie auf die Schaltfläche mit dem nach unten zeigenden Dreieck klicken. Danach macht sich der Programm-Manager ganz klein - er wird als Symbol am unteren Bildschirmrand angezeigt. Dort sollte sich jetzt auch das Excel-Symbol finden.

Das sind die Schaltflächen, mit denen Sie ein Fenster zum Symbol machen, auf volle Bildschirmgröße bringen und wieder in die normale Größe zurückschalten

Mit einem Doppelklick auf das Excel-Symbol öffnen Sie das Programmfenster. Ist Ihnen dieses Fenster zu klein, bringen Sie es auf volle Bildschirmgröße, indem Sie auf die Schaltfläche mit dem nach oben zeigenden Dreieck klicken. Gibt es statt dessen nur eine Schaltfläche mit einem Doppelpfeil, hat das Excel-Fenster schon die Maximalgröße.

Sie sollten das Excel-Programmfenster immer auf volle Größe bringen, weil Sie dann einfach mehr Platz für Ihre Tabellen haben.

Es reicht, dieses Vergrößern einmal durchzuführen. Wenn Sie Excel beenden und das Programmfenster hat volle Bildschirmgröße, wird Excel in Zukunft nach jedem Programmstart diese Fenstergröße benutzen.

4.1 Die verschiedenen Bereiche von Excel und wie Sie dort hinkommen

Nach dem Start von Excel wird aber nicht nur das Programmfenster von Excel angezeigt, sondern innerhalb dieses Fensters ein weiteres - das sogenannte Arbeitsfenster.

Der wichtigste Bereich von Excel ist sicher dieses Arbeitsfenster, in dem das Arbeitsblatt angezeigt wird. Hier sehen Sie nämlich immer die Tabelle, an der Sie gerade arbeiten.

Da eine Tabelle in Spalten und Zeilen aufgeteilt ist, wird diese Einteilung durch dünne Linien im Arbeitsfenster verdeutlicht. Damit Sie sich im Arbeitsblatt - dies ist ein anderer Ausdruck für Tabelle - orientieren können, müssen die Spalten und Zeilen identifizierbar sein. Und richtig: Jede Spalte ist am obersten Rand mit einem Kennbuchstaben versehen, der auf einer Schaltfläche sitzt. Auch die Zeilen sind mit Schaltflächen am rechten Rand versehen. Jede Schaltfläche trägt eine Zeilennummer.

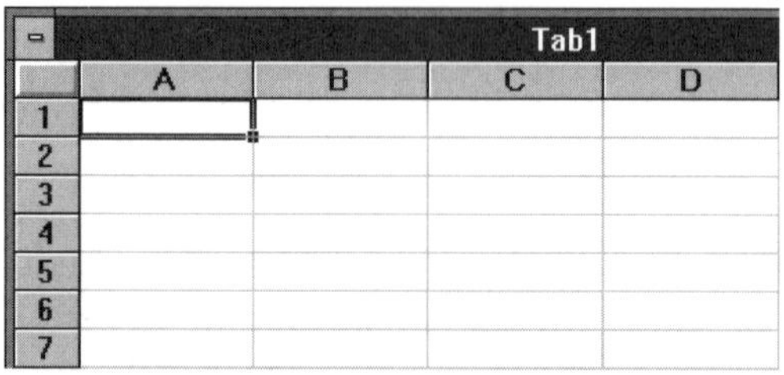

Abb. 14:
Zeilen- und
Spaltenkoor-
dinaten sehen
aus wie
Schaltflächen

Jedes Arbeitsblatt ist gleich groß. Es umfaßt insgesamt 256 Spalten und 16.384 Zeilen. Natürlich werden Sie diese Masse an Platz praktisch nie bennötigen; es ist eben die maximale Ausdehnung, die ein Blatt annehmen kann.

Legen Sie ein neues Arbeitsblatt an, dann ist es 256 mal 16384 Zellen groß. Die Zellen, die Sie nicht benutzen bleiben leer. Beim Speichern eines Arbeitsblatts werden immer nur die benutzten Zellen gespeichert, so daß die Arbeitsblätter immer unterschiedlich viel Platz auf der Festplatte verbrauchen.

Eine Zelle ansteuern

Sie können immer nur dann etwas in eine Zelle eintragen, wenn Sie diese angesteuert haben. Eine angesteuerte Zelle erkennen Sie daran, daß sie mit einem Rahmen versehen ist. Und wie steuert man eine Zelle an? Ganz einfach: durch Anklicken mit der Maus. Dann wird die Zelle durch einen Rahmen markiert.

Außerdem werden die Koordinaten am rechten Rand der Bearbeitungszeile angezeigt. Haben Sie in die angesteuerte Zelle bereits etwas eingetragen, wird der Inhalt der Zelle ebenfalls in der Bearbeitungszeile ausgegeben.

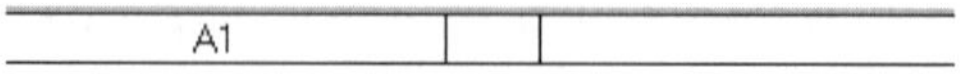

Abb. 15: In der Bearbeitungszeile sehen Sie, welche Zelle angesteuert ist und was in dieser Zelle steht

So steuern Sie Zellen außerhalb des sichtbaren Ausschnitts an

Wollen Sie auf die übrigen rund vier Millionen Zellen zugreifen, die gerade nicht zu sehen sind, können Sie sich einfach durch das komplette Arbeitsblatt bewegen.

Entweder Sie benutzen dazu die Rollbalken oder die speziellen Bewegungstasten von Excel. Mit den Rollbalken an der rechten und unteren Kante des Arbeitsfensters können Sie den sichtbaren Ausschnitt nach rechts und links bzw. oben und unten verschieben.

Am einfachsten geht das durch Anklicken der Pfeilschaltflächen am Ende des Rollbalkens. Das Quadrat innerhalb des Rollbalkens zeigt die Position des sichtbaren Ausschnitts relativ zum ganzen Arbeitsblatt an. Stehen die Quadrate jeweils mitten in den Rollbalken, dann befinden Sie sich theoretisch in der Mitte des ganzen Arbeitsblatts (z. B. in der Zelle DQ7746).

Sie können die Quadrate innerhalb der Rollbalken einfach mit dem Mauszeiger anfassen und verschieben. Setzen Sie den Mauszeiger auf das Quadrat und schieben Sie dieses dann mit festgehaltener linker Maustaste an die gewünschte Position. Wenn Sie die Maustaste loslassen, wird der Ausschnitt verschoben.

Bewegen im Arbeitsblatt per Tastatur

Wenn Sie ⌈Strg⌉ + ⌈Pos1⌉ drücken, wird die Zelle A1 angesteuert. Die Taste ⌈Pos1⌉ alleine bringt Sie in die erste Zelle einer Spalte.

Die Tabelle bewegt sich - was ist passiert?

Wenn Sie beim Aufziehen einer Markierung den rechten oder unteren Fensterrand erreichen und dann weiter ziehen, beginnt sich die Tabelle auf einmal zu bewegen. Oder besser gesagt: Der sichtbare Ausschnitt wird verschoben. Sie erkennen das daran, daß die Spalten- bzw. Zeilenkoordinaten durchs Bild flitzen. Spätestens, wenn Sie bei der Spalte IV oder der Zeile 16.384 angelangt sind, hört der Spuk auf.

Verwirrend an diesem Verfahren ist, daß sich ohne Ihr Zutun Zellen aus dem Ausschnitt bewegen, die Sie eigentlich im Blick haben möchten. Sie können aber jederzeit zum Ausgangspunkt zurückkehren.

Und zwar genau so, wie Sie es bei den Erläuterungen zum Bewegen der Markierung erfahren haben.

Es kann schon mal passieren, daß Sie sich so richtig im Arbeitsblatt verirren. Dann ist die einfachste Methode, die Orientierung wieder zu bekommen, die Zelle A1 anzusteuern. Und das geht am einfachsten mit der Tastenkombination ⎡Strg⎤ + ⎡Pos1⎤.

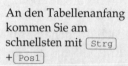

An den Tabellenanfang kommen Sie am schnellsten mit ⎡Strg⎤ +⎡Pos1⎤

Haben Sie eine Zelle angesteuert, können Sie dort etwas eintragen, z. B. eine Zahl. Sobald Sie beginnen, den gewünschten Wert einzutippen, wird die Bearbeitungszeile aktiviert. Das erkennen Sie daran, daß

4.2 So tragen Sie Zahlen in die Tabelle ein

dort zwei Schaltflächen erscheinen.

| A1 | ☒ ☑ | Bearbeiten |

Abb. 16: Jetzt ist die Bearbeitungszeile aktiviert

Das, was Sie eintippen, erscheint doppelt: einmal in der Bearbeitungszeile und einmal in der angesteuerten Zelle. Sie können jetzt eintragen, was Sie möchten, und Ihre Eingabe nach Wunsch bearbeiten.

Wenn Sie mit Ihrer Eingabe zufrieden sind, können Sie auf verschiedene Art und Weise dafür sorgen, daß das Eingetippte tatsächlich fest in die angesteuerte Zelle geschrieben wird:

- Klicken Sie auf die Schaltfläche in der Bearbeitungszeile, die mit dem Häkchen versehen ist. Das bedeutet, daß Sie Ihre Eingabe bestätigen.

- Drücken Sie die ⎡Enter⎤-Taste. Auch damit bestätigen Sie die Eingabe.

- Drücken Sie eine der Pfeiltasten. Damit bestätigen Sie die Eingabe; gleichzeitig bewegt sich der Markierungsrahmen um eine Zelle weiter. Und zwar in die Richtung, die auf der von Ihnen gedrückten Pfeiltaste angegeben ist.

Achten Sie beim Eintippen immer auf die Bearbeitungszeile - dort spielt die Musik. Lassen Sie sich nicht davon ablenken, daß das, was Sie eintippen, gleichzeitig in der Zelle erscheint.

Das rote Kreuz in der Bearbeitungszeile

Und wozu dient die zweite Schaltfläche, die mit einem roten Kreuzchen, die in der Bearbeitungszeile angezeigt wird? Sie dient zum Abbrechen der ganzen Aktion. Haben Sie etwas eingetippt und klicken Sie dann auf das rote Kreuz, ist das, als ob Sie dem Computer sagen würden: "Es war nicht so gemeint". Ihre Eingabe verschwindet, wird also nicht in die Zelle eingetragen.

Übrigens: Den gleichen Effekt erzielen Sie, wenn Sie die `Esc`-Taste drücken.

Schnelles Eingeben von Zahlenkolonnen ist machbar

Probieren Sie jetzt einmal aus, wie sich eine lange Zahlenkolonne schnell eingeben läßt. Das Verfahren wird Sie bestimmt an den guten, alten Tischrechner mit Kontrollstreifen erinnern. Dort haben Sie die rechte Hand wahrscheinlich immer auf der Tastatur gehabt und mit der linken die einzutippenden Zahlen aus einer Liste verfolgt.

Ganz ähnlich funktioniert das bei Excel. Steuern Sie zunächst einmal die Zelle C1 an. Klicken Sie einfach mit dem Mauszeiger in der Spalte C auf die oberste Zelle. Wenn Sie nicht sicher sind, ob Sie die richtige Zeile erwischt haben, gehen Sie zunächst nach A1. Dazu benutzen Sie die Tastenkombination `Strg` + `Pos1`. Von dort aus bringt dreimaliges Drücken der Taste `→` den Markierungsrahmen nach C1.

So, und jetzt geht's los. Bringen Sie die rechte Hand in Ausgangsposition über der Zifferntastatur (der numerische Block) an Ihrem Computer. Der kleine Finger schwebt dabei über der `Enter`-Taste.

Tippen Sie die erste Zahl ein. Sie darf beliebig viele Stellen haben und auch ein Komma enthalten. Verzichten aber auf sonstige Schnörkel -

den bei vielen beliebten Trennpunkt zwischen einer Tausender- und einer Hunderterstelle lassen Sie bitte weg.

Grundsätzlich gilt für die Eingabe von Zahlen in eine Excel-Zelle: So schlicht wie möglich. Tippen Sie tatsächlich nur die Ziffern und das Dezimalkomma ein. Handelt es sich um einen negativen Wert, dürfen Sie ein Minuszeichen voranstellen. Alles andere (Tausenderpunkte, "DM" etc.) stört und kann zu merkwürdigen Ergebnissen führen.

Zahlen dürfen außer dem Dezimalpunkt nur das Minus-Zeichen (bei negativen) Zahlen beinhalten.

Ich sehe alles doppelt! - Woran liegt's?

Haben Sie die erste Zahl eingetippt? Ist Ihnen der Verdacht gekommen, Sie sähen alles doppelt? Ehe Sie beginnen, an Ihrer geistigen Verfassung zu zweifeln, denken Sie noch einmal daran: Beim Eingeben spielt die Musik in der Bearbeitungszeile. Zwar wird das, was Sie eingeben, gleichzeitig auch in der angesteuerten Zelle angezeigt, aber Sie haben nur die Kontrolle über die Bearbeitungszeile.

Abb. 17: In der Bearbeitungszeile spielt die Musik, in der Zelle selbst wird das Eingetippte auch angezeigt

Microsoft Excel						
Datei Bearbeiten Formel Format Daten Optionen Makro Fenster ?						

	A	B	C	D	E	F	G
1			122,3				
2			455,99				
3			123456				
4			8				
5							
6							
7							
8							
9							
10							
11							
12							
13							
14							
15							
16							
17							
18							

Eingeben   NUM

60

Hoppla, ein Tippfehler

Solange die Bearbeitungszeile aktiviert ist, können Sie Änderungen an der Eingabe vornehmen. Sie können z. B. - ausgehend vom blinkenden Cursorstrich - mit der ⸢Rück⸥-Taste nach links löschen. Mit dem Mauszeiger, der seine Form verändert, sobald er in die Bearbeitungszeile geschoben wird, können Sie an eine beliebige Stelle innerhalb der Bearbeitungszeile klicken. An diese Stelle wird dann der Cursorstrich gesetzt.

Jeder Buchstabe, jede Ziffer, die Sie eintippen, wird genau an der Stelle eingefügt, an der sich der Cursorstrich befindet.

Klicken Sie ganz rechts in den freien Raum der Bearbeitungszeile, springt der Cursortstrich automatisch hinter das letzte Zeichen, das sich in der Eingabezeile befindet.

Aber Sie wollten ja schnell eine Zahlenreihe eingeben. Also tippen Sie die Zahl auf der Zifferntastatur ein und drücken dann (mit dem kleinen Finger) die ⸢Enter⸥-Taste. Damit haben Sie mehrere Fliegen mit einer Klappe geschlagen:

- Die eingegebene Zahl verschwindet aus der Bearbeitungszeile und erscheint nun endgültig in der angesteuerten Zelle.

- Die Bearbeitungszeile ist nicht mehr aktiv; die beiden Schaltflächen (grünes Häkchen und rotes Kreuz) sind verschwunden.

- Das Rähmchen ist automatisch eine Zeile, in die nächsttiefere Zelle gerutscht.

Und das heißt, Sie können den nächsten Wert eintippen. Achten Sie einmal darauf: Sobald Sie eine Ziffer (oder einen Buchstaben oder ein Satz- oder Sonderzeichen) tippen, wird die Bearbeitungszeile sofort wieder aktiv. Die bekannten Schaltflächen erscheinen wieder. Direkt daneben sehen Sie das erste Zeichen, das Sie eingetippt haben. Prima, jetzt können Sie die nächste Zahl komplett eingeben und mit der ⸢Enter⸥-Taste bestätigen.

Nur bei leeren Zellen ist es empfehlenswert, einfach draufloszutippen. Haben Sie eine Zelle angesteuert, in der schon etwas steht, passiert nämlich folgendes, wenn Sie ein Zeichen tippen: Dieses Zeichen erscheint in der Bearbeitungszeile anstelle dessen, was zuvor in dieser Zelle stand! Wenn Sie jetzt einfach die ⎡Enter⎤-Taste drücken, haben Sie den alten Eintrag durch das neu Eingetippte ersetzt. Im Zweifelsfall drücken Sie lieber die ⎡Esc⎤-Taste oder klicken mit der Maus auf die Schaltfläche mit dem roten Kreuz. Dann wird die Eingabe abgebrochen, und der alte Inhalt bleibt erhalten.

Mit ⎡Esc⎤ kann das Überschreiben einer Zelle abgebrochen werden.

Wiederholen Sie das Verfahren ruhig einmal mit sieben, acht oder mehr Zahlen. Sie werden sehen, es geht schnell und einfach.

Abb. 18: So oder so ähnlich wird auch Ihre Zahlenkolonne aussehen

	A	B	C	D
1			122,3	
2			455,99	
3			123456	
4			8	
5			46,22	
6			89,3333	
7			465	
8			65465	
9			55,222	
10			45	
11			-45	
12			-99999,999	
13			7,8946E+14	
14				
15				
16				

4.3 Das bedeutet ####### in der Tabelle

Beim Eintippen von Zahlen kann es zu eigenartigen Ergebnissen kommen. Haben Sie einmal eine sehr große Zahl eingegeben? Falls nicht, steuern Sie jetzt die Zelle D1 an, und geben Sie 999999999999 (zwölf Neunen) ein. Bestätigen Sie mit der ⎡Enter⎤-Taste.

Sie werden sich wundern. Die eingetippte Zahl erscheint entweder als ########## oder als 1E+12. Was soll denn das? Nun, die eingetippte Zahl ist zu groß, sie paßt nicht in die Zelle. Und weil das nicht sein darf (wo sollte der Rest auch hin?), versucht Excel entweder, die

Zahl so darzustellen, daß sie in die Zelle paßt, oder meldet mit den ####, daß es einfach nicht geht.

D1		999999999999	
	Tab1		
A	B	C	D
		122,3	#########
		455,99	1E+12

Glauben Sie nicht, was Sie sehen

Wenn Sie den Markierungsrahmen wieder auf D1 bringen, erleben Sie eine Überraschung. In der Bearbeitungszeile erscheint die 999999999999 in voller Länge. Die ########## bzw. das ominöse 1E+12 stellen die Zahl also nur da.

Und hier stoßen Sie wieder auf ein Grundgesetz von Excel: Der Inhalt einer Zelle und die Art, wie dieser Inhalt dargestellt wird, muß nicht übereinstimmen.

Was können Sie tun, um die Zahl so in der Zelle zu sehen wie Sie eingetippt wurde? Sie müssen die Zelle vergrößern, genauer gesagt: breiter machen. Allerdings können Sie nicht eine einzelne Zelle verbreitern, sondern müssen die ganze Spalte, in der sich diese Zelle befindet, behandeln.

Probieren Sie das mit der Spalte D aus. Dazu bewegen Sie den Mauszeiger zunächst in den Bereich mit den Spaltenkoordinaten. Wenn Sie genau auf die Trennstelle zwischen D und E kommen, verändert sich wieder die Form des Mauszeigers. Er sieht jetzt aus wie ein senkrechter Strich mit je einem waagerechten Pfeil nach links und rechts.

Sie können diese Trennlinie jetzt anfassen und nach rechts verschieben. Drücken Sie die Maustaste und halten Sie diese fest. Bewegen Sie die Maus mit gedrückter Maustaste ein Stück nach rechts, dann lassen Sie die Maustaste los. Die Spalte D ist breiter geworden. Ist die Zelle D1 jetzt groß genug, wird die 999999999999 endlich "richtig" angezeigt. Hat es nicht gereicht, verschieben Sie die Trennstelle zwischen D und E einfach noch ein bißchen mehr nach rechts.

Fachchinesisch

Über die Art, wie ein Wert in seiner Zelle dargestellt wird, entscheidet das Zahlenformat. Genaueres dazu finden Sie in Kapitel 5.2. Durch Auswählen eines Zahlenformats können Sie bestimmen, wie viele Kommastellen angezeigt werden, ob führende Nullen erscheinen und ob ein Tausenderpunkt oder ein Währungssymbol hinzugefügt wird. Zwei Besonderheiten stellen die Zahlenformate für Prozentwerte und Datums- und Zeitangaben dar - auch dazu mehr in Kapitel 5.2.

Auf die Darstellung der Zahl als 1E+12 hat das keinen Einfluß. Diese merkwürdige Form - die sogenannte Exponentialschreibweise - wird von Excel nicht benutzt, wenn eine Zelle zu schmal ist, sondern wenn die eingegebene Zahl eine bestimmte Größe überschreitet.

Steuern Sie die bewußte Zelle an und tippen Sie ohne Rücksicht auf Verluste 99999999999 (zehn Neunen) ein. Jetzt wird die Zahl "richtig" dargestellt.

Abb. 20:
Haben Sie die
Spalte
verbreitert,
wird die Zahl
"richtig"
angezeigt

D2		99999999999	
			Tab1
	A	B	C	D
1			122,3	999999999999
2			455,99	99999999999

Wird eine eingetippte Zahl als ###### in der Zelle angezeigt, verbreitern Sie die Spalte, in der sich diese Zahl befindet. Erscheint die Zahl in der Exponentialschreibweise, ist das nicht weiter schlimm - der Wert ist so hoch, daß Excel automatisch auf diese Art der Darstellung umschaltet.

Zur richtigen Darstellung einer langen Zahl müssen Sie die Spalte verbreitern.

Vorhandenes einfach überschreiben

Paßt Ihnen der Inhalt einer Zelle nicht, können Sie ihn einfach überschreiben. Was weiter oben in diesem Kapitel als möglicher Unfall beschrieben wurde, ist also eine ganz normale Methode, einen vorhandenen Zellinhalt durch einen anderen zu ersetzen.

Sie können das folgende Verfahren jetzt benutzen, um aus den eher
zufälligen Zahlen in den Zellen der Spalte C sinnvolle Werte zu
machen. Die folgenden Abschnitte beziehen sich nämlich auf eine
ganz einfache Tabelle, in der die Ergebnisse eines Kegelvereins
eingetippt (und später ausgewertet) werden sollen.

Gehen Sie davon aus, daß der Verein neun Mitglieder hat und die
übers Jahr geworfenen Neuner, Kränze und Pudel aufzeichnen
möchte. Für Nicht-Kegler: ein Neuner entsteht, wenn bei einem Wurf
alle neun Kegel umgeworfen wurden; ein Kranz gilt als geworfen,
wenn acht der neun Kegel so fallen, daß der mittlere stehen bleibt
und ein Pudel ist die Bezeichnung für einen Wurf, bei dem kein Kegel
gefallen ist. Viele Kegelrunden werten diese Würfe aus, weil sie
anhand des Ergebnisses die Beiträge der Mitglieder festsetzen.

Nehmen Sie weiter an, daß die Tabelle schon ziemlich gegen Ende
des Jahres entsteht und schon viele Neuner, Kränze und Pudel erzielt
wurden. In den Zellen 1 bis 9 der Spalte C sollen nun die Werte für
die Mitglieder in Sachen "Kranz" eingetragen werden.

Abb. 21: Die Kegeltabelle mit den Werten in den ersten neun Zellen der Spalten B bis D

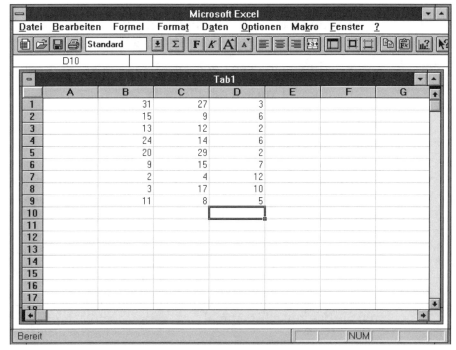

Die Zellen sind aber leider schon durch Ihre Experimente belegt. Deshalb muß deren Inhalt überschrieben werden. Gehen Sie so vor:

1. Steuern Sie die Zelle C1 mit der Maus an. Ein Klick mit dem kreuzförmigen Mauszeiger auf die Zelle und die Zelle ist mit dem Markierungsrahmen gekennzeichnet. Denken Sie daran: in der linken Hälfte der Bearbeitungszeile werden die Koordinaten der angesteuerten Zelle angezeigt. Daneben erscheint der Inhalt der Zelle so, wie Sie ihn eingetippt haben.

Fachchinesisch

Die Koordinaten einer Zelle nennt man auch deren "Adresse". Die Adresse der jetzt angesteuerten Zelle lautet also C1.

2. Tippen Sie jetzt einfach die Zahl 27 ein. In dem Augenblick, wo Sie die 2 tippen, wird die Bearbeitungszeile aktiv und die 2 erscheint dort anstelle des alten Inhalts.

3. Bestätigen Sie die Eingabe entweder

   - durch einen Klick auf die Schaltfläche mit dem grünen Häkchen in der Bearbeitungszeile,

   - durch Drücken der ⌷Enter⌷-Taste oder

   - durch Drücken der Pfeiltaste ⌷↓⌷.

Haben Sie die Schaltfläche zum Bestätigen benutzt, wird die Bearbeitungszeile wieder deaktiviert, der Markierungsrahmen aber nicht bewegt. Bestätigen Sie Ihre Eingabe mit der ⌷Enter⌷- oder der ⌷↓⌷-Taste, rutscht das Rähmchen automatisch auf die nächsttiefere Zelle (Adresse C2), und Sie können dort gleich den nächsten Wert eintippen. Dieser wird dann den alten Inhalt der Zelle C2 ersetzen.

Wiederholen Sie dieses Verfahren mit allen folgenden Zellen bis einschließlich C9. Verwenden Sie jeweils Werte zwischen 3 und 30.

Haben Sie zuvor auch die Zellen C10 und folgende benutzt, ignorieren Sie das zunächst einmal.

Anschließend füllen Sie auch die Zellen 1 bis 9 der Spalte B mit ähnlichen Werten. In der Spalte D (Adressen D1 bis D9) tragen Sie ebenfalls Zahlen ein. Da es sich dort um die geworfenen Pudel handelt, dürfen Sie dort natürlich niedrigere Werte (1 bis 15) eingeben, denn die Beispielkegler kegeln ziemlich gut. Danach wird die Tabelle etwa so aussehen wie in der folgenden Abbildung.

4.4 Text eintippen ist auch ganz einfach

In die erste Spalte unserer Tabelle gehören natürlich die Namen der Mitspieler. Das Verfahren zum Eintippen von Text unterscheidet sich überhaupt nicht von der Methode, die Sie beim Eingeben von Zahlen kennengelernt haben.

Abb. 22: Die Kegeltabelle mit den Namen in den ersten neun Zellen der Spalte A

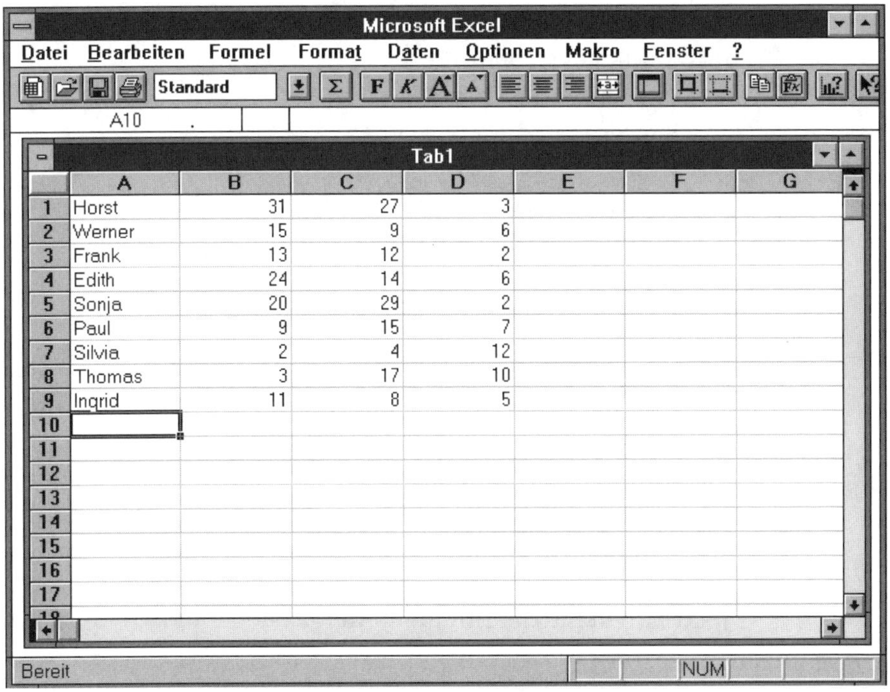

Fangen Sie einfach an:

1. Steuern Sie die Zelle A1 an.

2. Tippen Sie den ersten Namen ein.

3. Bestätigen Sie die Eingabe mit der [Enter]- oder der [↓]-Taste.
    Die Markierung landet in der Zelle A2.

Dort tragen Sie den nächsten Namen ein. Und so weiter - bis zur Zelle
A9.

Einen Fehler hat das Ganze noch. Die Überschriften über den Zahlen
fehlen. Schließlich soll man ja sehen können, welche Spalte was zeigt.

Die folgende Methode ist sicher nicht besonders elegant, gibt Ihnen
aber die Möglichkeit, noch einmal das Überschreiben von Zellinhalten zu üben. Ziel der Aktion soll sein, daß Sie in den ersten Zellen der
Spalten B bis D die Bezeichnungen eintragen können.

Probieren Sie folgendes:

1. Steuern Sie die Zelle A10 an.

2. Tippen Sie dort noch einmal den gleichen Namen ein wie in A9
    und bestätigen Sie die Eingabe mit der Pfeiltaste [→].

Dadurch springt die Markierung auf die Zelle B10.

3. Tragen Sie in B10 noch einmal den gleichen Wert wie in B9 ein
    und bestätigen Sie wieder durch Drücken der Taste [→].

Sie kommen dadurch nach C10. Auch dort geben Sie den gleichen
Wert ein wie in C9. Wiederholen Sie diesen Vorgang mit der Zelle
D10.

Jetzt haben Sie die Inhalte in den Zeilen 9 und 10 doppelt.

Und wie können Sie jetzt die Inhalt so verschieben, daß die obersten
Zellen frei werden? Ganz einfach: Sie tragen jeweils in einer Zelle das
ein, was in der darüberliegenden Zelle steht.

Ist das erledigt, wissen Sie erstens sicher, wie man Zellinhalte über-
schreibt, und zweitens haben Sie die ersten beiden Zeilen in identi-
scher Fassung.

Und so kommen die Überschriften ins Arbeitsblatt:

1. Steuern Sie die Zelle B1 an.

2. Tippen Sie "Neuner" ein und bestätigen Sie mit der ⏵-Taste.

3. Tippen Sie in die Zelle C1 "Kränze" ein und bestätigen Sie wieder mit der ⏵-Taste.

4. Tippen Sie in die Zelle D1 "Pudel" ein und bestätigen Sie mit der Enter-Taste.

Ihre Tabelle wird dann etwa so aussehen wie in der folgenden Abbildung.

Abb. 23: Die Kegeltabelle mit Überschriften für die Spalten B bis D.

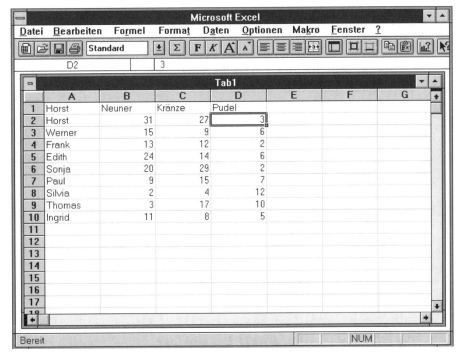

Sicher haben Sie jetzt schon festgestellt, daß es oft viel einfacher ist, zum Ansteuern von Zellen nicht die Maus sondern eine Taste zu benutzen. Der Markierungsrahmen kann ja (unter anderem) mit den Pfeiltasten bewegt werden.

Versuchen Sie einmal, mit Hilfe der Tasten ⊡ und ⊡ die Zelle A1 anzusteuern. Hat's geklappt? Bestimmt.

Ein Text verdeckt den anderen - was tun?

In die Zelle A1 tippen Sie jetzt die Bezeichnung für das ein, was in den Zellen der Spalte A steht, nämlich Kegelschwestern und -brüder. Beim Eintippen sehen Sie, daß der Text in der Bearbeitungszeile wieder ganz korrekt erscheint, in der Zelle selbst aber nicht. Dort wird immer nur der hintere Teil angezeigt.

Bestätigen Sie die Eingabe mit der ⊡Enter⊡-Taste, werden Sie eine Enttäuschung erleben: Nur der Teil des Textes wird in der Zelle angezeigt, der auch tatsächlich hineinpaßt. Der Rest wird einfach abgeschnitten. Woran liegt das?

Excel behandelt Text in Zellen anders als Zahlen. Da mit Text später nicht gerechnet wird, darf ein Textstück ruhig länger sein als die Breite der Zelle. Allerdings verdecken sich Textstücke gegenseitig. Der Inhalt einer Textzelle wird über den Rest einer links daneben stehenden Zelle angeordnet.

In unserem Beispiel verdrängt also das Wort "Neuner" in der Zelle B1 den Rest des Textstücks Kegelschwestern und -brüder in der Zelle A1. Was kann man dagegen tun? Nun, Sie können - ähnlich wie bei den zu großen Zahlen - die Breite der Spalte so verändern, daß der Text heineinpaßt.

Da Sie aber an der Kegeltabelle in den folgenden Kapiteln weitere Schönheitsoperationen vornehmen werden, verzichten Sie jetzt einmal auf diese Maßnahme. Überschreiben Sie statt dessen das schöne Kegelschwestern und -brüder in der Zelle A1 durch einen schlichten Namen.

4.5 Tippfehler sind schnell korrigiert

Haben Sie auf Anhieb alle Namen richtig geschrieben? Nun, dann haben Sie schon beim Eintippen sauber gearbeitet. Mir ist leider ein Fehler unterlaufen, weil ich Thomas zum Thpmass verunstaltet habe. Solche Tippfehler in Texten und auch Zahlen lassen sich einfach korrigieren. Sie müssen lediglich dafür sorgen, daß der zu verbessernde Zellinhalt wieder in die Bearbeitungszeile kommt, die dann auch noch aktiviert sein muß. Dazu steuern Sie die Zelle mit dem Tippfehler an und klicken dann mit der Maus in den Bereich der Bearbeitungszeile.

Da der Zellinhalt dort ja schon angezeigt wird, können Sie den Tippfehler ganz gezielt ansteuern. Sobald der Mauszeiger in den Bereich der Bearbeitungszeile bewegt wird, die den Zellinhalt darstellt, nimmt er eine besondere Form an. Er sieht nun aus wie die römische Eins.

Fachchinesisch

Kenner nennen diesen Cursor den I-Beam oder auch den I-Balken. Sie werden ihm bei der Arbeit mit Programmen die unter Windows laufen, immer dann begegnen, wenn es darum geht, Text in ein Feld einzutragen. Wichtig ist der Unterschied zwischen dem I-Beam und dem blinkenden Textcursor. Der Textcursor gibt an, wo das nächste Zeichen, das Sie eintippen, erscheinen wird. Der I-Beam dient dazu, einen Textcursor zu plazieren. Klicken Sie mit dem I-Beam in ein leeres Feld, wird am rechten Rand ein Textcursor erscheinen. Sie können dann anfangen, den gewünschten Text einzutippen. Den I-Beam, der ja ein Mauszeiger ist, bewegen Sie vorher am besten aus dem Feld hinaus - das macht die Angelegenheit übersichtlicher.

Mit dem I-Balken klicken Sie gleich zwischen den falschen und den darauffolgenden Buchstaben. Dann erscheint dort der senkrechte, blinkende Textcursor, und Sie können den Fehler beheben. Drücken Sie die ⎡Rück⎤-Taste, wird der falsche Buchstabe gelöscht. Tippen Sie den richtigen Buchstaben ein. Finden Sie noch einen Fehler, klicken Sie erneut mit dem Mauszeiger rechts neben den falschen Buchstaben, löschen Sie ihn mit der ⎡Rück⎤-Taste und tippen Sie bei Bedarf den korrekten Buchstaben ein.

Abb. 24: So können Sie einen Tippfehler beheben

Dann bestätigen Sie die korrigierte Fassung durch Anklicken der Schaltfläche mit dem grünen Häkchen oder durch Drücken der [Enter]-Taste. So habe ich aus meinem Thpmass einen Thomas gemacht.

4.6 So markieren Sie in der Tabelle

Oft werden Sie in die Situation kommen, daß mehrere Zellen auf einmal angesteuert werden müssen. Man sagt dazu einen Bereich markieren. Das ist z. B. dann nötig, wenn Sie das Aussehen von Inhalten mehrerer Zellen auf einmal verändern wollen. Das Windows-Grundgesetz heißt nämlich: erst markieren, dann operieren.

Die einfachste Methode, einen Bereich zu markieren, ist folgende:

Sie steuern die erste Zelle des gewünschten Bereichs an und ziehen Sie den Mauszeiger mit festgehaltener linker Maustaste bis zur letzten Zelle des gewünschten Bereichs. Die dabei überstrichenen Zellen werden jetzt hervorgehoben. Und zwar dadurch, daß Sie schwarz erscheinen. Steht schon etwas in diesen Zellen, werden die Buchstaben und Zahlen in weiß auf schwarzem Grund dargestellt. Man sagt, die Zellinhalte werden invers dargestellt.

Was ist denn invers?

Das muß nämlich nicht immer weiß auf schwarz sein. Haben Sie einen Farbbildschirm, können Sie sowohl die Zellflächen als auch die Zeichen in den Zellen farbig anlegen - also z. B. blaue Buchstaben auf gelbem Grund. Ist eine solche Zelle markiert, werden die Farben einfach getauscht und Gelb wird zu Blau, Blau zu Gelb.

Natürlich geht das auch mit roter Schrift auf weißem Grund: Invers wird daraus Grün auf Schwarz.

Abb. 25:
Zellen in einer
Markierung
erscheinen
invers

Eine Markierung aufheben

Etwas verwirrend wird das Ganze dadurch, daß die Zelle, von der aus Sie die Markierung erzeugt haben, nicht invers dargestellt wird. Sie sieht genauso aus wie zuvor. Allerdings wird der Rahmen, der zunächst nur um diese Ausgangszelle bestand, auf den ganzen Bereich ausgedehnt.

Wollen Sie die Markierung aufheben, klicken Sie einfach auf irgendeine Zelle. Die Markierung verschwindet. Die angeklickte Zelle wird durch einen Rahmen gekennzeichnet, weil sie ja jetzt angesteuert ist.

Ganze Zeilen und Spalten markieren

Sie wissen ja: Eine Spalte ist unheimlich lang; sie umfaßt die berühmten 16384 Zeilen. Wollen Sie jetzt alle Zellen in einer Spalte markieren, wäre das mit der beschriebenen Methode mühsam und langweilig. Es geht auch einfacher: Klicken Sie einfach auf die Schaltfläche mit der Spaltenkoordinate. Alle Zellen in dieser Spalte werden markiert (Auch wenn Sie das im Fenster nicht sehen, es klappt tatsächlich. Sie können das jederzeit nachprüfen). Das geht natürlich auch mit Zeilen. Klicken Sie auf die Zeilenkoordinate, werden alle 256 Zellen in dieser Zeile markiert.

Und wenn es mehrere Spalten oder Zeilen auf einmal sein sollen? Klicken Sie auf die erste Koordinate, drücken Sie die linke Maustaste, halten Sie diese gedrückt und ziehen Sie auf die folgende Koordinatenschaltfläche. Dadurch wird die Markierung auf die folgenden Spalten bzw. Zeilen ausgedehnt.

Sie können eine Markierung immer nur in eine Richtung ausdehnen. Haben Sie z. B. bei der Spalte B begonnen, können Sie entweder nach rechts auf die Spalte C rüberziehen oder auf die Spalte A, aber nicht in beide Richtungen. Solange Sie die Maustaste gedrückt halten, können Sie die Richtung nach Belieben wechseln.

Bei gedrückter Maustaste können Sie die Markierung erweitern.

Das gilt auch für das Markieren von Zeilen und Bereichen. Beim Markieren von Bereichen können Sie - von der Ausgangszelle aus betrachtet - entweder nach rechts unten oder nach links unten oder nach rechts oben oder nach links oben ziehen. Erst wenn Sie die Maustaste loslassen, wird die Markierung fixiert.

Möchten Sie alle 4.194.304 Zellen des Arbeitsblatts auf einmal markieren, klicken Sie auf die Schaltfläche in der linken oberen Ecke des Arbeitsblatts; an der Stelle also, an der die Spalten- und Zeilenkoordinaten aneinanderstoßen.

Erproben Sie das Markierung von Zellen jetzt einmal praktisch. Ziel der Aktion: Die Überschriften in den Zellen A1 bis D1 sollen in Fettschrift erscheinen. Dazu müssen Sie diese Zellen zuerst markieren:

1. Steuern Sie die Zelle A1 mit dem Mauszeiger an.

2. Drücken Sie die Maustaste und halten Sie diese fest.

3. Ziehen Sie den Mauszeiger mit gedrückter Maustaste bis zur Zelle D1. Dabei werden alle überstrichenen Zellen invers erscheinen.

4. Lassen Sie die Maustaste los. Sie haben den Bereich A1 bis D1 markiert.

Fachchinesisch

Der Begriff "Bereich", den ich hier verwende, ist tatsächlich ein Excel-Begriff. Immer dann, wenn mehrere zusammenhängende Zellen markiert sind, haben Sie es mit einem Bereich zu tun. Bereiche können durch eine bestimmte Form der Adresse (z. B. A1:D1) angesprochen oder mit einem festen Namen versehen werden.

Mehr dazu finden Sie in Kapitel 5.5.

Erste Begegnung mit der Symbolleiste

Unterhalb der Menüleiste finden Sie einen grauen Streifen mit einer Menge von Schaltflächen. Jede Schaltfläche löst eine bestimmte

Aktion aus. Was eine Schaltfläche in dieser sogenannten Symbolleiste tut, erkennen Sie mit ein wenig Phantasie an dem Symbol auf der Schaltfläche.

Grundsätzlich können Sie mit den Symbolschaltflächen die gleichen Dinge hervorrufen, wie mit Menübefehlen. So gibt es z. B. ein Symbol für Fettschrift, das Sie an einem fetten **F** erkennen.

Klicken Sie mit dem Mauszeiger auf diese Symbolschaltfläche. Die Texte im markierten Bereich werden in Fettschrift angezeigt. Gleichzeitig verändert sich auch das Aussehen des Symbols: Es sieht jetzt aus wie eine gedrückte Taste. Das sagt Ihnen, daß die markierten Zellen in Fettschrift dargestellt werden. Manchmal ist dies nicht an den Zellen selbst zu erkennen. Dann hilft ein Blick auf die Symbolleiste, um festzustellen, ob die angesteuerte Zelle bzw. der markierte Bereich in Fettschrift dargestellt ist.

Abb. 26: Dem markierten Bereich wird per Klick auf ein Symbol Fettschrift zugeordnet

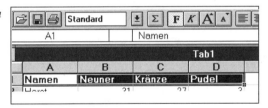

Übrigens: Die Markierung bleibt nach dieser Aktion erhalten. Sie können deshalb die Fettschrift für diese Zelle wieder zurücknehmen: Klicken Sie einfach noch einmal auf das Symbol F.

4.7 Was nicht sein soll, wird einfach gelöscht

Manchmal hat man etwas in eine Zelle eingetragen, was nicht nicht mehr gebraucht wird. Dann kann man den Inhalt einer Zelle natürlich auch löschen. Das geht ganz ähnlich, wie das Beheben von Tippfehlern oder das Überschreiben.

Steuern Sie bitte die Zelle A1 an. Und so wird der Text in dieser Zelle gelöscht:

1. Drücken Sie die [Rück]-Taste.

    Dadurch passieren mehrere Dinge gleichzeitig: Erstens wird die Bearbeitungszeile aktiviert, zweitens wird dort nichts mehr angezeigt und drittens erscheint auch die Zelle leer.

2. Bestätigen Sie die leere Bearbeitungszeile durch Anklicken des grünen Häkchens oder mit der [Enter]-Taste.
    Der Zellinhalt wird gelöscht, die Zelle ist wieder leer.

Mehrere Zellen auf einmal löschen

Möglicherweise haben Sie jetzt die Idee bekommen, daß es genauso einfach ist, mehrere Zellen auf einmal zu löschen. Leider ist das nicht der Fall. Und warum nicht: Weil nicht mehrere Zellinhalte auf einmal in der Bearbeitungszeile angezeigt werden können. Wenn Sie einen Bereich markieren und die ⌜Rück⌟-Taste drücken, wird nur die erste Zelle, also die Ausgangszelle, die nicht invers erscheint, gelöscht.

Wollen Sie den Inhalt von mehreren Zellen in einem Durchgang löschen, müssen Sie so vorgehen:

1. Markieren Sie die Zellen, die gelöscht werden sollen.

2. Drücken Sie die ⌜Entf⌟-Taste.

Abb. 27: Diese Dialogbox erscheint, wenn Sie mehrere Zellen auf einmal löschen wollen

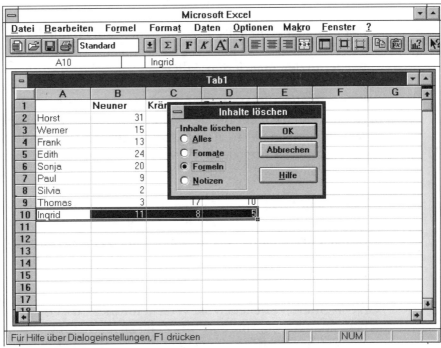

Es erscheint ein Fenster, genauer gesagt, eine Dialogbox "Inhalte löschen". Mit Hilfe dieser Dialogbox müssen Sie festlegen, was genau gelöscht werden soll. Angeboten werden vier Knöpfe (Alles, Formate,

Formeln, Notizen). Bis auf "Alles" sind die Knöpfe leider so merkwürdig benannt, daß man anfangs nicht weiß, was man hier auswählen soll.

3.   Wählen Sie deshalb zunächst den Knopf "Alles" an, indem Sie ihn mit dem Mauszeiger anklicken.

4.   Schließen Sie die Dialogbox mit einem Klick auf "OK".

Der Bereich bleibt markiert, aber die Zellen sind jetzt leer.

So machen Sie versehentliches Löschen wieder rückgängig

Was aber, wenn Sie versehentlich gelöscht haben? Keine Panik: die jeweils letzte Aktion können Sie (meistens) rückgängig machen. Dazu dient ein Menübefehl. Öffnen Sie das Menü "Bearbeiten".

Der oberste Befehl heißt zur Zeit "Rückgängig: Inhalte löschen Strg+Z". Wählen Sie ihn an. Und schon erscheinen die Zellinhalte wieder in den markierten Zellen.

Die Tastenkombination [Strg]+[Z] ist für alle, die es eilig haben. Denn wenn Sie nicht mit der Maus das Menü "Bearbeiten" anklicken wollen, können Sie auch ganz einfach diese Tastenkombination drücken und führen dann, durch Bestätigung mit [Enter], den Befehl "Rückgängig machen" aus.

Der Befehl "Rückgängig" heißt immer anders, je nachdem, was Sie gerade als letztes angestellt haben. Im Menü wird jeweils der Name des Befehls mit angegeben, den Sie zuletzt ausgeführt hatten. So können Sie immer prüfen, ob Sie tatsächlich die richtige Aktion rückgängig machen.

Noch einfacher beheben Sie versehentliches Löschen, wenn Sie begonnen haben, eine einzelne Zelle zu löschen. Sobald Sie die [Rück]-Taste gedrückt haben, wird ja die Bearbeitungszeile aktiviert. Hauen Sie jetzt nicht einfach auf die [Enter]-Taste, sondern halten Sie eine kleine Sekunde inne. Wollen Sie wirklich löschen? Falls nein, bestätigen Sie die Bearbeitungszeile nicht, sondern klicken auf die Schaltfläche mit dem roten Kreuz oder drücken Sie die [Esc]-Taste. Der Löschvorgang wird abgebrochen.

4.8 Addieren manuell, halb- und vollautomatisch

Bisher haben Sie nur den Begriff "Tabelle" praktisch erprobt. Jetzt geht es an die Kalkulation. Schließlich kann Excel rechnen. Die einfachste Variante ist sicher das Aufaddieren von Zahlen.

In der Kegeltabelle sollen jetzt die Summen aller geworfenen Neuner, Kränze und Pudel ermittelt werden. Das können Sie zunächst auf die einfachste, aber umständlichste Art ausprobieren. Und zwar soll in der Zelle B11 die Summe der Zahlen in den Zellen B2 bis B10 erscheinen. Wie würden Sie das mit Hilfe eines Taschenrechners lösen? Klar, die erste Zahl tippen, die Plustaste drücken, die nächste Zahl tippen usw.

Ganz ähnlich können Sie auch in einer Exceltabelle vorgehen:

1. Steuern Sie die Zelle B11 an.

2. Tippen Sie als erstes ein Gleichheitszeichen (=) ein; damit machen Sie Excel klar, daß jetzt etwas berechnet und das Ergebnis in dieser Zelle angezeigt werden soll.

3. Was soll addiert werden? Die Zellinhalte. Jede Zelle läßt sich anhand ihrer Adresse identifizieren. Die erste zu addierende Zelle hat die Adresse B2. Tippen Sie also hinter dem Gleichheitszeichen b2 ein.

Es spielt keine Rolle, ob Sie einen Spaltenkennbuchstaben als Groß- oder Kleinbuchstaben eintippen.

4. Wie geht's weiter? Die nächste Zelle soll addiert werden. Also tippen Sie ein Pluszeichen (+) ein.

5. Es folgt die Adresse der nächsten Zelle: b3.

6. Und wieder ein Pluszeichen.

7. Und die nächste Zelladresse: b4.

8. Sie können sich denken, wie es weitergeht...

Schließlich sollte in der Bearbeitungszeile

```
=B2+B3+B4+B5+B6+B7+B8+B9+B10
```

stehen.

| X | ✓ | =b2+b3+b4+b5+b6+b7+b8+b9+b10 |

Abb. 28: Das haben Sie eingetippt...

Abb. 29: ...und so erscheint das Ergebnis in der Zelle

	=B2+B3+B4+B5+B6+B7+B8+B9+B10		
	Tab1		
B	**C**	**D**	**E**
Neuner	**Kränze**	**Pudel**	
31	27	3	
15	9	6	
13	12	2	
24	14	6	
20	29	2	
9	15	7	
2	4	12	
3	17	10	
11	8	5	
128			

Wenn Sie diesen Eintrag mit der Enter-Taste bestätigen, erscheint sofort das Ergebnis in der Zelle B11. Sie können es nachrechnen!

Steuern Sie einmal die Zelle B11 an. In der Bearbeitungszeile sehen Sie das, was Sie eingetragen haben. Diese Rechenanweisung nennt man bei Excel eine Formel. Sie haben also soeben die Formel =B2+B3+B4+B5+B6+B7+B8+B9+B10 eingetragen. Excel hat die Formel ausgerechnet und das Ergebnis in die Zelle B11 geschrieben.

Übrigens: Wenn Sie beim Eintippen das kleine b benutzt haben, werden Sie sehen, daß jetzt immer große Bs erscheinen. Excel setzt diese automatisch um.

80

Formeln sind flexibel

Zur Not hätten Sie diese Summe auch noch von Hand oder gar im Kopf ausrechnen können. Das Tolle ist aber, daß diese Formel jedesmal neu berechnet wird, wenn Sie den Inhalt einer Zelle ändern, die in der Formel benutzt wird. Probieren Sie: Ersetzen Sie den Wert in der Zelle B2 durch 1000. Bestätigen Sie die Änderung in der Bearbeitungszeile, und Sie werden sofort das aktualisierte Ergebnis in der Zelle B11 sehen.

Halbautomatisches Addieren

Eine Formel in einer Zelle erkennt Excel immer daran, daß als erstes ein Gleichheitszeichen eingetippt wird. In einer Formel können Zelladressen auftauchen und die üblichen Zeichen für die Grundrechenarten:

+ zum Addieren

- zum Subtrahieren

* zum Multiplizieren

/ zum Dividieren

^ zum Potenzieren

Und wenn Sie sich noch an Ihren Mathematikunterricht erinnern: Sie können in Formeln die Rechenfolge durch Klammern gliedern. Die Formel

```
=2^8*9+78
```

ergibt 2382. Die durch Klammern anders gegliederte Formel

```
=2^8*(9+78)
```

ergibt dagegen 22272. Und

```
=((2^(8*9)+78
```

ergibt dann die riesige Zahl, die Excel als 4,7224E+21 darstellt. Stellen Sie sich vor, Sie müßten auf die beschriebene Art und Weise eine Zahlenkolonne mit 324 Werten addieren. Allein für das Eintippen der 324 Zelladressen müßten Sie schon ein paar Minuten einkalkulieren.

81

Sie können sich die Mühe sparen. Excel hält für solche Fälle eine Reihe von Hilfsmitteln zur Verfügung, mit denen Sie einfacher mitteilen können, was berechnet werden soll. Zum Addieren von Zellinhalten benutzen Sie eine Funktion mit dem schönen Namen SUMME. Löschen Sie jetzt bitte den Inhalt der Zelle B11. Und so tragen Sie eine Funktion ein:

1. Steuern Sie die Zelle B11 an.

2. Tippen Sie ein Gleichheitszeichen (=) ein, damit Excel weiß, daß eine Formel eingetragen wird.

3. Geben Sie direkt hinter dem Gleichheitszeichen das Wort SUMME ein (Auch hier spielt es keine Rolle, ob Sie es in Groß- oder Kleinbuchstaben eintippen).

4. Tippen Sie direkt hinter dem Wort SUMME eine öffnende runde Klammer ein - bisher müßte =SUMME(in der Bearbeitungszeile stehen.

5. Geben Sie die Adressen des Bereichs von Zellen ein, deren Inhalt addiert werden soll: b2:b10. Der Doppelpunkt (:) zwischen den Zelladressen steht stellvertretend für das Wort "bis". B2:B10 bedeutet für Excel also "Alle Zellen von B2 bis B10".

6. Tippen Sie eine schließende runde Klammer ein.

7. Wenn in Ihrer Bearbeitungszeile jetzt

    `=SUMME(B2:B10)`

    steht, bestätigen Sie diese Eingabe mit der ⌷Enter⌷-Taste.

| | =SUMME(B2:B10) |

Abb. 30: Und so sieht die Summenformel in der Bearbeitungszeile aus

Das Ergebnis dürfte dasselbe sein wie zuvor. Nur wenn Sie die Zelle mit der Summe ansteuern, werden Sie sehen, daß dort die eingegebene Summenformel erscheint. Mit dieser Methode reduziert sich der Tippaufwand ganz enorm.

Addieren vollautomatisch

Wenn es um das Ausrechnen von Summen geht, verfügt Excel über eine unschlagbare Automatik. Sie können dies jetzt an der Summe für die Kränze, also der Zellen C2 bis C10, testen. Gehen Sie nach folgendem Rezept vor:

1. Steuern Sie die Zelle C11 an.

2. Markieren Sie, beginnend mit C11, den Bereich von C11 bis C2. Ziehen Sie entweder mit gedrückter linkter Maustaste über den Bereich oder halten Sie die ⸤Umschalt⸥-Taste gedrückt und drücken Sie sooft die ⸤↑⸥-Taste, bis Sie bei C angelangt sind.

3. Klicken Sie auf die Schaltfläche mit dem Summenzeichen (¨) in der Symbolleiste.

In der Bearbeitungszeile, die automatisch aktiviert wird, erscheint die Formel =SUMME(C2:C10)!

4. Bestätigen Sie den Eintrag in der Bearbeitungszeile mit der ⸤Enter⸥-Taste.

Einfacher geht's kaum. Sie können dieses Verfahren gleich noch einmal an den Zellen D11 bis D2 ausprobieren.

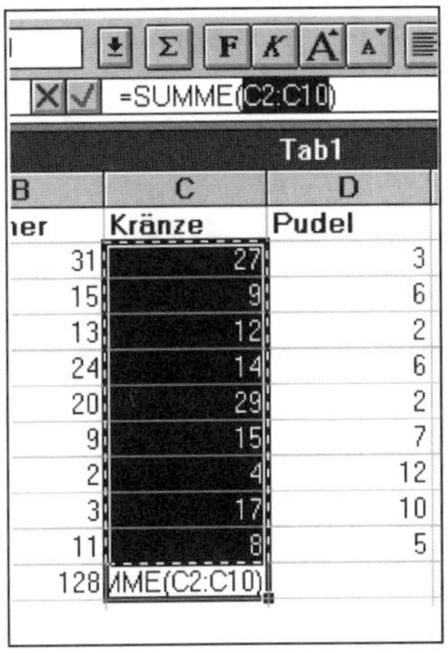

Abb. 31: So sieht es aus, wenn Sie einen Bereich automatisch addieren lassen.

83

4.9 Bleibende Werte - so wird die Tabelle gespeichert

Vielleicht haben Sie ja schon einmal den oft zitierten Spruch gehört, daß der Computer alles vergißt, wenn man den Strom abschaltet. Das stimmt auch. Bisher haben Sie alle Arbeiten an der Tabelle, die Sie auch am Bildschirm verfolgen konnten, immer nur im Computer selber ausführen lassen. Man sagt auch: "Die Tabelle befindet sich im Speicher des Computers". Und dieser Speicher hat leider wirklich die Eigenschaft, daß sein Inhalt nur so lange erhalten bleibt, wie der Netzstrom am Computer eingeschaltet ist.

Was ist also zu tun, wenn die Tabelle auch am folgenden Tag noch benutzt werden soll? Den Computer eingeschaltet lassen? Das wäre sicher nicht die beste Methode. Sie müssen statt dessen dafür sorgen, daß das Arbeitsblatt so abgelegt wird, daß Sie es jederzeit wieder hervorholen und weiter bearbeiten können. Dazu bietet sich die Festplatte in Ihrem Computer an. Diese hat nämlich die angenehme Eigenschaft, daß alles, was Sie auf ihr speichern, auch erhalten bleibt, wenn Sie den Computer ausschalten. Das funktioniert so ähnlich wie bei einem Kassettenrekorder: Die Tabelle wird in etwa so auf der Festplatte gespeichert wie ein Musikstück auf einer Kassette.

Das ist sicher schön, setzt aber ein paar Dinge voraus. Da auf einer solchen Festplatte eine große Menge an Informationen gespeichert werden kann, muß es ein System geben, das Ihnen hilft, etwas Gespeichertes auch wiederzufinden. Konkret: Sie möchten Ihre Kegeltabelle vielleicht morgen (oder übermorgen) wieder ins Excel-Programmfenster holen und weiter bearbeiten. Dazu muß die Tabelle einen Namen bekommen, durch den Sie das Arbeitsblatt identifizieren können.

Aber hat die Tabelle nicht schon einen Namen? Ja: In der Titelleiste des Arbeitsfensters wird er sogar angezeigt. Die Tabelle heißt schlicht "Tab1". Diesen Namen gibt Excel automatisch dem Arbeitsblatt, das nach dem Start von Excel im Arbeitsfenster erscheint.

Und so wird gespeichert

Unter diesem Namen können Sie das Arbeitsblatt aber auch speichern. Dazu öffnen Sie das Menü "Datei" und wählen den Befehl

"Speichern unter" an. Es erscheint eine Dialogbox auf dem Bildschirm, die auf den ersten Blick etwas verwirrend aussieht.

Abb. 32: Diese Dialogbox erscheint, wenn Sie das Arbeitsblatt Tab1 speichern wollen

Ganz links oben gibt es ein Eingabefeld, "Dateiname:". In diesem Feld steht jetzt TAB1.XLS. Dies ist der offizielle Name Ihres Arbeitsblatts. Er setzt sich zusammen aus dem eigentlichen Namen (Tab1), einem Punkt und den drei Buchstaben XLS. Den Punkt und diese drei Buchstaben fügt Excel beim Speichern jedem Namen automatisch an. An diesen drei Buchstaben erkennt Excel beim Laden, daß es sich um eine Tabelle handelt, die mit Excel bearbeitet werden kann.

Von Ordnern und Verzeichnissen

Im rechten Bereich der Dialogbox gibt es eine Anzeige, "Verzeichnisse:". Verzeichnisse sind die Behälter für Tabellen und andere Daten, die auf einer Festplatte gespeichert sind. Jedes Verzeichnis hat einen Namen, an dem es erkannt werden kann. Stellen Sie sich ein Verzeichnis wie einen Aktenordner vor, in den Sie Ihre Papiere abheften. Das Speichern eines Arbeitsblatts entspricht durchaus dem Abheften von Akten in Ordnern.

Angezeigt wird als Name zur Zeit

```
C:\EXCEL
```

eventuell auch

```
D:\EXCEL
```

oder das Ganze mit einem anderen Kennbuchstaben. das bedeutet, daß Ihr Arbeitsblatt TAB1.XLS im Verzeichnis C:\EXCEL abgespeichert wird. Oder - anders ausgedrückt - daß die Tabelle Tab1 im Ordner namens \Excel abgeheftet wird.

Unterhalb dieser Anzeige finden Sie eine Liste mit einer Reihe von Symbolen, die Hängeordner darstellen sollen. Eines davon - nämlich das mit dem Namen "excel" - ist andersfarbig und sieht aus wie ein aufgeklappter Ordner. Dies ist das aktuelle Verzeichnis, also das, in dem Ihr Arbeitsblatt abgeheftet, gespeichert wird.

Sie können auch einen anderen Ordner aufklappen oder - wie man auch sagt: ein anderes Verzeichnis öffnen. Unterhalb des Ordners "excel" wird ein zugeklappter Ordner namens "beispiel" angezeigt. Klicken Sie auf dieses Symbol. Die ganze Zeile, in der dieses Symbol steht, wird markiert. Klicken Sie jetzt auf die Schaltfläche "OK" in der Dialogbox oben rechts.

Was hat sich geändert? In der Verzeichnisliste erscheint jetzt auch der Ordner "beispiel" aufgeklappt und andersfarbig. Der Ordner "excel" wird dagegen wieder in der normalen Farbe (gelb) dargestellt. Außerdem steht jetzt über der Liste die Angabe

```
C:\EXCEL\BEISPIEL
```

(Statt dem "c" kann auch ein anderer Buchstabe erscheinen).

Das bedeutet: Im Ordner "excel" gibt es einen Ordner "beispiel", der jetzt geöffnet ist. Oder: Das Unterverzeichnis "beispiel" wurde geöffnet.

Damit haben Sie den Ort auf der Festplatte bestimmt, an dem Ihr Arbeitsblatt gespeichert wird.

Das Kind kann auch einen anderen Namen haben

Natürlich muß das Arbeitsblatt nicht den Namen TAB1.XLS tragen. Schöner wäre es doch, wenn Sie es z. B. KEGELN nennen könnten. Kein Problem. Wenn Sie den Mauszeiger in das Eingabefeld "Dateiname:" bewegen, nimmt er wieder die Form eines senkrechten Strichs mit gegabelten Enden an.

86

Klicken Sie damit rechts von dem Buchstaben S, erscheint dort ein blinkender Textcursor. Und jetzt können Sie den Namen so löschen wie einen Eintrag in der Bearbeitungszeile von Excel. Löschen Sie ihn komplett mit der ⎡Rück⎤-Taste.

Dann tippen Sie einfach den neuen Namen ein, also

KEGELN

Auch hier werden Groß- und Kleinbuchstaben nicht unterschieden.

Falls Sie einen anderen Namen benutzen möchten: Beachten Sie bitte, daß der Name maximal acht Buchstaben lang sein und keine Leerzeichen enthalten darf. Außerdem sollten Sie im Namen nur Buchstaben und Ziffern sowie vielleicht noch den Bindestrich benutzen. Verzichten Sie am besten auch auf Umlaute (ä, ö, ü) in Dateinamen.

Dateinamen dürfen nicht länger als acht Buchstaben sein.

Abb. 33: So sieht die Dialogbox zum Speichern aus, wenn Sie ein anderes Verzeichnis geöffnet und einen anderen Namen für das Blatt eingetragen haben

So, und jetzt klicken Sie nur noch auf die Schaltfläche "OK" in dieser Dialogbox. Damit wird das Arbeitsblatt unter dem Namen KEGELN.XLS im Verzeichnis C:\EXCEL\BEISPIEL auf der Festplatte gespeichert.

Das Speichern selbst geht sehr schnell vonstatten. Anschließend sehen Sie den neuen Namen in der Titelleiste des Arbeitsfensters.

Und so wird ein Arbeitsblatt geschlossen

Ihre Arbeit ist gesichert, also können Sie das Arbeitsblatt jetzt schließen. Das geht mit dem Befehl "Schließen" im Menü "Datei". Der Befehl wird sofort ausgeführt.

Es sei denn, Sie haben nach dem Speichern noch etwas am Arbeitsblatt geändert. Dann erscheint vorher eine Meldung am Bildschirm.

Abb. 34: Excel fragt beim Schließen eines geänderten Blatts nach

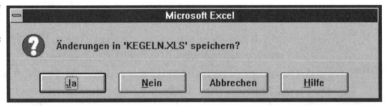

Bejahen Sie die Frage durch einen Klick auf die Schaltfläche "Ja". Ihre Tabelle wird unter dem vergebenen Namen mit allen Änderungen gespeichert und dann geschlossen.

Excel beenden

Wenn kein Arbeitsfenster mehr geöffnet ist, präsentiert sich Excel ziemlich kahl. Sie könnten jetzt nur noch ein Arbeitsblatt öffnen - oder Excel beenden. Benutzen Sie dazu den Befehl "Beenden" im Menü "Datei". Das Programmfenster von Excel wird ohne weitere Nachfrage geschlossen, und Sie landen wieder im Programm-Manager.

Wenn Sie jetzt den Computer ausschalten wollen, sollten Sie zuvor unbedingt die Windows-Oberfläche schließen. Das stellt sicher, daß Windows nach dem nächsten Start wieder genauso aussieht wie beim letzten Mal. Wählen Sie im Menü "Datei" des Programm-Managers den Befehl "Windows beenden..." und klicken Sie in der folgenden Meldung auf "OK".

Bevor der Computer ausgeschaltet wird, muß auch Windows beendet werden.

Erst wenn am Bildschirm wieder das berüchtigte C:\ und der blinkende Cursortrich erscheinen, sollten Sie den Computer ausschalten.

Excel starten und die Tabelle wieder öffnen

"...Tage später..." - Sie wollen an der Kegeltabelle weiterarbeiten. Gut, wie Sie den Computer einschalten, wissen Sie, auch wie Sie zur Windows-Oberfläche kommen, ist Ihnen inzwischen geläufig.

Wenn Sie mehr zum Thema Computer einschalten wissen wollen, schauen Sie in Kapitel 3 nach.

Öffnen Sie im Programm-Manager die Excel-Gruppe und starten Sie Excel mit einem Doppelklick auf sein Symbol.

Das Programmfenster wird geöffnet, und darin erscheint wieder ein Arbeitsfenster mit einem leeren Arbeitsblatt. Jetzt gibt es mehrere Möglichkeiten, die zuvor gespeicherte Tabelle wieder zu öffnen. Am einfachsten: Schauen Sie einmal im Menü "Datei" nach.

Abb. 35: Die zuletzt gespeicherten Tabellen werden im Menü "Datei" wie Befehle zum direkten Öffnen angegeben

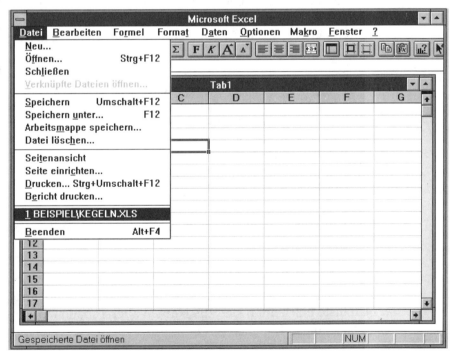

Als vorletzten Befehl werden Sie einen Eintrag finden, der genau dem Namen entspricht, unter dem Sie die Kegeltabelle gespeichert haben. Wenn Sie diesen Eintrag wie einen Befehl anklicken, wird das zugehörige Arbeitsblatt geöffnet.

Ältere Tabellen öffnen

Wie gesagt: Diese einfache Methode funktioniert nur für die letzten vier Tabellen. Wollen Sie an einer älteren Tabelle arbeiten, also an einer, deren Name nicht mehr im Menü "Datei" auftaucht, müssen Sie das Arbeitsblatt über eine Dialogbox auswählen.

Wählen Sie den Befehl "Öffnen" aus dem Menü "Datei". Am Bildschirm erscheint eine Dialogbox, die genauso aufgebaut ist wie die, der Sie beim Speichern begegnet sind. Ziel der Arbeit mit dieser Dialogbox ist es, den Namen des Arbeitsblatts, das Sie öffnen wollen, im Eingabefeld "Dateiname:" angezeigt zu bekommen. Dort steht zunächst die Abkürzung *.XL*. Das bedeutet, daß diese Dialogbox in der Dateiliste nur solche Namen anzeigt, die nach dem Punkt mit den Buchstaben XL gekennzeichnet sind. Das ist ja ganz praktisch, denn Sie wissen, daß Excel Arbeitsblätter grundsätzlich mit dem Kürzel XLS am Ende versieht.

Allerdings werden Sie in der Liste jetzt Ihre Kegeltabelle (Name: KEGELN.XLS) nicht unbedingt sehen. Das liegt daran, daß nach dem Start von Excel immer das Excel-Verzeichnis selbst geöffnet wird. Deshalb wird unter "Verzeichnisse:" auch C:\EXCEL angezeigt (oder das gleiche mit einem anderen Kennbuchstaben, z. B. als D:\EXCEL). Außerdem erscheint in der Verzeichnisliste das Symbol für den Excel-Ordner andersfarbig und aufgeklappt.

Wenn Sie Ihre Tabelle in einem anderen Verzeichnis gespeichert haben, müssen Sie dieses zunächst ansteuern und dann öffnen. Gespeichert haben Sie die Kegeltabelle im Verzeichnis BEISPIEL. Auch das erscheint in der Liste, allerdings zugeklappt. Steuern Sie es an und klicken Sie auf "OK". Dadurch wird es aufgeklappt. In der Dateiliste erscheinen jetzt die Namen aller Tabellen, die in diesem Verzeichnis gespeichert sind.

Darunter werden Sie auch KEGELN.XLS finden. Wenn Sie in der Liste auf die Zeile mit diesem Namen klicken, wird dieser ins

Eingabefeld bei "Dateiname:" übertragen. Das Ziel ist erreicht. Klicken Sie auf "OK" und die Kegeltabelle wird geöffnet.

4.10 Mögliche Fehler beim Anlegen einer Tabelle

Und hier noch einmal eine Auflistung der Probleme, die beim Anlegen einer Tabelle auftreten können. Zu jedem Problem finden Sie einen Tip, der Ihnen hilft, die Schwierigkeit zu überwinden.

Der ganze Arbeitsbereich ist mir zu klein - Fenster vergrößern

Wenn sich Excel nach dem Öffnen mit einem zu kleinen Fenster meldet, klicken Sie am besten auf die Schaltfläche mit dem nach oben zeigenden Dreieck rechts am Ende der Titelleiste des Programmfensters

Das sollten Sie übrigens grundsätzlich tun. Es reicht jedoch, wenn Sie dies einmal am Excel-Programmfenster ausführen. Beim Beenden von Excel wird der Zustand des Programmfensters nämlich gespeichert, so daß sich Excel beim nächsten Mal genauso meldet, wie Sie es verlassen haben.

Sie können auch ein Arbeitsfenster auf volle Größe bringen (was auch empfehlenswert ist). Auch Arbeitsfenster besitzen am rechten Rand der Titelleiste zwei Schaltflächen zum Vergrößern und Verkleinern. Bringen Sie ein Arbeitsfenster auf volle Größe, verschwindet allerdings dessen Titelleiste. Der Name der geöffneten Tabelle wird dann in der Titelleiste des Excel-Fensters mitausgegeben. Am rechten Ende der Menüleiste finden Sie dann eine Schaltfläche mit einem Doppeldreieck - sie gehört zum Arbeitsfenster. Am linken Ende der Menüleiste gibt es auch noch ein Systemmenü (Quadrat mit Minuszeichen), das ebenfalls zum Arbeitsfenster gehört.

Bei vergrößertem Arbeitsfenster erscheint der Dateiname in der Titelleiste von Excel.

Ich habe mich in der Tabelle verirrt - Wie kommen ich wieder zu A1 zurück?

Beim Markieren und Ansteuern von Zellen außerhalb des sichtbaren Ausschnitts kann man sich leicht verirren. Wenn Sie sich wieder orientieren wollen, steuern Sie am besten wieder die Zelle A1 an. Und

91

das geht am schnellsten und einfachsten, wenn Sie die Tastenkombination `Strg` + `Pos1` drücken.

Sie können jede beliebige Zelle direkt ansteuern. Dazu dient der Befehl "Gehe zu..." im Menü "Formel". Er bringt eine Dialogbox auf den Bildschirm, in der Sie unten ein Eingabefeld "Bezug:" finden. Praktischerweise blinkt dort schon der Textcursor, so daß Sie gleich die Adresse der gewünschten Zelle (z. B. H99) eintippen können. Ein Klick auf "OK" setzt den Markierungsrahmen dann auf die angegebene Zelle.

Mit `F5` gelangen Sie schneller zur gesuchten Zelle.

Eine weitere Abkürzung: Den Befehl "Gehe zu..." können Sie auch schnell mit einem Druck auf die Funktionstaste `F5` aufrufen.

Beim Tippen verschiebt sich der sichtbare Ausschnitt - was kann ich dagegen tun?

Wenn Sie etwas in eine Zelle eintippen, die sich an einem der vier Ränder des Arbeitsfensters befindet, wird beim Bestätigen oft der ganze sichtbare Ausschnitt verschoben. Dabei rutschen Zellen aus dem Blickfeld, die Sie gerne sehen möchten. Dagegen hilft nur wohlüberlegtes Einsetzen der Tasten zum Bestätigen. Liegt die Zelle am unteren Bildrand, benutzen Sie die Taste `↑`, am rechten Bildrand nehmen Sie `←` und links drücken Sie am besten `→`.

Wollen Sie einen ganz bestimmten Teil des Arbeitsblatts sehen, verschieben Sie den sichtbaren Ausschnitt mit den Rollbalken. Das Quadrat im Rollbalken verdeutlicht die relative Position des sichtbaren Ausschnitts in bezug auf das ganze Arbeitsblatt.

Was ich in der Bearbeitungszeile eintippe, erscheint nicht in der Zelle - wie kommt's?

Sind Sie sicher, daß Sie Ihre Eingabe bestätigt haben? Nach dem Eintippen in der Bearbeitungszeile können Sie dafür sorgen, daß der Eintrag in die Zelle kommt, indem Sie entweder die Schaltfläche mit dem grünen Häkchen anklicken oder die `Enter`-Taste drücken oder eine der Pfeiltasten benutzen. Haben Sie etwas eingetippt und dann versehentlich die Schaltfläche mit dem roten Kreuz angeklickt oder die `Esc`-Taste gedrückt, wird das Eingetippte einfach ignoriert.

Meine Zahlen werden falsch angezeigt - woran liegt das?

Zahlen werden in den Zellen nur dann genauso angezeigt, wie Sie sie eingetippt haben, wenn die Zelle auch breit genug ist. Ist das nicht der Fall, erscheinen in der Zelle lauter ##########. Sie sagen Ihnen, daß die Zahl zu lang für die Zelle ist. Sie können die Zahl sichtbar machen, indem Sie die Spalte, in der sich die betreffende Zelle befindet, breiter machen. Dazu bewegen Sie den Mauszeiger in die Leiste mit den Spaltenkoordinaten. Steht der Zeiger genau auf der Trennlinie zwischen dem Kennbuchstaben der zu vebreiternden Spalte und der rechts danebenliegenden, verändert sich seine Form.

Sie können die Trennlinie jetzt anfassen (linke Maustaste drücken und festhalten) und nach rechts verschieben. Lassen Sie die Maustaste los, erscheint die Spalte breiter. Haben Sie diese breit genug gemacht, wird die Zahl richtig erscheinen. Sie können alle Spalten auf diese Art breiter und schmaler machen. Dabei gibt es eine Falle. Erstens: Sie können eine Spalte versehentlich so schmal ziehen, daß sie verschwindet. Ist das passiert, können Sie das Mißgeschick folgendermaßen beheben:

- Wählen Sie unmittelbar nach dem Vorfall den Befehl "Rückgängig: Spaltenbreite" aus dem Menü "Bearbeiten".

- Bemerken Sie das Unglück erst ein paar Aktionen später, gehen Sie so vor:

  1. Finden Sie heraus, welche Spalte fehlt. Kontrollieren Sie die Kennbuchstaben in der Leiste am oberen Fensterrand. Erscheint dort beispielsweise B direkt neben D, fehlt C.

  2. Klicken Sie auf die Spaltenkoordinate links neben der fehlenden Spalte. Drücken Sie die Maustaste, halten Sie diese gedrückt und ziehen Sie den Mauszeiger auf die Spalte rechts neben der fehlenden. Beide Spalten erscheinen markiert.

  3. Wählen Sie den Befehl "Spaltenbreite..." aus dem Menü "Format".

  4. Klicken Sie in das Kästchen "Standardbreite". Bestätigen Sie mit einem Klick auf "OK".

Alle drei Spalten - die fehlende und die angrenzenden - werden auf ein vorgegebenes Maß eingestellt. Die verschwundene Spalte erscheint wieder. Wenn Sie sehr große Zahlen eingeben, werden diese automatisch in die sogenannte Exponentialschreibweise (z. B. 1E+12) umgesetzt. Dagegen können Sie nur etwas tun, wenn Sie ein anderes Zahlenformat wählen.

Schauen Sie dazu bitte in Kapitel 5 nach, wenn Sie weitere Informationen benötigen. Das gilt übrigens auch für Zahlen mit zu vielen Nachkommastellen: Excel rundet diese automatisch, wenn sie nicht in die Zelle passen.

Mein eingegebener Text wird verdeckt - was kann ich dagegen tun?

Excel geht mit Text anders um als mit Zahlen. Sie können soviel Text in eine Zelle schreiben wie Sie möchten. Ist rechts von dieser Zelle Platz, sind die rechts danebenliegenden Zellen also frei, dann wird der Text einfach nach rechts über den Zellenrand ausgerollt. Aber eben nur, wenn rechts frei ist. Ist das nicht der Fall, wird nur der Teil des Textes angezeigt, der in die Zelle hineinpaßt. Dagegen können Sie ohne weiteres auch nichts tun.

Mögliche Abhilfen zu diesem Thema werden in Kapitel 7 über die Schönheitskorrekturen vorgestellt.

Die Zellen sehen alle anders aus, manche invers, manche nicht...

Sie haben einen Bereich von Zellen markiert, aber nicht alle enthaltenen Zellen erscheinen invers, so daß Sie nicht sicher sind, ob tatsächlich alle Zellen markiert sind. Erscheint eine Zelle innerhalb des Bereichs nicht invers (mit umgedrehter Farbgebung, also z. B. weiß auf schwarz statt schwarz auf weiß), ist alles in Ordnung. Diese scheinbar nicht markierte Zelle ist die Ausgangszelle, also die Stelle, an der Sie begonnen haben, den Bereich zu markieren. Sie erkennen die Grenzen des markierten Bereichs am sichersten am Rahmen um alle diese Zellen.

Liegt die merkwürdige Situation vor, daß mehrere, nicht benachbarte Zellen markiert erscheinen, haben Sie beim Ansteuern versehentlich die `Strg`-Taste gedrückt. Wenn Sie diese Taste gedrückt halten, können Sie nämlich auch Bereiche markieren, die aus nicht benachbarten Zellen bestehen. Wollen Sie die inversen Flecken wieder entfernen, klicken Sie einfach eine beliebige andere Zelle an, dadurch wird jede Markierung aufgehoben.

Ich weiß nicht, ob dieser Text als Fettschrift angezeigt wird

Sie haben mit dem Zuordnen von Fettschrift zu bestimmten Textzellen experimentiert und wissen nicht mehr genau bzw. können nicht mehr erkennen, welche Texte fett sind und welche nicht. Um das festzustellen, steuern Sie die fragliche Zelle an. Erscheint dann das Fettschrift-Symbol (das mit dem F) gedrückt - auch an der hellgrauen Musterung erkennbar -, heißt das: Der Inhalt dieser Zelle ist in Fettschrift.

Das gilt auch für andere Merkmale von Zellinhalten. Sie lernen die verschiedenen Symbole in Kapitel 8 noch genauer kennen.

Ich will mehrere Zellen auf einmal löschen, mit der `Rück`-Taste geht das aber nicht

Sie haben einen Bereich markiert und wollen alle Zellen darin löschen. Wenn Sie die `Rück`-Taste dazu benutzen, wird immer nur die Ausgangszelle gelöscht (das ist diejenige, die nicht invers angezeigt wird). Um alle Zellen in einem Bereich zu löschen, drücken Sie die `Entf`-Taste. Sie bekommen eine Dialogbox, in der Sie den Knopf "Alles" anklicken. Schließen Sie die Dialogbox mit einem Klick auf "OK" und die Zellinhalte sind verschwunden.

Wie kann ich der Tabelle einen Namen geben?

Wenn Sie einen neue Tabelle begonnen haben, bekommt diese von Excel automatisch einen Namen zugeteilt, der sich aus dem Kürzel Tab und einer laufenden Nummer zusammensetzt. Möchten Sie einen eigenen Namen vergeben, speichern Sie die Tabelle.

Wenn Sie den Befehl "Speichern" aus dem Menü "Datei" wählen, erscheint eine Dialogbox, mit der Sie bestimmen können, wie ein

95

Arbeitsblatt heißen und wo es abgelegt (gespeichert) werden soll. Im Feld "Dateiname:" tragen Sie den gewünschten Namen ein. Achten Sie darauf, daß dieser nur maximal acht Buchstaben lang sein darf, und daß Sie am besten nur Buchstaben und Ziffern sowie den Binde-strich verwenden. Excel hängt an den Namen automatisch die Namenserweiterung XLS an, so daß die Tabelle später immer als Excel-Arbeitsblatt erkannt wird.

Das Speichern lösen Sie mit einem Klick auf "OK" aus.

Wie finde ich eine gespeicherte Tabelle wieder?

Zwei Voraussetzungen: Sie müssen wissen, wie die Tabelle heißt (bzw. ungefähr ahnen, wie sie heißt), und Sie müssen in etwa wissen, wo sich diese Tabelle befindet.

Ganz einfach ist es mit den letzten vier Tabellen, an denen Sie gearbeitet haben. Deren Namen tauchen im Menü "Datei" wie Befehle auf. Sie können diese Befehle dazu benutzen, die jeweilige Tabelle zu öffnen. Dabei brauchen Sie sich nicht darum zu kümmern, in welchem Verzeichnis die Tabelle gespeichert ist.

Anders liegt der Fall bei älteren Arbeitsblättern. Hier verwenden Sie den Befehl "Öffnen..." aus dem Menü "Datei". In der folgenden Dialogbox müssen Sie den Namen der Tabelle in das Feld "Dateiname" bringen. In der Liste unterhalb dieses Feldes werden alle Namen von Tabellen angezeigt, die im geöffneten Verzeichnis gespeichert sind.

Welches Verzeichnis geöffnet ist, sehen Sie auf der rechten Seite der Dialogbox. Unter "Verzeichnisse:" steht der Name des Verzeichnisses. Darunter werden die Verzeichnisse aufgelistet. Markieren Sie dort das Verzeichnis, in dem Sie Ihre Tabelle vermuten und klicken Sie auf "OK". Nun erscheinen die Namen der Tabellen in diesem Verzeichnis in der Dateiliste. Findet sich Ihre Tabelle darunter, klicken Sie deren Namen an. Er erscheint im Feld "Dateiname:". Jetzt brauchen Sie nur noch auf "OK" zu klicken. Die Tabelle wird geöffnet.

5. *Umfangreiche Tabellen einfach erstellen*

In Kapitel 4 haben Sie erfahren und ausprobieren können, wie eine einfache Tabelle aufgebaut wird. Sie wissen aber auch schon, daß ein Arbeitsblatt mehrere Millionen Zahlen umfassen kann. Nun müssen Sie diese Menge sicher niemals ausnutzen (es würde praktisch auch gar nicht gehen, weil soviel Information nicht gespeichert werden kann), aber oft werden Sie schon größere und kompliziertere Tabellen aufbauen wollen oder müssen.

Diese Arbeit an umfangreichen Tabellen können Sie sich auf vielfältige Weise erleichtern. Wie das geht, zeigen Ihnen die Abschnitte in Kapitel 5. Außerdem lernen Sie die komplizierteren Funktionen zur Auswertung von Zahlen in einer Tabelle kennen.

Damit Sie das Ganze auch praktisch ausprobieren können, sollten Sie jetzt eine neue Tabelle beginnen.

Alte Tabelle schließen, neue Tabelle öffnen

Sie müssen die Tabelle, an der Sie zuvor gearbeitet haben, nicht unbedingt schließen, wenn Sie ein neues Arbeitsblatt beginnen wollen. Excel kann in seinem Programmfenster nämlich eine fast beliebige Anzahl Arbeitsfenster geöffnet haben.

Es ist aber meist sinnvoll, die Arbeitsfenster zu schließen, die man tatsächlich nicht mehr braucht bzw. zur Zeit nicht mehr bearbeitet. Sie haben zwei Möglichkeiten, ein Arbeitsfenster und die darin befindliche Tabelle zu schließen:

- Entweder Sie schließen es wie jedes andere Fenster auch mit einem Doppelklick auf das Systemmenü (das Quadrat mit dem Minuszeichen am linken Ende der Titelleiste

oder

- Sie wählen den Befehl "Schließen" im Menü "Datei".

In beiden Fällen ist der folgende Ablauf identisch: Hatten Sie seit dem letzten Öffnen der Tabelle keine Änderungen vorgenommen oder die Tabelle nach eventuellen Änderungen gespeichert, wird das Arbeitsblatt mit seinem Fenster geschlossen.

Andernfalls gibt Excel eine Warnung aus. Sie brauchen in dieser Warnungsbox bloß auf "Ja" zu klicken; damit wird die Tabelle unter dem alten Namen mit allen inzwischen vorgenommenen Änderungen gespeichert.

Abb. 36: Excel warnt Sie vor dem Schließen einer nicht gespeicherten Tabelle

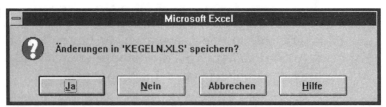

Wenn überhaupt kein Arbeitsfenster mehr geöffnet ist, sieht die Menüleiste von Excel arg gerupft aus: Es werden nur noch der Menüname "Datei" und das Fragezeichen als Platzhalter für das Hilfemenü angezeigt. Auch der Inhalt des Menüs "Datei" ist stark geschrumpft. Sie können jetzt praktisch nur ein vorhandenes Arbeitsblatt laden oder eine neues öffnen. Außerdem steht natürlich der Befehl zum Beenden von Excel zur Verfügung.

Ein neues Arbeitsblatt beginnen Sie mit dem Befehl "Neu..." aus dem Menü "Datei", der immer zur Wahl steht. Allerdings erscheint nach der Wahl dieses Befehls nicht einfach ein neues Arbeitsfenster mit einer leeren Tabelle, sondern erst einmal wieder eine Dialogbox.

Abb. 37: Vor das Öffnen einer neuen Tabelle hat Excel diese Dialogbox gesetzt - wählen Sie den Eintrag "Tabelle" an und klicken Sie auf "OK"

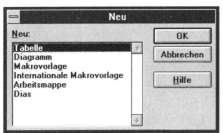

Ignorieren Sie zunächst die verschiedenen Listeneinträge in dieser Box. Für Ihre Zwecke wird in 99 von 100 Fällen der Eintrag "Tabelle" der richtige sein. Sollte dieser nicht sowieso markiert sein, klicken Sie ihn an. Danach folgt ein Klick auf "OK".

Sie bekommen ein neues Arbeitsfenster mit einem von Excel automatisch vergebenen Namen (z. B. Tab2 oder Tab3...), das eine leere Tabelle enthält.

Betrachten Sie jede Tabelle als Projekt

Nun ja, der Begriff "Projekt" mag Ihnen etwas hochgegriffen vorkommen. Meine Erfahrung zeigt jedoch, daß man brauchbare Tabellen ab einer bestimmten Größe und Komplexität tatsächlich planen muß.

Am sinnvollsten ist es sogar, vor dem Bearbeiten der Tabelle in Excel eine handschriftliche Skizze anzufertigen. Dies verhindert, daß Sie beim Anlegen der verschiedenen Zellen völlig orientierungslos durch die Spalten und Zeilen flitzen und wahrlos Dinge eintragen und wieder löschen.

Als erstes größeres Projekt möchte ich ein Arbeitsblatt vorschlagen, das Ihnen als Haushaltsbuch oder persönliche Buchhaltung dienen kann. Nennen wir es einfach "das Haushaltsbuch". Auch wenn Sie Excel gar nicht im privaten Bereich einsetzen, dieses Beispiel läßt sich auf viele Bedürfnisse aus dem Berufs- und Geschäftsleben übertragen. So können Sie nach einem ähnlichen Muster Reisekosten- und/oder Spesenabrechnungen konstruieren.

Was soll in der Tabelle erfaßt, was ausgewertet werden?

Zurück zum Haushaltsbuch: Die erste Frage, die man sich bei einem solchen Projekt stellen sollte, lautet: Was soll das Ganze? Oder weniger salopp formuliert: Was soll in der Tabelle eingetragen werden und was soll berechnet werden? Bei einem Haushaltsbuch sind die Antworten simpel genug. Eingetragen werden die nach Kategorien aufgeschlüsselten Ein- und Ausgaben. Berechnet werden soll zumindest ein Saldo (Einnahmen minus Ausgaben), vielleicht aber auch Zwischensummen für einzelne Kategorien und sonstige statistische Angaben ("Wie entwickeln sich die Ausgaben für Eiscreme übers Jahr verteilt?" oder ähnliches...).

Führen Sie schon ein solches Haushaltsbuch mit Stift und Papier, können Sie dies als Vorbild für Ihre Excel-Tabelle nehmen. Ansonsten würde ich ernsthaft vorschlagen, eine Skizze zu zeichnen. Dazu gehört dann eine Liste der Bezeichnungen - in unserem Fall für die einzelnen Posten und Kategorien.

Auf eine ästhetisch und ergonomische Gestaltung wollen wir zunächst verzichten. Die Schönheit wird in Kapitel 7 ausführlich behandelt.

Sinnvoll wäre folgende Aufteilung: In der ersten Spalte stehen die Überschriften für die beiden Bereiche Eingaben und Ausgaben sowie das Saldo. In der zweiten Spalte werden die Namen der verschiedenen Kategorien eingetragen. Die dritte Spalte enthält dann die Namen der einzelnen Posten.

In der obersten Zeile sollte allein aus Gründen der besseren Übersicht der Namen des Projekts erscheinen - hier also Haushaltsbuch,

100

vielleicht noch mit einer Jahreszahl und Ihrem Familiennamen versehen; z. B. Haushaltsbuch 1993 der Familie Schlönzke. Die zweite Zeile ist dann den Monatsnamen vorbehalten (überlegen Sie, ob Sie eventuell Zwischensummen für die Quartale haben möchten...).

Jedem Bereich und jeder Kategorie wird eine Zeile für die Zwischensummen zugeordnet.

Und zwar in der Zelle A1. Steuern Sie diese an, und tragen Sie die Hauptüberschrift, den Namen für dieses Projekt ein (siehe oben). Sie können daran schön erkennen, wie Text, der nicht in eine Zelle paßt, über die rechts danebenliegenden Zellen ausgerollt wird!

Die zweite Zeile bleibt erst einmal frei, dort werden später die Monatsnamen eingegeben. In der dritten Zeile würde jetzt die Bezeichnung für den ersten Bereich eingetragen. Steuern Sie also A3 an und tippen Sie "Ausgaben" ein (Sie können natürlich auch die Einnahmen zuoberst eintragen - ganz wie Sie wollen...). Vergessen Sie nicht, Ihre Eingabe mit der ⎡Enter⎤-Taste zu bestätigen.

Spalte B soll die Namen der Kategorien aufnehmen. Sie merken schon, das Erstellen einer etwas komplexeren Tabelle erfordert schon ein wenig Planung und auch ein bißchen logisches Denken, aber das dürfte Ihnen ja nicht schwerfallen. In der Zelle B3 müßte jetzt "feste Ausgaben" eingetragen werden. Machen Sie das bitte oder vergeben Sie einen Ihnen sinnvoller erscheinenden Namen.

Und nun noch die Spalte C: In der Zelle C3 würde ich vermutlich "Miete" eintragen, die monatlich fällig wird (Eigenheimbesitzer dürfen natürlich hier die Zinsen und Tilgung für die Immobilie eingeben - benennen Sie die Zelle entsprechend).

Zahlen als Platzhalter eintragen

Womit Sie bei der Zelle D3 angelangt wären. Was jetzt als Empfehlung folgt, ist nicht unbedingt immer die rationellste Methode, eine Tabelle zu erstellen. Ich würde nämlich vorschlagen, die Zellen für die einzutragenden Beträge mit Zahlen als Platzhalter zu versehen, weil Sie dann schon beim Anlegen unterscheiden können, in welche Zellen Zahlen eingetragen werden und in welche nicht.

Bevor Sie sich mit dieser Arbeit befassen, sollten Sie zwei Dinge tun. Bringen Sie das Arbeitsfenster auf volle Größe, indem Sie auf die Schaltfläche mit dem nach oben zeigenden Dreieck klicken. Außerdem sollten Sie jetzt schon das Arbeitsblatt erstmals mit einem "richtigen" Namen speichern, weil Sie das zum Teil von der Verantwortung entbindet, während der Arbeit daran denken zu müssen.

Speichern Sie neue Arbeitsblätter zuerst unter dem richtigen Namen.

Also: Wählen Sie im Menü "Datei" den Befehl "Speichern". Das bringt die Dialogbox auf den Bildschirm, die in Kapitel 4.9 ausführlich erläutert wurde. Sie können jetzt wieder das Verzeichnis BEISPIEL öffnen oder aber einfach das vorgegebene Verzeichnis EXCEL als Ablage für das Haushaltsbuch verwenden. Tragen Sie in jedem Fall im Feld "Dateiname:" einen sprechenden Namen für die Tabelle ein - z. B.

    HAUSHALT

Wenn Sie auf "OK" klicken, wird Ihre neue Tabelle unter dem Namen HAUSHALT.XLS im von Ihnen geöffneten Verzeichnis abgespeichert. Sie erkennen das am geänderten Namen in der Titelleiste des Excel-Programmfensters.

5.1 Zellen automatisch füllen lassen

Wie gesagt: es hilft bei der weiteren Arbeit, wenn alle Zellen, in denen später Beträge eingetragen werden sollen, gleich mit einer Zahl gefüllt werden. Da Sie noch nicht bei allen Zellen wissen, was dort später eingegeben wird, geben Sie am besten überall eine 0 ein.

Halt! Tippen Sie zunächst nur in der Zelle D3 eine 0 ein. Haben Sie das getan, werden Sie vielleicht darüber grübeln, ob Sie tatsächlich immer nur DM-Beträge ohne Nachkommastellen eintippen wollen - vermutlich nicht. Sie können aber jetzt schon festlegen, wie später eingetippte Beträge aussehen sollen.

So bestimmen Sie, wie Zahlen aussehen

Achten Sie darauf, daß die Zelle D3 angesteuert ist und wählen Sie den Befehl "Zahlenformat" aus dem Menü "Format". Das führt zur folgenden Dialogbox.

Abb. 38: Excel warnt Sie vor dem Schließen einer nicht gespeicherten Tabelle

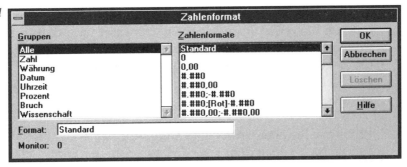

Das sieht ja ziemlich kompliziert aus, was Ihnen Excel hier anbietet. Dabei geht es nur darum, zu bestimmen, wie Zahlen in Zellen - unabhängig von dem was Sie eintippen, aussehen sollen.

Einen kurzen Ausflug zum Thema Zahlenformat finden Sie übrigens auch schon in Kapitel 4.3. Ausführlich wird das Thema in Kapitel 7 behandelt.

Die Dialogbox zeigt zwei Listen, die eine heißt "Gruppen", die andere "Zahlenformate". Excel kann nämlich eine von Ihnen eingetippte Zahl analysieren und dabei automatisch feststellen, ob es sich einfach um eine Zahl handelt oder um einen Prozentwert oder gar um ein Datum oder eine Uhrzeit. Je nachdem, wird in dieser Dialogbox eine der Gruppen aktiviert. Kann Excel nicht erkennen, was die Zahl in der markierten Zelle vorstellen soll, wird "Alle" ausgewählt. Dann erscheinen in der zweiten Liste alle Zahlenformate, die Excel kennt.

Ist dort "Standard" markiert, behandelt Excel die Zahl nach Schema F. Diese Einstellung führt z. B. dazu, daß große Werte in die Exponentialschreibweise umgesetzt werden.

Wenn Sie mehr über die Exponentialschreibweise wissen wollen, schlagen Sie in Kapitel 4.3 nach.

Direkt unterhalb von "Standard" gibt es einen Eintrag "0". Wenn Sie diesen anklicken, wird dieser Name im Eingabefeld "Format:" am unteren Rand der Box erscheinen. Darunter wird dann - neben dem treffenden Begriff "Monitor:" angezeigt, wie die Zahl der angesteuerten Zelle mit dem gewählten Format aussehen wird. Bei "0" ändert sich nichts ("Dreimal Null ist Null ist Null", heißt es dazu im Kölschen Karneval).

Probieren Sie aber einmal das Zahlenformat "0,00" aus. Jetzt wird Ihre simple Null neben dem Wort "Monitor" in der Form 0,00 angezeigt.

Das Prinzip ist klar: Mit dem angewählten Zahlenformat bestimmen Sie, wie die Zahl in der Zelle aussehen soll. Wählen Sie das Zahlenformat "0", bedeutet dies, daß die eingetippte Zahl immer ohne Nachkommastellen angezeigt wird - aus "1,23456789" wird so "1". Ja, der Wert wird tatsächlich automatisch gerundet. Aus "1,98765432" wird nämlich "2".

Andererseits: Wählen Sie das Zahlenformat "0,00", wird auch eine Zahl ohne Nachkommastellen mit zwei Zahlen hinter dem Komma angezeigt. Beispiel: Aus "2" wird "2,00". Prima, das bietet sich für Geldbeträge ja geradezu an. Also können Sie dieses Zahlenformat hier und jetzt auswählen und die Dialogbox mit "OK" schließen.

Unabhängig davon, daß die Möglichkeiten der Zahlenformate in Kapitel 8 genauer behandelt werden, hier ein Tip. Es gibt auch Zahlenformate für Geldbeträge, die in der Gruppe "Währung" der Dialogbox enthalten sind. Bei diesen Zahlenformaten wird allen Zahlen "DM" vorangestellt. Leider führt das meist zu sehr unübersichtlichen Tabellen. Verzichten Sie deshalb darauf. In Kapitel 8 werden Sie sehen, wie Sie ein eigenes, schöneres Währungsformat erzeugen können.

Zur besseren Übersicht sollten Sie auf die Angabe des Währungsformats verzichten.

Zelle kopieren und woanders einkleben

Wie alle Programme, die mit der Windows-Oberfläche arbeiten, verfügt Excel über einen eingebauten Kopierer. Der hilft Ihnen, Informationen, die Sie an einer anderen Stelle brauchen, zu kopieren und einzukleben.

Offiziell heißt dieser Kopierer "Zwischenablage". Sein Prinzip ist einfach: Haben Sie eine Zelle angesteuert, können Sie deren Inhalt kopieren. Er wird auf der unsichtbaren Zwischenablage untergebracht. Dann steuern Sie die Zelle an, in der Sie eine Kopie einkleben wollen. Nun holen Sie einfach eine Kopie des Zellinhalts von der Zwischenablage und lassen diese an der angesteuerten Stelle einfügen.

Das funktioniert so oder so ähnlich nicht nur in Excel, sondern in allen Programmen, die sich der Windows-Oberfläche bedienen.

Probieren Sie es einfach einmal aus:

1. Steuern Sie die Zelle D3 an, falls diese nicht sowieso schon markiert ist.

2. Wählen Sie den Befehl "Kopieren" aus dem Menü "Bearbeiten". Daß dieser Vorgang geklappt hat, erkennen Sie daran, daß der Rahmen um die angesteuerte Zelle anders aussieht: Ein bewegtes Strichmuster wird angezeigt (Humorvolle Kenner nennen diese Art des Rahmens "die laufenden Ameisen").

3. Steuern Sie die Zelle D4 an. Die Ameisen laufen weiter um die Zelle D3 herum, es sieht aber anders aus, weil dort der Markierungsrahmen nicht mehr steht.

4. Wählen Sie den Befehl "Einfügen" aus dem Menü "Bearbeiten". Eine Kopie des Zellinhalts von D3 erscheint in der angesteuerten Zelle D4.

Die laufenden Ameisen um die Zelle D3 zeigen jetzt an, daß sich immer noch eine Kopie dieser Zelle auf der unsichtbaren Zwischenablage befindet. Das können Sie leicht prüfen:

105

5. Steuern Sie die Zelle D5 an.

6. Wählen Sie den Befehl "Einfügen" aus dem Menü "Bearbeiten".

Auch in D5 wird eine Kopie eingeklebt.

Kopien in mehreren Zellen auf einmal einkleben

Da Sie bei der Arbeit an komplexeren Tabellen sehr oft etwas kopieren und einfügen werden, besitzt Excel eine ganze Menge an Funktionen, mit denen dieser Vorgang rationalisiert werden kann. So ist es überhaupt kein Problem, eine Kopie gleich in mehrere Zellen einzukleben:

1. Laufen die Ameisen bei D3 noch? Falls nicht, steuern Sie die Zelle an und wählen Sie den Befehl "Einfügen" im Menü "Bearbeiten".

2. Steuern Sie die Zelle D6 an.

3. Markieren Sie von D6 ausgehend die Zellen D6 bis D10. Sie wissen ja: Drücken Sie die Maustaste, ziehen Sie den Mauszeiger mit gedrückter Maustaste bis nach D10 und lassen Sie dann die Maustaste los.

4. Wählen Sie den Befehl "Einfügen" aus dem Menü "Bearbeiten".

Eine Kopie des Zellinhalts von D3 wird in allen markierten Zellen erscheinen.

Kopieren und einkleben ganz einfach

Den Umweg über die Befehle im Menü "Bearbeiten" können Sie sich übrigens sparen. Excel bietet eine Kopiermöglichkeit an, die Sie in den meisten anderen Programmen nicht finden werden.

Zunächst sollten Sie die Ameisen anhalten. Das geht einfach, indem Sie die Zelle mit der bewegten Markierung ansteuern und die Enter -Taste drücken.

Jetzt wählen Sie wieder den Befehl "Kopieren" aus dem Menü "Bearbeiten" - Sie können aber auch die Tastenkombination Strg +

106

C benutzen (die am häufigsten angewandte Tastenkombination bei der Arbeit mit Excel). Richtig, die Ameisen rennen wieder los. Wenn Sie jetzt einmal den Blick auf den unteren Rand des Programmfensters werfen, werden Sie dort einen Hinweis lesen, der recht gut beschreibt, wie man das Einkleben vereinfachen kann:

"Zielbereich markieren, Eingabetaste drücken oder Einfügen wählen", heißt es dort. Das mit dem Einfügen kennen Sie schon, die Methode mit der "Eingabetaste" (so nennt Excel die Enter -Taste) ist eleganter. Sie steuern die Zelle D11 an und drücken die Enter -Taste. Eine Kopie von D3 wird eingeklebt - fertig.

Abb. 39: So wird die Zelle markiert

Der Nachteil dieser Methode: Beim Einfügen wird die Kopie auf der Zwischenablage gelöscht. Wollen Sie den Inhalt von D3 noch einmal so einkleben, müßten Sie ihn erneut mit dem Befehl "Kopieren" behandeln.

Feine Alternative: Ausfüllen

Und noch eine Variante: Sie können einen Bereich mit dem Inhalt der Ausgangszelle ausfüllen lassen. Sie wissen ja: Die Ausgangszelle ist diejenige, die vor dem Markieren eines Bereichs angesteuert war. Probieren Sie es einmal:

1. Steuern Sie die Zelle D11 an (Sie haben doch schon eine 0 hineinkopiert?).

2. Markieren Sie von dort ausgehend die Zellen bis einschließlich D20.

3. Wählen Sie den Befehl "Unten ausfüllen" aus dem Menü "Bearbeiten".

Alle Zellen des Bereichs werden mit dem gleichen Inhalt gefüllt wie die Ausgangszelle.

Das funktioniert mit dem Befehl "Unten ausfüllen" in vertikaler Richtung; haben Sie einen Bereich in einer Zeile markiert, nehmen Sie statt dessen den Befehl "Rechts ausfüllen" - ebenfalls aus dem Menü "Bearbeiten".

Die Befehle "Rechts ausfüllen" und "Unten ausfüllen" aus dem Menü "Bearbeiten" wirken tatsächlich nur nach rechts bzw. unten. Haben Sie einen Bereich von einer Ausgangszelle nach links oder oben markiert, müssen Sie diese Befehle meiden. Verwenden Sie diese Befehle trotzdem, wird der Inhalt der obersten bzw. am weitesten rechts sitzenden Zelle in alle Zellen des Bereichs kopiert - und das ist meistens unerwünscht.

Schnell und bequem: Das Autoausfüllen

Nein, Sie sollen jetzt nicht Ihr Auto mit irgendetwas ausfüllen. Der Excel-typische Begriff Autoausfüllen bezeichnet eine Tätigkeit, bei der Zellen automatisch gefüllt werden können.

Hilfsmittel ist dazu etwas, was man einen "Anfasser" nennt. Sie wissen ja, daß eine angesteuerte Zelle bzw. ein markierter Bereich mit einem Rahmen umgeben ist. Wenn Sie einmal ganz genau hinsehen, werden Sie an der unteren rechten Ecke des Rahmens ein schwarzes Quadrat erkennen. Das ist der Anfasser dieses Rahmens.

Abb. 40: Der Anfasser - das ist das Quadrat an der
rechten unteren Ecke

Und wozu dient der Anfasser? Nun, Sie benutzen ihn, um den Markierungsrahmen über angrenzende Zellen zu ziehen. Und zwar entweder in waagerechter oder senkrechter Richtung, aber nicht in beide Richtungen gleichzeitig.

Sie können das jetzt am Haushaltsblatt testen. Dazu sollten Sie zuvor alle Zellen in der Spalte D unterhalb von D3 löschen. Wissen Sie noch wie's geht?

108

1. Steuern Sie D4 an.

2. Drücken Sie die Maustaste und halten Sie diese gedrückt, während Sie den Mauszeiger bis auf die letzte Zelle ziehen, die eine 0 enthält (wahrscheinlich D20). Lassen Sie die Maustaste los. Der Bereich wird markiert.

3. Drücken Sie die `Entf`-Taste. In der folgenden Dialogbox klicken Sie auf den Knopf "Formeln" und anschließend auf "OK". Damit sind die Zellen gelöscht.

So, und jetzt ans automatische Ausfüllen:

1. Steuern Sie wieder die Zelle D3 an.

2. Bringen Sie den Mauszeiger auf den quadratischen Anfasser an der rechten, unteren Ecke des Markierungsrahmens. Sie müssen wirklich ziemlich genau zielen, um das kleine Viereck zu treffen; es gibt jedoch eine Kontrolle: Haben Sie das Quadrat genau unter dem Mauszeiger, verändert dieser seine Form und wird zu einem Pluszeichen (+).

3. Drücken Sie die Maustaste - achten Sie darauf, daß dabei der Mauszeiger nicht verrutscht.

4. Ziehen Sie die Maus mit gedrückter Maustaste abwärts. Dabei wird ein schraffierter Rahmen auf alle überstrichenen Zellen ausgedehnt. Sie können jetzt so weit abwärts ziehen wie Sie möchten - z. B. bis etwa D50. Wenn Sie den unteren Fensterrand erreichen, verschiebt sich der sichtbare Ausschnitt so, daß Sie immer die Zellen sehen können, die Sie gerade mit dem Mauszeiger behandeln.

Lassen Sie die Maustaste los, erscheint in allen Zellen des Bereichs der kopierte Wert. Außerdem bleibt der Bereich gleich für weitere Aktionen markiert.

So können Sie jetzt weitere Bereiche mit der 0 füllen. Ziehen Sie am Anfasser des markierten Bereichs und bewegen Sie den Mauszeiger nach rechts. Wenn Sie dabei die Spalte O erreichen, haben Sie gleich alle Zellen für alle Monate ausgefüllt.

Abb. 41: So sieht der Rahmen beim Autoausfüllen aus

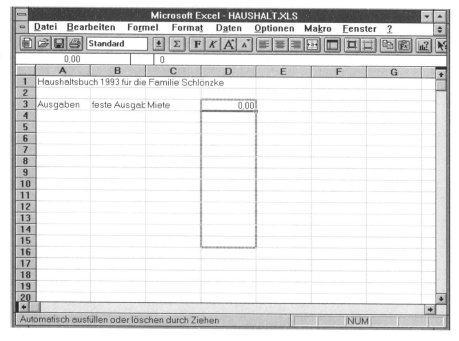

Abb. 42: So viele Nullen entstehen bei einer einzigen Aktion - dank Autoausfüllen!

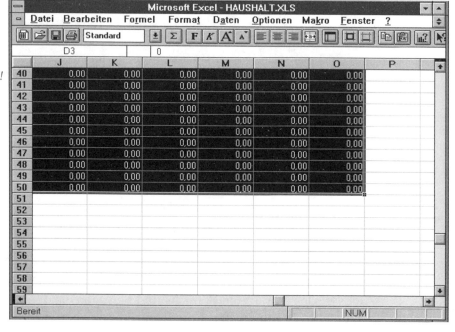

Solange Sie die Maustaste gedrückt halten, können Sie den Mauszeiger hin und her bewegen. Auf diese Weise können Sie exakt bestimmen, wie weit der auszufüllende Bereich gehen soll. Haben Sie z. B. beim Ziehen schon die Spalte X erreicht, dann lassen Sie bloß nicht die Maustaste los. Bewegen Sie den Zeiger besser wieder zurück nach links, bis die gewünschte Spalte erreicht ist.

Bei gedrückter Maustaste kann ein Teil der Markierung zurückgenommen werden.

Autoausfüllen mit Intelligenz - so entstehen fortlaufende Datumsreihen

Jetzt sind Sie irgendwo in den hinteren Regionen der Tabelle gelandet. Mit der Tastenkombination `Strg` + `Pos1` kommen Sie aber schnell wieder in die obere linke Ecke zurück.

Mit dem Eintragen der restlichen Überschriften bzw. Zeilentitel in den Spalten A, B und C möchte ich Sie einfach alleine lassen. Sie werden besser wissen, welche Posten in Ihrem Haushalt aufzurechnen sind.

Interessant ist aber, daß Sie mit dem Autoausfüllen auch fortlaufende Zahlenreihen erzeugen können. Am schönsten ist das sicher für das rasche Erstellen von Datums- und Zeitreihen. Wie das geht, können Sie an den Überschriften für die Spalten - dort sollen ja die Namen der Monate erscheinen - ausprobieren:

1. Schreiben Sie den ersten Monatsnamen (Januar) in die Zelle D2.

2. Ziehen Sie am Anfasser des Markierungsrahmens um D2 und bewegen Sie dabei den Rahmen bis zur Zelle O2.

3. Lassen Sie die Maustaste los - in den Zellen erscheinen die fortlaufenden Monatsnamen.

Das einzige, was bei dieser Aktion ärgerlich wäre, ist, wenn Sie die Maustaste zwischendurch loslassen. Das Autoausfüllen wird dann nur bis zu der Zelle ausgeführt, die Sie beim Loslassen erreicht hatten. Aber auch das ist kein Problem: Angenommen, die Kräfte in Ihrem Zeigefinger haben auf Höhe der Zelle J2 nachgelassen. Bis zum Juli (Zelle J2) sind Sie dabei gekommen. Um die anderen Zellen zu füllen, steuern Sie J2 an und ziehen dann von dort aus bis zu O2. Die Reihe der Monatsnamen wird komplettiert.

Zellen kann man auch verschieben

Angenommen, Sie haben sich mit der Reihenfolge der Überschriften vertan. Dann könnten Sie natürlich Zellen löschen und wieder einkleben; leere Zellen einfügen und andere ganz entfernen. Aber das ist mühsam und führt zu Fehlern.

Sie können Zellen nämlich auch ganz einfach verschieben. Möchten Sie z. B. die Hauptüberschrift von A1 nach B1 bringen, dann geht das so:

1. Steuern Sie A1 an; die Zelle wird mit einem Markierungsrahmen versehen.

2. Bringen Sie den Mauszeiger genau auf den Markierungsrahmen. Sie wissen, daß Sie die richtige Stelle getroffen haben, wenn sich der Mauszeiger in einen nach links oben zeigenden Pfeil verwandelt.

3. Fassen Sie den Markierungsrahmen an. Das heißt: Drücken Sie die Maustaste und halten Sie diese fest. Achten Sie darauf, daß der Mauszeiger die Pfeilform angenommen hat. Falls nicht, müssen Sie noch einmal ansetzen.

4. Ziehen Sie den Markierungsrahmen mit festgehaltener Maustaste von A1 nach B1.

Lassen Sie dort die Maustaste los. Sie haben den Inhalt der Zelle A1 in die Zelle B1 verschoben.

Auf die gleiche Art und Weise können Sie natürlich auch ganze Bereiche verschieben.

5.2 So tragen Sie Formeln ein

Was jetzt noch fehlt, sind die Zellen, in denen die Summen gezogen werden. Am übersichtlichsten wird das Blatt, wenn Sie Zwischensummen für jeden Bereich und jede Kategorie ziehen. Allerdings sind dafür ja keine Zellen frei. Sie müssen an den entsprechenden Stellen neue, leere Zellen einfügen.

So werden leere Zellen eingefügt

Grundsätzlich können Sie jederzeit und überall in einem Arbeitsblatt neue, leere Zellen einfügen. Meistens geht es aber darum, ganze leere Zeilen oder Spalten einzusetzen. Das Verfahren dazu ist sehr simpel. Sie können das jetzt am konkreten Beispiel erfahren.

Für die Summe der festen Ausgaben soll in jeder Spalte ein Summenfeld eingesetzt werden. Das bedeutet, daß oberhalb der Zeile 10 (in Ihrem Blatt kann es auch eine andere Zeilennummer sein, je nachdem, wieviel Posten Sie in diesem Bereich eingetragen haben) eine Leerzeile eingefügt werden soll.

Diese Zeile muß markiert werden. Und wie wird eine ganze Zeile markiert? Durch einen Klick auf die Zeilenkoordinate. Klicken Sie also auf die Schaltfläche mit der 10 am linken Fensterrand. Dadurch wird die ganze Zeile 10 quer durch die Tabelle markiert.

Abb. 43: So wird eine ganze Zeile markiert

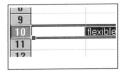

Und jetzt wählen Sie den Befehl "Zellen einfügen" aus dem Menü "Bearbeiten". Sofort erscheint eine neue leere Zeile im Arbeitsblatt. Alle Zeilen unterhalb der markierten werden um eins nach unten verschoben.

Bleibt nur noch die ästhetische Frage, wo Sie das Wort "Summe" unterbringen, in der Spalte B oder C - entscheiden Sie selbst!

Nach dem gleichen Muster sollten Sie jetzt Leerzeilen für die Summen der anderen Bereiche einfügen und jeweils das Wort "Summe" einsetzen.

Abb. 44: Die Haushalts-Tabelle mit Summen-feldern

	Microsoft Excel - HAUSHALT.XLS						
	Datei Bearbeiten Formel Format Daten Optionen Makro Fenster ?						
	Standard						
	B23		SUMME				
	A	B	C	D	E	F	G
5			Strom	0,00	0,00	0,00	0,00
6			Autoversiche	0,00	0,00	0,00	0,00
7			Lebensversic	0,00	0,00	0,00	0,00
8			Hausratsvers	0,00	0,00	0,00	0,00
9			Bausparvertr	0,00	0,00	0,00	0,00
10		SUMME					
11		flexible Ausg	Telefon	0,00	0,00	0,00	0,00
12			Benzin	0,00	0,00	0,00	0,00
13			Fahrkarten	0,00	0,00	0,00	0,00
14			Lebensmittel	0,00	0,00	0,00	0,00
15			Pflege & Hyg	0,00	0,00	0,00	0,00
16			Bekleidung	0,00	0,00	0,00	0,00
17			Bücher, Zeits	0,00	0,00	0,00	0,00
18			Kino etc.	0,00	0,00	0,00	0,00
19			Taschengeld	0,00	0,00	0,00	0,00
20			Sonstiges	0,00	0,00	0,00	0,00
21			Urlaub	0,00	0,00	0,00	0,00
22			Geschenke	0,00	0,00	0,00	0,00
23		SUMME					
24	Einnahmen	feste Einnahr	Gehalt Peter	0,00	0,00	0,00	0,00

Bereit | | | | | | NUM | |

Formeln eingeben

In den Summenfeldern für jeden Monat sollen die Beträge in den einzelnen Bereichen aufaddiert werden. Im Beispiel müßte also in der Zelle D9 eine Summenformel erscheinen. Sie haben verschiedene Möglichkeiten, diese Formel einzutragen.

Mehr zur Summenformel erfahren Sie in Kapitel 4.8.

Zwar wäre es am einfachsten, die Autosummenfunktion zu benutzen, ich möchte Ihnen aber ein etwas flexibleres Verfahren vorstellen:

1. Steuern Sie die Zelle an, in der die Summe erscheinen soll (im Beispiel: D10).

2. Tragen Sie in der Zelle folgendes ein:

    =SUMME ( )

114

3. Klicken Sie mit dem Mauszeiger in der Bearbeitungszeile zwischen die beiden Klammern, so daß dort der senkrechte Textcursor blinkt.

Ziel der Aktion ist es jetzt, zwischen den Klammern die Adresse des Bereichs einzufügen, der summiert werden soll. Natürlich können Sie die Adresse einfach eintippen (im Beispiel: D3:D9), Sie können die Adresse aber auch "zeigen". Der Mauszeiger fungiert, während die Bearbeitungszeile aktiv ist, tatsächlich als Zellzeiger: Die Adresse der Zelle, die Sie anklicken, wird in der Bearbeitungszeile an der Stelle eingefügt, wo der Cursor blinkt.

4. Setzen Sie den Mauszeiger auf D3, drücken Sie die Maustaste und ziehen Sie mit gedrückter Maustaste bis auf D9. Lassen Sie die Maustaste los.

In der Bearbeitungszeile wird die Adresse des markierten Bereichs eingetragen.

Sie wissen ja: Beim Markieren eines Bereichs können Sie die Grenzen so lange verschieben, wie Sie die Maustaste gedrückt halten. Erst wenn Sie die Maustaste loslassen, wird die Markierung fixiert.

Abb. 45: So werden Adressen, die in eine Formel eingefügt werden sollen, gezeigt

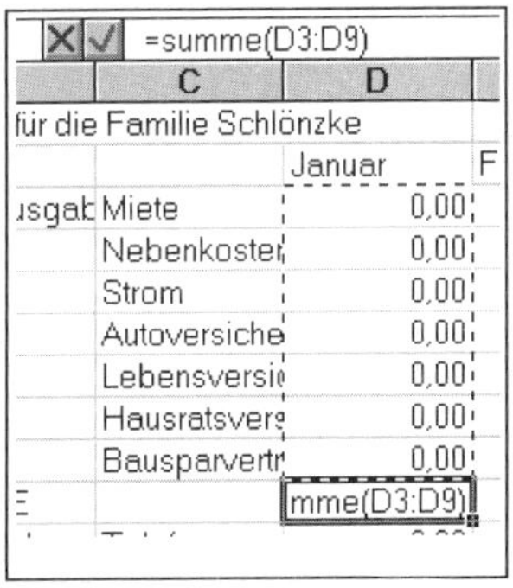

Diese Methode bietet sich immer dann an, wenn zwischen den Klammern einer Funktion etwas einzutragen ist. Sie haben dann die Sicherheit, sich nicht zu vertippen.

Bei Summen ist allerdings meistens die Autosummenfunktion vorzuziehen.

115

Vergessen Sie nicht, die Formel in der Bearbeitungszeile mit einem Klick auf das grüne Häkchen oder Drücken der [Enter]-Taste zu bestätigen.

5.3 So kopieren und verschieben Sie Formeln

Haben Sie schon einmal darüber nachgedacht, was in einer Excel-Zelle eingetragen sein kann? Klar, Zahlen und Texte. Die werden auch bei der Anzeige unterschiedlich behandelt.

Weiteres zu diesem Thema finden Sie in Kapitel 4.3.

Der dritte Typ Zellinhalt ist die Formel. Sie wissen, daß man mit einer Formel rechnen kann. Wenn Sie in einer Zelle eine Formel eingetippt haben, dann erscheint das Ergebnis jeweils in der Zelle. Als Zellinhalt weist die Bearbeitungszeile aber die Formel aus.

Fachchinesisch

Wie rechnet eine Formel? Sie kann in der Formel eingetragene Zahlen - man nennt diese "Konstanten" - und Zell- bzw. Bereichs-adressen mit Hilfe von Rechenzeichen (+, -, *, / ^) verarbeiten.

Die Adresse einer Zelle oder eines Bereichs in einer Formel nennt man den "Bezug". Dieser Begriff ist ziemlich treffend, denn beim Ausrechnen der Formel bezieht sich Excel auf den Inhalt der Zelle bzw. des Bereichs und verwendet den jeweiligen Inhalt. Aus diesem Grund wird sich das Ergebnis einer Formel auch immer dann ändern, wenn Sie den Inhalt einer Bezugszelle verändern.

Soviel zur Theorie der Formel. Nun wieder die ganz praktische Frage: Kann man auch Formeln kopieren und verschieben? Und wenn ja, wie? Die Antwort: Man kann Formeln kopieren und verschieben. Das Verfahren ist völlig identisch mit dem beim Kopieren, Ausfüllen und Verschieben von Zahlen und Texten.

Sie sollten das jetzt erproben. Die erste Summenformel steht in der Zelle D10. Sie können diese jetzt auf eine der beschriebenen Arten in die Zellen E10 bis O10 kopieren. Ich würde das Ausfüllen empfehlen:

1. Steuern Sie D10 an.

2. Zeigen Sie auf den quadratischen Anfasser rechts unten am Markierungsrahmen.

3. Drücken Sie die Maustaste und ziehen Sie die Markierung mit gedrückter Maustaste bis auf die Zelle O10.

   Wenn Sie beim Ziehen den rechten Fensterrand erreichen, bewegt sich der sichtbare Ausschnitt, so daß Sie verfolgen können, wann O10 erreicht ist.

4. Lassen Sie die Maustaste los. In alle überstrichenen Zellen wird die Formel aus D10 eingefügt.

Intelligentes Kopieren von Formeln

Steuern Sie die Zelle E10 an und schauen Sie sich den Inhalt in der Bearbeitungszeile an. Excel hat nicht einfach nur den Inhalt von D10 ("=SUMME(D3:D9)") kopiert, sondern die Adresse so angepaßt, daß die gewünschte Summe gezogen wird.

Dieses intelligente Kopieren macht das Füllen von Zellen mit bestimmten Formeln sehr komfortabel.

Fachchinesisch

Der wichtigste Unterschied, der beim Kopieren und Verschieben zu beachten ist, besteht zwischen der relativen und der absoluten Adressierung. Normalerweise arbeitet Excel mit der relativen Adressierung. Das hat den Vorteil, daß intelligentes Kopieren möglich wird - die Adressen in kopierten Formeln werden automatisch an den Ort der Zelle angepaßt, in den sie kopiert wurden.

Bei der absoluten Adressierung ist das anders: Beim Kopieren und Verschieben werden absolute Adressen in einer Formel nicht angepaßt. Wozu soll das gut sein? Z. B. dann, wenn Sie sich in

117

einer Formel auf eine bestimmte Zelle beziehen, und zwar unabhängig davon, wo die Formel erscheint. Falls Sie diese Art der Adressierung brauchen, müssen Sie die Adressen in der Formel vor dem Kopieren oder Verschieben absolut machen. Und das geht so: Bringen Sie die Formel in die Bearbeitungszeile. Setzen Sie den Textcursor zwischen die Spalten- und die Zeilenkoordinate der zu bearbeitenden Adresse. Drücken Sie die Funktionstaste ⌜F4⌟. In die Adresse werden zwei Dollarzeichen ($) eingesetzt; sie zeigen, daß die gesamte Adresse absolut gesetzt wurde.

Aus einer absoluten Adresse können Sie nach dem gleichen Muster wieder eine relative machen. Bringen Sie die betreffende Formel in die Bearbeitungszeile, setzen Sie den Cursor zwischen die Koordinaten der zu ändernden Adresse und drücken Sie die Taste ⌜F4⌟. Jetzt wird eines der Dollarzeichen gelöscht. Daran sehen Sie, daß Sie nicht nur die Spalten- oder die Zeilenkoordinate in einer Adresse absolut setzen können. Noch einmal ⌜F4⌟: Jetzt steht das Dollarzeichen vor dem Spaltenbuchstaben. Mit dem dritten Drücken der ⌜F4⌟-Taste sind dann die Dollarzeichen verschwunden.

Füllen Sie jetzt auch die anderen entsprechenden Zellen mit einer Summenformel aus. Am besten, Sie tragen jeweils in der Spalte D die richtige Formel mit dem richtigen Bezug ein und kopieren diese dann durch die übrigen Zellen der Zeile.

Nun haben Sie zwar die Summen für die einzelnen Bereiche, aber noch keine für die Kategorien Ausgaben und Einnahmen. Es dürfte Ihnen nicht schwerfallen, eine Leerzeile oberhalb der ersten Zeile der Einnahmen einzufügen. Dort tragen Sie in der ersten Spalte als Titel "SUMME Ausgaben" ein.

Das gleiche erledigen Sie für die Einnahmen. Allerdings brauchen Sie dort keine neue Zeile einzufügen. Übrigens: Wenn Sie beim Ausfüllen mit Nullen mehr Zeilen gefüllt haben als eigentlich nötig waren, dann sollten Sie diese jetzt löschen. In unserem Blatt ist das der Bereich von Zeile 34 bis 50. Sie sollten einfach die Zeilen 35 bis 50 markieren und dann die Taste ⌜Entf⌟ drücken. In der Dialogbox klicken Sie den Knopf "Formeln" an und schließen dann mit "OK". Alle überflüssigen Nullen sind verschwunden.

In der Zelle A33 steht jetzt "SUMME Eingaben". Darunter habe ich gleich das Wort "SALDO" eingetragen. Es geht jetzt wieder um die betreffenden Formeln. Steuern Sie einmal die Spalte D in der Zeile an, die für die Summe der Ausgaben bestimmt ist (im Beispiel: D24). Addiert werden soll die Summe der festen und die der flexiblen Ausgaben. Das läßt sich durch eine einfache Formel lösen:

1. Tippen Sie ein Gleichheitszeichen (=) ein. Dieses aktiviert gleichzeitig die Bearbeitungszeile und teilt Excel mit, daß eine Formel folgt.

2. Klicken Sie mit dem Mauszeiger auf D10 (dort steht die Summe der festen Ausgaben); die Adresse D10 wird in der Bearbeitungszeile hinter dem Gleichheitszeichen eingefügt.

3. Klicken Sie mit dem Mauszeiger auf D23 (dort steht die Summe der flexiblen Ausgaben); die Adresse D23 wird in der Bearbeitungszeile hinter dem Pluszeichen eingefügt.

4. Bestätigen Sie die Eingabe mit der ⌈Enter⌋-Taste - fertig.

Diese Formel können Sie auch wieder quer durchs Blatt kopieren. Außerdem können Sie nach diesem Muster auch die Formel für die Summe der Einnahmen erzeugen.

Und wie entsteht die Formel für das Saldo? Ganz ähnlich, nur das dieses Mal nicht zwei Bezüge addiert, sondern einer vom anderen abgezogen wird. Versuchen Sie es einmal selbst.

In der Zelle D34 (das gilt für dieses Beispielblatt) müßte anschließend

```
=D33-D24
```

erscheinen.

5.4 So geben Sie einem Bereich einen Namen

Mir persönlich ist das Hantieren mit Bereichsadressen in umfangreicheren Tabellen ein Greuel. Dazu sind diese merkwürdigen Zusammenstellungen aus Buchstaben, Zahlen und Doppelpunkten einfach zu wenig anschaulich. Glücklicherweise bietet Excel die Möglichkeit an, Bereichen einen Namen zu geben und diesen Namen anstelle der Adresse zu verwenden.

Wenn Sie den Namen dann auch noch so wählen, daß er aussage-kräftig ist, erleichtern Sie sich die Arbeit sehr.

Auch wenn das Haushalts-Blatt nicht übermäßig kompliziert ist, können Sie jetzt einmal ausprobieren, was es mit Bereichsnamen auf sich hat. Die Namen, die Sie im folgenden festlegen, können Sie dann in Summenformeln verwenden.

So soll der Bereich mit den festen Ausgaben im Monat Januar benannt werden:

1. Markieren Sie den Bereich mit den festen Ausgaben im Januar (im Beispiel: D3 bis D9).

2. Wählen Sie den Befehl "Namen festlegen..." im Menü "Formel". Es erscheint die zu diesem Befehl gehörende Dialogbox.

Im Eingabefeld "Zugeordnet zu:" finden Sie die Adresse des markierten Bereichs (hier in der besonderen Schreibweise für die absolute Adressierung - siehe Kapitel 5.3). Außerdem wird im Feld "Name:" als Vorschlag schon das Wort "Januar" angezeigt. Das liegt daran, daß Excel beim Festlegen eines Namens die Zelle oberhalb des markierten Bereichs betrachtet und deren Inhalt - sofern es sich um Text handelt - als Vorschlag in die Dialogbox übernimmt. Sie können diesen Vorschlag ergänzen; klicken Sie mit dem Mauszeiger hinter das Wort, so daß dort ein Textcursor blinkt. Tippen Sie ein:

`_FESTE_AUSGABEN` `Enter`

Sie müssen die Unterstreichungsstriche verwenden, weil in Bereichs-namen keine Leerzeichen vorkommen dürfen. Der Unterstreichungs-strich wird mit der Tastenkombination `Umschalt` + `-` erzeugt.

3. Bestätigen Sie die Festlegung dieses Namens mit einem Klick auf "OK".

Sie haben jetzt einen Namen für den Bereich mit der Adresse D3:D9 definiert. Sie glauben es nicht? Ein Experiment wird Sie überzeugen.

Löschen Sie die Zelle D10 (da wo die Summe der festen Ausgaben für den Januar errechnet wird). Steuern Sie anschließend D10 erneut an und tippen Sie ein Gleichheitszeichen (=) ein. Dieses aktiviert die Bearbeitungszeile. Tippen Sie weiter, so daß folgendes erscheint:

    =SUMME()

Jetzt setzen Sie mit dem Mauszeiger einen Textcursor zwischen die Klammern. Wählen Sie nun den Befehl "Namen einfügen..." aus dem Menü "Formel". In der folgenden Dialogbox werden alle Bereichsnamen aufgelistet - zur Zeit gibt es nur einen, nämlich den eben definierten. Markieren Sie den Namen und klicken Sie auf "OK". Der Name wird zwischen den Klammern in der Formel eingefügt. Bestätigen Sie die Eingabe mit der ⌈Enter⌉-Taste.

In der Zelle D10 steht jetzt

    =SUMME(JANUAR_FESTE_AUSGABEN)

Beträge eingeben

Sie können jetzt die Beträge in den Zellen D3 bis D9 eintippen. Denken Sie daran: Nachkommastellen müssen Sie nur eintippen, wenn diese nicht gleich Null sind. Die beiden Nullen werden ansonsten durch das Zahlenformat angefügt.

Sie stellen fest, daß jedesmal, wenn Sie eine Eingabe getätigt und bestätigt haben, die Summe in D10 neu berechnet und aktualisiert wird. Das ist die Folge der vorherigen Aktion : Alle Zellen im Bereich mit dem Namen Januar_feste_Ausgaben werden hier summiert.

Sie sollten jetzt nach dem gleichen Muster die Bereiche für die festen Ausgaben in allen anderen Monaten anlegen. Anschließend benennen Sie auch die Bereiche für die flexiblen Ausgaben für alle Monate und die festen und flexiblen Einnahmen.

Bereichsnamen in Formeln verwenden

Ist das geschehen, können Sie die Bereichsnamen in Ihren Formeln verwenden und diese dadurch viel anschaulicher machen. Steuern Sie z. B. die Zelle D24 an und ersetzen Sie den Zellinhalt durch

```
=JANUAR_FESTE_AUSGABEN+JANUAR_FLEXIBLE_AUSGABEN
```

Vergessen Sie nicht, mit der ⟨Enter⟩-Taste zu bestätigen. Auch diese Formel ergibt das gewünschte Resultat.

Abb. 47: Die ersten Beträge in der Haushalts-Tabelle

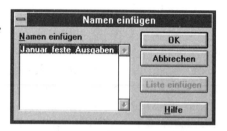

So übernehmen Sie Namen

Stellen Sie sich vor, Sie wollten in der Spalte nach dem Dezember die Jahressumme für jeden einzelnen Posten errechnen lassen. In diesem Fall wäre es sicher am schönsten, wenn alle zwölf Zellen eines Postens einen Bereichsnamen hätten.

Probieren Sie das einmal mit den Beträgen für die Miete (im Beispiel in der Zeile 3) aus:

1. Markieren Sie die Zellen von C3 (ja, dort wo der Titel steht!) bis O3.

2. Wählen Sie den Befehl "Namen übernehmen..." aus dem Menü "Formel". In der folgenden Dialogbox ist das Kästchen "Linker Spalte" angekreuzt. Das bedeutet, daß der Name für diesen Bereich aus der ganz linken Spalte übernommen wird.

3. Klicken Sie auf "OK".

Sie haben jetzt einen Bereichsnamen "Miete" für den Bereich von D3 bis O3.

Noch besser: Sie können so mehrere Bereichsnamen auf einmal erzeugen:

1. Markieren Sie den ganzen Bereich von C3 bis O9 - also alle festen Ausgaben.

2. Wählen Sie den Befehl "Namen übernehmen..." aus dem Menü "Formel".

3. Ändern Sie nichts in der folgenden Dialogbox und klicken Sie nur auf "OK".

Sie haben auf einen Schlag für jeden einzelnen Posten einen Bereichsnamen kreiert.

5.5 Dazu brauchen Sie Funktionen

Auf die Dauer werden Sie mit Formeln, die nur aus Plus und Minus, Mal und Durch bestehen, nicht auskommen. Die Funktion SUMME() bringt beim Addieren schon eine gewisse Erleichterung.

Ich darf Ihnen aber verraten, daß Excel insgesamt 180 Funktionen zur Verfügung stellt. Und dieses Angebot können Excel-Kenner sogar noch erweitern. Was ist aber eine Funktion?

Im Grunde genommen können Sie jede Funktion als eine Art Automatik betrachten, die Ihnen komplizierte, aus den Grundrechenarten zusammengesetzte Formeln erspart. So ist ja die Formel mit der Summen-Funktion

123

```
=SUMME(D3:D9)
```

als Ersatz für die ausgesprochen unbequeme Formel

```
=D3+D4+D5+D6+D7+D8+D9
```

zu verstehen.

Von Funktionen und Argumenten

Die Funktionen von Excel müssen nach einem ganz bestimmten Strickmuster benutzt werden. Zunächst etwas, was Sie schon wissen: Wollen Sie eine Funktion in einer Formel verwenden, müssen Sie zunächst ein Gleichheitszeichen(=) eintippen, damit die Bearbeitungszeile aktiviert wird und Excel erkennt, daß jetzt eine Formel eingegeben werden soll.

Dann muß der Name der Funktion eingetippt werden. Und zwar ganz genauso wie von Excel vorgesehen. Tippen Sie

```
=SUMMEN()
```

anstelle von

```
=SUMME()
```

wird Excel das nicht erkennen und den Eintrag wie Text behandeln.

Hinter eine Funktion gehören immer zwei Klammern. Was zwischen den Klammern eingetragen werden muß, ist von Funktion zu Funktion unterschiedlich. In jedem Fall sind dies die "Argumente" der Funktion. Man sagt auch: "Jede Funktion verlangt andere Argumente". So braucht die Summen-Funktion eine Bereichsangabe, um arbeiten zu können.

Das alles kann man sich nur schwer merken. Deshalb bietet Excel verschiedene Methoden an, mit denen Sie sich den Gebrauch von Funktionen vereinfachen können.

5.6 So tragen Sie Funktionen ein

Ein praktisches Beispiel für die sinnvolle Anwendung einer Funktion können Sie in der Haushalts-Tabelle einsetzen. Und zwar soll in der Zelle Q12 der Durchschnittsbetrag für die Benzinkosten errechnet werden. Dazu bedarf es einiger Vorbereitungen. Zunächst sollten Sie die Zellen C12 bis O12 markieren und den Befehl "Namen übernehmen..." aus dem Menü "Formel" aufrufen. Bestätigen Sie die Dialogbox mit einem Klick auf "OK". Sie haben jetzt einen Bereich namens "Benzin".

Nun tragen Sie in den Zellen der Zeile 12 für jeden Monat einen Betrag ein; das sind die monatlichen Benzinkosten.

In der Zelle P12 lassen Sie die Benzinkosten summieren. Tragen Sie dort ein

```
=SUMME(BENZIN)
```

und bestätigen Sie mit der [Enter]-Taste.

So wird eine Funktion eingefügt

Diese manuelle Methode - den Namen einer Funktion mit den Klammern eintippen - kennen Sie bereits. Es gibt aber auch eine halbautomatische Möglichkeit, die Sie jetzt anwenden können, um den Mittelwert der monatlichen Beträge für das Benzin zu ermitteln:

1. Steuern Sie die Zelle Q12 an.

2. Tippen Sie ein Gleichheitszeichen (=) ein; dieses aktiviert die Bearbeitungszeile.

3. Wählen Sie den Befehl "Funktion einfügen..." aus dem Menü "Formel".

Die folgende Dialogbox ähnelt der für die Zahlenformate (siehe auch Kapitel 5.1). Im rechten Listenfeld werden die Namen aller Funktionen aufgelistet. Links werden verschiedene Kategorien angeboten. Ist links "Alle" markiert, werden rechts alle Funktionen aufgeführt. Haben Sie in der linken Liste eine bestimmte Kategorie gewählt (z. B. "Math. & Trigonom."), erscheinen im rechten Listenfeld nur die

Funktionen, die dieser Kategorie zugeordnet sind. Beim Mittelwert handelt es sich um eine statistische Funktion. Also wählen Sie in der Liste "Kategorie:" den Eintrag "Statistik". In der Liste der Funktionen sehen Sie dann schon einen Eintrag namens MITTELWERT, der für Sie geeignet ist. Klicken Sie diesen Eintrag an. Ach so, wenn das Kästchen "Argumente einfügen" in der unteren linken Ecke angekreuzt ist, klicken Sie einmal darauf, um das Kreuzchen zu entfernen. Schließen Sie die Dialogbox mit einem Klick auf "OK".

Abb. 48: So suchen Sie eine Funktion zum Einfügen aus

Ihre Bearbeitungszeile müßte jetzt folgendes enthalten:

```
=MITTELWERT()
```

Der Textcursor blinkt zwischen den beiden Klammern. Sie müßten hier jetzt die Adresse des Bereichs mit den Benzinkosten eingeben. Aber auch das können Sie sich sparen. Blinkt der Cursor noch zwischen den Klammern? Falls nicht, setzen Sie den Cursor noch einmal mit dem Mauszeiger dorthin.

Dann wählen Sie den Befehl "Namen einfügen..." aus dem Menü "Formel". Dort wird auch der Bereichsname, den Sie brauchen (im Beispiel: "Benzin"), erscheinen. Wählen Sie ihn in der Liste an und klicken Sie auf "OK".

In der Bearbeitungszeile sollte jetzt

```
=MITTELWERT(BENZIN)
```

stehen. Bestätigen Sie die Eingabe mit der ⌷Enter⌷-Taste.

In der Zelle Q12 wird sofort das Ergebnis erscheinen - der Mittelwert der Beträge für die Benzinkosten in den zwölf Monaten.

Die Liste der Funktionen in der Dialogbox "Funktion einfügen" ist lang und unübersichtlich, wenn die Kategorie "Alle" gewählt wurde. Trotzdem müssen Sie manchmal diese Kategorie wählen, wenn Sie nicht wissen, wo die benötigte Funktion einsortiert ist. Um sich dann die Mühe zu ersparen, eine Liste mit 180 Zeilen durchzublättern, können Sie folgendes Verfahren anwenden. Klicken Sie auf den obersten Eintrag der Liste. Tippen Sie dann den ersten Buchstaben des Funktionsnamens ein, den Sie suchen. Brauchen Sie z. B. den Höchstwert, das Maximum, drücken Sie die Taste ⓜ. Die Markierung in der Liste springt auf den ersten Namen, der mit einem "M" beginnt. Und von dort ist es dann nicht mehr weit zur Funktion MAX().

In Listfeldern wird ein gesuchter Begriff durch Drücken des Anfangsbuchstabens sofort angesprungen.

Eine Liste der wichtigsten Funktion, teilweise mit Anwendungsbeispielen, finden Sie übrigens in Kapitel 12. Dort wird auch auf die Bedeutung der Argumente näher eingegangen.

5.7 Mögliche Fehler beim Erstellen umfangreicher Tabellen

Wenn Sie umfangreichere Tabellen erstellen, machen Sie dabei von den vielen Möglichkeiten, die Excel zum rationellen Bearbeiten bietet Gebrauch. Ich möchte hier die möglichen Fehler vorstellen und Ihnen Lösungswege zeigen.

Hilfe, meine Tabelle ist völlig unübersichtlich!

Wenn Sie sich an größere Tabellen wagen, betrachten Sie die ganze Geschichte als Projekt - planen Sie! Am besten, Sie formulieren zunächst schriftlich, wozu die zukünftige Tabelle überhaupt dienen soll. Dann skizzieren Sie die Tabelle auf Papier. Listen Sie auf, was eingetragen werden soll, und welche Ergebnisse berechnet werden sollen. Erst wenn der Plan steht, sollten Sie sich mit Excel beschäftigen.

Haben Sie doch einmal riskiert, ein umfangreicheres Arbeitsblatt ohne Planung zu erstellen und sich dabei verirrt, dann sollten Sie das Projekt einfach abbrechen und ganz neu starten. Schließen Sie die verkorkste Tabelle, führen Sie erst die Planung durch, und erstellen Sie dann ein neues Arbeitsblatt.

Bei komplexen Tabellen zuerst eine Skizze anfertigen.

Wenn ich mein Blatt speichern will, fragt Excel, ob etwas ersetzt werden soll

Excel paßt schon auf, was Sie wie speichern. Wenn Sie eine neue Tabelle angelegt haben und diese zum ersten Mal speichern, vergeben Sie ja normalerweise einen Namen für das Arbeitsblatt. Tippen Sie dabei in der Dialogbox versehentlich einen Namen ein, den es im gerade geöffneten Verzeichnis schon gibt, zeigt Excel die folgende Warnung an:

Abb. 49: Excel warnt, bevor Sie ein vorhandenes Arbeitsblatt durch ein neues mit gleichem Namen ersetzen

Das liegt daran, daß in einem Verzeichnis keine zwei Arbeitsblätter mit gleichem Namen gespeichert werden können. Bejahen Sie die Warnung, wird die Tabelle, die im Verzeichnis gespeichert ist, durch die Tabelle, an der Sie gerade arbeiten, ersetzt.

Wenn Sie nicht sicher sind, ob die gespeicherte Tabelle einfach ersetzt werden kann, weil Sie diese nicht mehr brauchen, beantworten Sie die Warnung mit einem Klick auf "Nein". Dann haben Sie die Möglichkeit, in der Dialogbox einen anderen Namen einzutragen und auf "OK" zu klicken.

Die Zahlen in den Zellen sehen irgendwie falsch aus

Wie Zahlen, die Sie in der Bearbeitungszeile eingetippt haben, in der Zelle erscheinen, hängt vom Zahlenformat ab. Das Zahlenformat bestimmt unter anderem, wie viele Kommastellen angezeigt werden. Ist nun ein Zahlenformat ausgewählt, das weniger Nachkommastellen anzeigt als die Zahl hat, dann wird automatisch gerundet. Und das ist nicht immer in Ihrem Sinn.

Sie können die Darstellung der Zahl prüfen und gegebenenfalls einstellen. Steuern Sie die Zelle mit dem Zahlenwert an und wählen Sie den Befehl "Zahlenformat..." aus dem Menü "Format".

Im rechten Listenfeld ist das für diese Zelle gültige Zahlenformat ausgewählt. Es erscheint ebenfalls im Eingabefeld unten links. Darunter wird neben dem Wort "Monitor" angezeigt, wie die angesteuerte Zelle mit dem gewählten Zahlenformat aussieht. Sie können jetzt nacheinander die anderen Zahlenformate in der Liste anklicken und jeweils prüfen, ob es das ist, was Sie möchten. Haben Sie das passende Zahlenformat erwischt, klicken Sie auf "OK".

Ich habe eine Zelle kopiert, kann sie aber nur einmal einfügen

Eine Besonderheit beim Kopieren in Excel ist zu beachten: Der Inhalt einer Zelle wird nur dann als Kopie auf der Zwischenablage untergebracht, wenn Sie erst den Befehl "Kopieren" und dann wenigstens einmal den Befehl "Einfügen" (beide aus dem Menü "Bearbeiten")gewählt haben.

Wenn Sie auf die schnelle Art und Weise etwas kopieren, indem Sie den Zellinhalt kopieren, das Ziel ansteuern und dann die ⎡Enter⎤-Taste drücken, wird nur einmal kopiert.

Sie sollten also so vorgehen, wenn Sie den Inhalt einer Zelle mehrmals woanders hin kopieren wollen:

1. Steuern Sie die Zelle an, deren Inhalt kopiert werden soll.

2. Wählen Sie den Befehl "Kopieren" aus dem Menü "Bearbeiten" (achten Sie auf den veränderten Rahmen um die Zelle - die sogenannten "laufenden Ameisen).

3. Steuern Sie die erste Zelle an, in der eine Kopie eingefügt werden soll.

4. Wählen Sie den Befehl "Einfügen" aus dem Menü "Bearbeiten" - die Kopie wird in der angesteuerten Zelle eingefügt.

129

5. Steuern Sie die nächste Zelle an und wählen Sie wieder den Befehl "Einfügen" aus dem Menü "Bearbeiten".

6. Wiederholen Sie das Verfahren für alle Zellen, in die eine Kopie eingefügt werden soll.

Ich habe Zellen ausfüllen lassen und dabei versehentlich schon belegte Zellen bearbeitet - was kann ich tun?

Das kann passieren: Sie wollen den Inhalt einer Zelle in mehrere benachbarte Zellen kopieren - diese Zellen also ausfüllen. Nun ist eine oder sind mehrere dieser Zielzellen schon mit einem Inhalt versehen. Wenn Sie das Autoausfüllen benutzen, also am quadratischen Anfasser der Ausgangszelle über die Zielzellen ziehen, werden die betroffenen Zellen einfach belegt - Excel prüft nicht, ob dort schon etwas steht.

Haben Sie dabei versehentlich etwas überschrieben, was nur mühsam oder gar nicht rekonstruiert werden kann (z. B. eine komplizierte Formel), müssen Sie das Autoausfüllen wieder rückgängig machen.

Solange Sie noch keine andere Aktion ausgeführt haben, geht das auch problemlos: Wählen Sie den Befehl "Rückgängig: Autoausfüllen" aus dem Menü "Bearbeiten".

Erscheint dieser Befehl in grauer Schrift, so daß er nicht angewählt werden kann, haben Sie Pech gehabt. Das gilt auch, wenn der Befehl nicht mehr "Rückgängig: Autoausfüllen" heißt. In diesem Fall gibt es keine Möglichkeit, den Inhalt der versehentlich überschriebenen Zelle wiederzubeleben.

Ich versuche, eine Zelle zu verschieben, aber es klappt nicht

Es ist wirklich nicht einfach, den Rahmen einer markierten Zelle mit dem Mauszeiger genau zu treffen. Denn nur dann klappt das Verschieben. Zielen Sie daneben, wird statt dessen eine Markierung erzeugt.

Wichtig ist, daß Sie die Maustaste sanft drücken, wenn sich der Mauszeiger in einen Pfeil verwandelt hat. Damit verhindern Sie, daß der Mauszeiger durch zu heftiges Tastendrücken verrutscht.

Ist Ihnen das zu kompliziert, benutzen Sie eine andere Methode zum Verschieben von Zellen:

1. Steuern Sie die Zelle an, die verschoben werden soll.

2. Wählen Sie den Befehl "Ausschneiden" aus dem Menü "Bearbeiten".

3. Setzen Sie den Mauszeiger an die Stelle, an die die Zelle verschoben werden soll.

4. Drücken Sie die ⌈Enter⌉-Taste - die Zelle wird am Ausgangsort ausgeschnitten und am Zielort eingeklebt.

Beim Einfügen einer leeren Zeile erscheint eine Dialogbox, die mir unklar ist

Sie wollen eine neue Zeile mit leeren Zellen einfügen und haben den Befehl "Zellen einfügen..." aus dem Menü "Bearbeiten" gewählt. Sie erwarten jetzt, daß einfach eine neue Zeile eingefügt wird, aber statt dessen erscheint die folgende Dialogbox am Bildschirm:

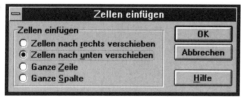

Abb. 50: Diese Dialogbox erscheint, wenn Sie Zellen einfügen wollen, die keine ganze Zeile oder Spalte ergeben

Der Grund: Eine leere Zeile wird nur dann ohne Nachfrage eingefügt, wenn beim Auswählen des Befehls eine ganze Zeile markiert war. Dazu müssen Sie auf eine der Schaltflächen mit einer Zeilennummer klicken. Die neue Zeile wird dann oberhalb der markierten eingefügt.

War aber zu dem Zeitpunkt als Sie den Befehl "Zellen einfügen.." aus dem Menü "Bearbeiten" gewählt haben, nur eine Zelle oder ein Bereich markiert, wird die Dialogbox "Zellen einfügen" angezeigt. Das ist aber nicht weiter schlimm: Wenn Sie in der Dialogbox auf den Knopf "Ganze Zeile" klicken und dann auf "OK", wird eine neue leere Zeile oberhalb der markierten Zelle eingefügt.

Das alles gilt sinngemäß natürlich auch für das Einfügen neuer Spalten mit leeren Zellen!

Meine Formel funktioniert nicht!

Sie haben eine Formel eingetippt, aber nach dem Bestätigen erscheint in der Zelle kein Ergebnis, sondern die Formel selbst. Dafür kann es mehrere Ursachen geben:

a) Ihr Excel ist falsch eingestellt.

Wählen Sie den Befehl "Bildschirmanzeige..." aus dem Menü "Optionen". Ist dort im Kästchen beim Wort "Formeln" ein Kreuzchen, ist Excel so eingestellt, daß in den Zellen nicht die Ergebnisse, sondern die Formeln angezeigt werden (wozu immer das gut sein mag...). Klicken Sie in das Kästchen bei "Formeln", so daß das Kreuz entfernt wird und schließen Sie die Box mit einem Klick auf "OK".

b) Sie haben das Gleichheitszeichen (=) vergessen.

Excel versteht einen Eintrag nur(!) dann als Formel, wenn er mit einem Gleichheitszeichen beginnt. Prüfen Sie das und fügen Sie gegebenenfalls das Gleichheitszeichen am Anfang des Eintrags ein.

Sie wissen ja wie das geht: Steuern Sie die betreffende Zelle an, und klicken Sie in die Bearbeitungszeile; und zwar am besten gleich vor den ersten Buchstaben. Wenn dort der Textcursor blinkt, tippen Sie das Gleichheitszeichen ein und schließen die Bearbeitungszeile mit einem Klick auf das grüne Häkchen.

c) In der Formel ist ein Tippfehler.

Die Namen von Funktionen müssen ganz exakt stimmen; wenn Sie SUMMEN() statt SUMME() eintragen, versteht Excel nicht, was berechnet werden soll. Auch die Zelladressen müssen stimmen. Haben Sie z. B. aus Versehen ein Leerzeichen zwischen der Spalten- und der Zeilenkoordinate eingetippt, erkennt Excel nicht, daß es sich um eine Adresse handelt.

Auch bei der Schreibweise von Zahlen ist Excel intolerant. Wenn Sie eine Zahl mit Kommastellen mit einem Punkt(.) statt einem Komma (,) eingeben, interpretiert Excel das nicht als Zahl - z. B. wird 1.1 (mit

132

einem Punkt) als Datum (1. Januar) verstanden! In Werten dürfen nur Ziffern, Kommata und ein vorangestelltes Minuszeichen (-) vorkommen. Auch der beliebte Tausenderpunkt (Beispiel: 100.000.000) wird von Excel nicht akzeptiert.

Ebenfalls unerwünscht sind überflüssige Leerzeichen; sie dürfen nur in Texteinträgen vorkommen - erlaubt wäre "Meine Tabelle", aber nicht "1 + 1" (je ein Leerzeichen vor und hinter dem Pluszeichen).

Benutzen Sie, wo immer es geht, die Möglichkeit, Excel zu zeigen, was Sie wollen! Soll eine Zelladresse bzw. Bereichsadresse in einer Formel benutzt werden, zeigen Sie diese mit dem Mauszeiger im Arbeitsblatt an. Die Koordinaten der angesteuerten Zelle bzw. des markierten Bereichs werden automatisch (und korrekt!) eingefügt.

Bereichs- oder Zelladressen werden druch Mausklick in eine Formel eingefügt.

Das ist noch wichtiger, wenn Sie eine Funktion benutzen wollen. Tippen Sie ein Gleichheitszeichen und wählen Sie dann den Befehl "Funktion einfügen..." aus dem Menü "Formel". Suchen Sie dann die gewünschte Funktion aus, klicken Sie in der rechten Liste auf deren Namen und schließen Sie die Dialogbox mit einem Klick auf "OK". So wird die Funktion richtig in der Bearbeitungszeile erscheinen.

Ich habe eine Formel kopiert, aber das Ergebnis stimmt nicht!

Excel kopiert Formeln intelligent. Die Adressen, die in einer Formel vorkommen, werden den Gegebenheiten der Zelle angepaßt, in die Sie die Formel kopieren. Man sagt: "Excel benutzt standardmäßig die relative Adressierung."

Ein Beispiel: In der Zelle A4 steht die Formel

```
=SUMME(A1:A3)
```

In dieser Form interpretiert Excel die Formel so: "Schreibe in diese Zelle die Summe der drei Zellen, die darüber angeordnet sind."

Kopieren Sie diese Formel in die Zelle C23, benutzt Excel die beschriebene Interpretation - die über C23 liegenden Zellen sind aber C19 bis C22 - ergo trägt Excel die kopierte Formel als

```
=SUMME(C19:C22)
```

ein.

Manchmal ist das aber gar nicht erwünscht. Wenn Sie möchten, daß eine Formel beim Kopieren nicht angepaßt wird, müssen Sie diese Formel auf die sogenannte absolute Adressierung umstellen. Dazu steuern Sie die Zelle mit der Formel an und klicken auf die Bearbeitungszeile. Setzen Sie dann den Textcursor zwischen den Buchstaben und die Zahl einer Adresse und drücken Sie die Taste [F4] - die Beispielformel würde dann so aussehen:

```
=SUMME($A$1:A3).
```

Aber das reicht noch nicht. Klicken Sie den Textcursor auch zwischen die Spalten- und die Zeilenkoordinate der zweiten Adresse und drücken Sie wieder die Taste [F4] - Ergebnis:

```
=SUMME($A$1:$A$3)
```

Das Dollarzeichen zeigt an, daß die Adresse absolut kopiert wird - daß die Adresse also nicht verändert wird. Kopieren Sie diese Formel nach C23, wird auch dort

```
=SUMME($A$1:$A$3)
```

erscheinen.

Normalerweise werden Adressen immer relativ - also ohne Dollarzeichen - angegeben, z. B. wenn Sie die Adresse mit dem Mauszeiger gezeigt haben. Sie müssen eine Adresse bei Bedarf manuell zur absoluten Adresse machen. Stoßen Sie irgendwo auf eine Adresse, die mit Dollarzeichen versehen ist, die Sie aber gerne relativ kopieren möchten, müssen Sie diese ebenfalls manuell umstellen. Dazu steuern Sie die Zelle an und klicken in die Bearbeitungszeile. Setzen Sie den Textcursor in die Adresse (zwischen Buchstabe und Zahl). Jetzt müssen Sie dreimal nacheinander die Taste [F4] drücken - damit sind die Dollarzeichen entfernt. Bei jedem Druck auf [F4] wird eine andere Kombination angezeigt; aus

134

$A$1 wird beim ersten Druck auf F4

$A1 beim zweiten Druck auf F4

A$1 und beim dritten Mal F4

A1.

Wie kann ich denn einen Bereichsnamen benutzen?

Was nutzt der schönste Name für einen Bereich, den Sie mit dem
Befehl "Namen festlegen.." aus dem Menü "Formel" bestimmt haben,
wenn Sie den Namen auswendig lernen müssen, um ihn zu benutzen?
Nun, wollen Sie einen Bereichsnamen in einer Formel anwenden,
dann können Sie das ganz einfach tun:

Steuern Sie die Stelle in der Formel an, an der der Name erscheinen
soll und wählen Sie den Befehl "Namen einfügen..." aus dem Menü
"Formel". Markieren Sie den Namen im Listenfeld durch Anklicken
und schließen Sie die Box mit einem Klick auf "OK". Der Name wird
eingefügt.

Hilfe, ich finde die Funktion nicht, die ich brauche!

Klar, bei 180 Funktionen ist es schwer, die Orientierung zu behalten.
Die Dialogbox des Befehls "Funktion einfügen..." aus dem Menü
"Formel" bietet aber Hilfe. Wählen Sie im rechten Listenfeld erst die
Kategorie aus, zu der die gewünschte Funktion zu zählen ist. Dann
wird im rechten Listenfeld nur die betreffende Auswahl an Funktio-
nen angezeigt.

Wenn Sie wissen, mit welchem Buchstaben die gewünschte Funktion
beginnt, können Sie diese schnell ansteuern: Klicken Sie auf den
obersten Eintrag in der rechten Liste. Tippen Sie dann den Anfangs-
buchstaben des gewünschten Funktionsnamens ein. Die Markierung.
springt automatisch auf den ersten Listeneintrag, der mit diesem
Buchstaben beginnt.

6. Diagramme, die Eindruck machen

Eine Faustregel sagt: Tabellen, die nicht mehr vollständig am Bildschirm angezeigt werden können, sind unübersichtlich - und letztendlich auch nicht mehr besonders aussagekräftig. Nur manchmal sind einfach so viele Dinge einzutragen und so viele Ergebnisse zu errechnen, daß die Tabelle größer wird als gewünscht.

Was kann man dagegen tun?

Excel bietet die Möglichkeit, große Arbeitsblätter aufzuteilen und diese Sammlung dann gemeinsam zu verwalten (in sogenannten "Arbeitsmappen"). Ist das aus irgendeinem Grund nicht möglich, kann man sich ganz gut damit behelfen, daß man relevante Informationen in Diagramme umsetzt, die dann Ergebnisse optisch präsentieren.

Um es gleich vorweg zu sagen: Es ist durchaus nicht immer sinnvoll, Werte in Form von Diagrammen darzustellen. Im Gegenteil: Oft sind solche Darstellungen wenig informativ und überflüssig.

Wenn Sie im folgenden ein Diagramm aus Zahlen des Haushalts-Blatts aus dem Kapitel 5 kreieren, dann ist das wirklich nur eine

136

Übung. Praktische Einsätze für ein Diagramm sehe ich eher in folgenden Anwendungsbereichen:

- Stellen Sie Umsätze verschiedener Filialen übers Jahr optisch dar.

- Erzeugen Sie ein Kurvendiagramm, das verschiedene Abschreibungsvarianten über die Zeit verteilt darstellt.

- Kreieren Sie ein Kreisdiagramm, das die Anteile von einzelnen Kosten an den Gesamtkosten eines Produkts darstellt.

Die klassische Anwendung für Diagramme ist sicher in der Wahlberichterstattung zu finden, wo die Stimmanteile in Form von Balken, die Sitzverteilung als Kuchendiagramm dargestellt werden.

Zunächst möchte ich Ihnen zeigen, wie man überhaupt ein Diagramm aus Zahlen in einer Tabelle erzeugt. Dazu sollen die Monatssalden des Haushalts-Blatts dargestellt werden. Anschließend stelle ich Ihnen die wichtigsten Diagrammarten und ihre Besonderheiten an verschiedenen Beispielen vor.

Zuletzt geht es dann darum, wie man ein Diagramm verschönern kann, wie Beschriftungen hinzugefügt und Farben verändert werden.

6.1 So hilft Ihnen Excel beim Erstellen eines Diagramms

Bei der Kreation eines Diagramms hilft Ihnen der Diagrammassistent von Excel. Das ist ein kleines Hilfsprogramm, das Sie mit Hilfe verschiedener Dialogboxen durch den ganzen Prozeß der Diagrammerstellung führt. Die einzige Vorbereitung, die Sie treffen müssen, ist, die Zellen zu markieren, deren Werte optisch präsentiert werden sollen.

Haben Sie Excel gestartet? Ist die Tabelle HAUSHALT.XLS geöffnet? Falls nicht, holen Sie das jetzt bitte nach.

Die Zahlen für das Diagramm markieren

Nun markieren Sie die Zellen, deren Inhalte im Diagramm dargestellt werden sollen. Das ist im Beispiel die Zeile mit den Monatssalden.

Steuern Sie die erste Zelle dieses Bereichs an (im Beispiel: D35), drücken Sie die linke Maustaste und halten Sie diese gedrückt.

Ziehen Sie jetzt mit festgehaltener Maustaste bis nach O35. Lassen Sie die Maustaste los, die Zellen erscheinen invers (weiße Schrift auf schwarzem Grund) - der Bereich ist markiert.

Abb. 51: Die Zellen, deren Inhalt im Diagramm dargestellt werden sollen, sind markiert

Microsoft Excel - HAUSHALT.XLS

Datei Bearbeiten Formel Format Daten Optionen Makro Fenster ?

Standard

D35   =D34-D25

	K	L	M	N	O	P	Q
20	0,00	45,00	321,00	112,00	0,00	2396,00	
21	0,00	1100,00	1200,00	300,00	0,00	5600,00	
22	9775,00	0,00	0,00	0,00	0,00	9775,00	
23	0,00	0,00	211,00	0,00	2346,00	3502,00	
24	12107,00	3669,00	3846,00	3432,00	6488,00	58269,00	
25	13791,00	5641,00	5604,00	5300,00	8424,00	80005,00	
26	4845,00	4845,00	4845,00	4845,00	4845,00	57264,00	
27	996,00	1012,00	1012,00	1012,00	1012,00	12016,00	
28	120,00	120,00	120,00	120,00	120,00	1440,00	
29	5961,00	5977,00	5977,00	5977,00	5977,00	70720,00	
30	0,00	0,00	0,00	1422,00	1422,00	6489,00	
31	0,00	0,00	1450,00	0,00	760,00	4610,00	
32	0,00	0,00	0,00	800,00	0,00	1212,00	
33	0,00	0,00	1450,00	2222,00	2182,00	12311,00	
34	5961,00	5977,00	7427,00	8199,00	8159,00	83031,00	
35	-7830,00	336,00	1823,00	2899,00	-265,00	3026,00	
36	-2967,00	-2631,00	-808,00	2091,00	1826,00		
37							
38							
39							

Bereit   NUM

Den Diagramm-Assistenten starten

Mit dieser Information - dem Bereich markierter Zellen - können Sie den Diagrammassistenten starten. Dazu benutzen Sie ein Symbol in der Symbolleiste, nämlich das zweite von rechts.

Haben Sie auf dieses Symbol geklickt, erscheint die zugehörige Schaltfläche gedrückt. Das bedeutet, daß ab sofort der Diagrammassistent seine Arbeit aufgenommen hat.

Wenn Sie den Mauszeiger vom Symbol weg wieder auf das Arbeitsblatt ziehen, hat sich seine Form verändert. Der Zeiger ist jetzt ein
kleines Kreuz aus dünnen Linien.

Platz für das Diagramm im Arbeitsblatt festlegen

Dieser Zeiger hat eine ganz bestimmte Aufgabe. Mit ihm müssen Sie
jetzt auf dem Arbeitsblatt ein Rechteck markieren, in das Ihr zukünf-
tiges Diagramm eingefügt werden soll.

Excel setzt Diagramme immer direkt in die Tabelle, auch wenn ein
solches Diagramm als eigenständige Datei existiert. Sie können einen
beliebigen Platz für das Diagramm auswählen, sogar in einem
Bereich, der mit gefüllten Zellen belegt ist. Das Diagramm wird dann
auf diese Zellen geklebt, so daß diese nicht mehr sichtbar und nur
noch schwer zugänglich sind

In den meisten Fällen wird es deshalb sinnvoll sein, ein Rechteck für
das Diagramm unterhalb oder neben den benutzten Zellen
anzuzeichnen. Im Beispiel soll das Diagramm unterhalb der Tabelle
erscheinen.

Verschieben Sie den sichtbaren Ausschnitt des Arbeitsblatts jetzt so,
daß die unterste Zeile der Tabelle am oberen Fensterrand erscheint,
und daß die Spalte A ganz links am Fensterrand sitzt.

Dazu fassen Sie zunächst das Quadrat im unteren Rollbalken an und
schieben es ganz nach rechts. Sie wissen noch, wie das "Anfassen"
funktioniert? Setzen Sie den Mauszeiger auf das graue Quadrat im
unteren Rollbalken, drücken Sie die Maustaste und halten Sie diese
fest. Ziehen Sie das Quadrat mit gedrückter Maustaste so weit nach
rechts wie möglich. Lassen Sie die Maustaste los, der Ausschnitt wird
so verschoben, daß ganz rechts die Spalte A zu sehen ist.

Um die letzte Zeile der Tabelle (im Beispiel: Zeile 37) ganz an den
oberen Rand des Fensters zu bringen, benutzen Sie den rechten
Rollbalken. Klicken Sie einfach mehrfach auf die Schaltfläche mit dem
nach unten zeigenden Pfeil am unteren Ende des Rollbalkens. Bei
jedem Klick wird der Ausschnitt um genau eine Zeile verschoben.

Ist die Zeile 37 ganz oben, ziehen Sie den Mauszeiger wieder auf das Arbeitsblatt. Er hat immer noch die Kreuform. Mit diesem Kreuzzeiger zeichnen Sie jetzt ein Rechteck für das Diagramm. Dieses Rechteck kann völlig unabhängig von den Trennlinien zwischen den Zeilen und Spalten angelegt werden. Außerdem können Sie später die Lage und Größe des Rechtecks nach Wunsch verändern.

Ich würde vorschlagen, Sie bringen den Mauszeiger jetzt etwa auf die Zelle B39. Drücken Sie die Maustaste und halten Sie diese gedrückt. Ziehen Sie den Mauszeiger langsam nach rechts unten. Und zwar so weit, daß Sie etwa die Zelle G50 erreichen. Beim Ziehen entsteht ein Rechteck, dessen unteren rechten Eckpunkt Sie bewegen. Lassen Sie die Maustaste erst los, wenn der gewünschte Endpunkt erreicht ist und das Rechteck die gewünschte Form angenommen hat.

Es ist überhaupt nicht schlimm, wenn Sie die Maustaste zu früh losgelassen haben. Auch wenn Ihnen das Reckteck zu klein erscheint oder merkwürdige Dimensionen (z. B. ein flacher langer Kasten) angenommen hat, ist das nicht tragisch. Zwar wird das Diagramm, das im folgenden entsteht, in diesem Rechteck entweder gar nicht oder kaum sichtbar sein. Wenn Sie Größe und Form des Rechtecks später ändern, wird auch das Diagramm wieder vernünftig sichtbar werden.

Die einzelnen Arbeitsschritte des Diagrammassistenten

Sobald Sie die Maustaste loslassen, erscheint die erste Dialogbox des Diagrammassistenten. In der Titelleiste dieser Box werden Sie gleich darüber informiert, daß es sich um die erste von insgesamt fünf Boxen handelt.

Im Feld "Bereich" finden Sie dann auch schon die Adressen des Bereichs, den Sie vor dem Start des Assistenten markiert haben.

Abb. 52: Die ersten von fünf Dialogboxen, die der Diagramm-assistent präsentiert

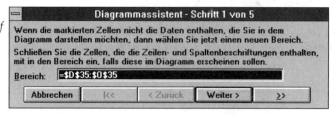

Prinzipiell könnten Sie diese Angabe jetzt ändern. Entweder, indem Sie andere Koordinaten eintippen (wenig empfehlenswert), oder indem Sie einen anderen Bereich im Arbeitsblatt "zeigen". Normalerweise werden Sie das aber nicht tun, sondern den gewünschten Bereich erst markieren, dann den Assistenten starten und die vorhandenen Bereichsadressen einfach akzeptieren.

Übernehmen Sie die Angabe im Feld "Bereich" jetzt mit einem Klick auf die Schaltfläche "Weiter >".

Sie werden feststellen, daß es in allen Dialogboxen des Diagrammassistenten die gleichen Schaltflächen gibt. Mit "Abbrechen" können Sie jeweils den ganze Prozeß der Diagrammerstellung abbrechen. Die Schaltfläche "Weiter >" bringt Sie jeweils zur nächsten Dialogbox, die Schaltfläche "< Zurück" führt Sie immer zur vorangegangen Box, wo Sie dann gegebenfalls Änderungen vornehmen können. Ein Klick auf "|<<" bringt Sie zur allerersten Dialogbox zurück, wo Sie dann bei Bedarf eine andere Bereichsangabe zeigen könnten. Nicht benutzen sollten Sie die Schaltfläche ">>": Ein Klick auf diese Schaltfläche überspringt alle folgenden Schritte des Assistenten, so daß Sie keine Einstellungsmöglichkeiten mehr haben.

Eine schöne, bunte Dialogbox bildet den zweiten Schritt des Diagrammassistenten. Hier werden die verschiedenen Diagrammtypen zur Auswahl angeboten.

Abb. 53: So wählen Sie den gewünschten Diagrammtyp aus

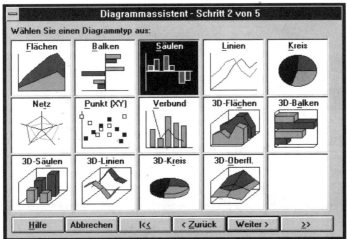

141

Die verschiedenen Eigenschaften der verschiedenen Typen sind nicht ohne weiteres an den Miniaturabbildungen zu erkennen - im nächsten Abschnitt möchte ich Sie mit den wichtigsten vertraut machen.

Ohne weiteres erkennbar sind die fünf Bildchen in der obersten Reihe dieser Dialogbox. Sie können dort wählen zwischen

- Flächendiagramm (Werte werden als Linien dargestellt, die entstehenden Flächen farbig ausgefüllt)

- Balkendiagramm (Werte werden in Form verschieden langer, waagerechter Balken dargestellt)

- Säulendiagramm (Werte werden als verschieden hohe, senkrechte Säulen dargestellt)

- Liniendiagramm (Werte werden als Linienzüge dargestellt)

- Kreisdiagramm (Werte werden als verschieden große Kuchen-stücke dargestellt)

Sie brauchen jetzt bloß das Bild mit dem gewünschten Diagrammtyp anzuklicken. Es erscheint invers (in umgedrehter Farbgebung). Entscheiden Sie sich dieses Mal für ein Säulendiagramm). Ein Klick auf "Weiter >" bringt Sie zur nächsten Dialogbox.

Abb. 54: So wählen Sie das gewünschte Diagramm-format aus

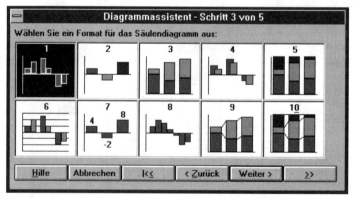

Hier wird es ein bißchen komplizierter. Excel bietet zu jedem
Diagrammtyp maximal 10 verschiedene spezifische Darstellungsfor-
men an - die sogenannten Diagrammformate. Diese unterscheiden
sich meist durch eine andere Anordnung der Diagrammteile oder
durch eine bestimmte Art von Einteilung des Diagramms.

Bei einem Säulendiagramm können Sie sich z. B. für das Format 2
entscheiden - es wird dann für breitere Säulen sorgen. Klicken Sie das
entsprechende Bild an. Mit einem Klick auf "Weiter >" geht's - weiter!

Abb. 55: So
bestimmen Sie,
was wie umge-
setzt wird

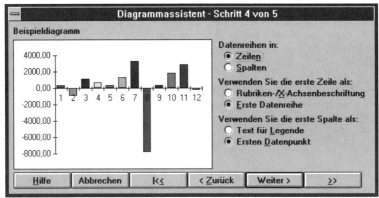

Im vierten Schritt der Assistentenarbeit sehen Sie bereits eine kleine
Darstellung Ihres zukünftigen Diagramms. Dort finden Sie drei
Möglichkeiten, Beschriftungen vorzubereiten.

Abb. 56: So
legen Sie die
Beschriftungen
für das Dia-
gramm an

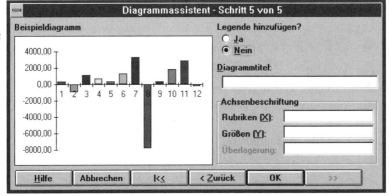

143

Wenn Sie den Diagrammassistenten so gestartet haben, wie hier empfohlen, können Sie diese Dialogbox immer ohne Änderung überschlagen. Tun Sie das bitte mit einem Klick auf "Weiter >".

Auch die letzte, die fünfte Dialogbox des Diagrammassistenten, beschäftigt sich mit Beschriftungen. Sie finden hier vier Eingabefelder, von denen die obersten drei wichtig sind.

Worum geht es? In einem ordentlichen Diagramm soll der Betrachter erkennen können, was die einzelnen Teile bedeuten. Im Beispiel sollte ja ersichtlich werden, daß es sich um die Monatssalden handelt, und daß jede Säule für ein Monatssaldo steht.

Fachchinesisch

Excel ordnet Diagramme in einem Koordinatensystem an. Bei einem zweidimensionalen Diagramm gib es eine X- und eine Y-Achse. Die X-Achse nimmt die sogenannten Rubriken auf, also die Darstellung der Werte; die Y-Achse zeigt die Größen an.

Bei einem dreidimensionalen Gebilde gibt es dann noch eine Z-Achse, die für die Reihen zuständig ist. In diesen Reihen werden Werte dargestellt, auf die sich die Rubriken beziehen. So könnten Sie beispielsweise die Salden in Abhängigkeit von den Einnahmen anzeigen.

Was das Diagramm darstellt, legen Sie als Titel fest. Klicken Sie in das Feld "Diagrammtitel" und geben Sie dort

```
MONATSSALDEN
```

ein. Warten Sie einen kurzen Augenblick. Der eingegebene Titel wird dann in das kleine Musterdiagramm eingefügt. Auch die X-Achse mit den einzelnen Säulen können Sie beschriften.

Klicken Sie in das Feld "Rubriken (X)" und geben Sie ein:

```
MONATE
```

Dann klicken Sie in "Größen (Y)" und tippen

BETRÄGE IN DM

ein.

Diese Beschriftungen werden jeweils im Minidiagramm angezeigt.

Leider können die Monatsnamen an den Säulen (oder als Legende) jetzt nicht so ohne weiteres eingefügt werden.

 Wie Sie das nachträglich hinbekommen, erfahren Sie im Abschnitt 6.3.

In dieser Dialogbox gibt es keine Schaltfläche "Weiter >", sondern eine namens "OK". Klicken Sie darauf, wird der Diagrammassistent beendet, und das Diagramm erscheint im Arbeitsblatt.

Abb. 57: So sieht das Diagramm im Arbeitsblatt aus

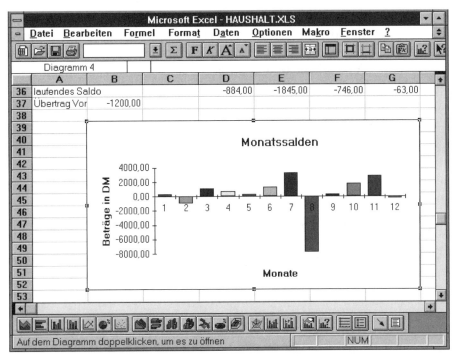

Diagrammfläche verschieben, vergrößern und verkleinern

Falls Ihnen beim Anzeichnen des Rechtecks für das Diagramm etwas danebengegangen ist, können Sie das jetzt erstens sehen und zweitens korrigieren. Zunächst können Sie das ganze Diagramm verschieben. Dazu müssen Sie es anfassen.

Das tun Sie, indem Sie den Mauszeiger mitten auf das Diagramm setzen, die Maustaste drücken und festhalten und dann das ganze Diagramm mit der Maus verschieben. Haben Sie die gewünschte Position erreicht, lassen Sie die Maustaste los.

Übrigens: Das Diagramm ist jetzt markiert. Im Gegensatz zu Zellen und Bereichen merken Sie das nicht daran, daß der Inhalt invers erscheint, sondern daß das Diagramm von einem dünnen Rahmen umgeben ist, an dem sich acht kleine, quadratische Anfasser befinden. Außerdem erscheint - solange ein Diagramm markiert ist - immer eine zusätzliche Symbolleiste am unteren Bildschimrand.

Wollen Sie die Größe der Diagrammfläche verändern, benutzen Sie dazu die Anfasser am Diagrammrahmen. Die Quadrate an den vier Ecken können jeweils in allen vier Richtungen bewegt werden. Ziehen Sie z. B. den unteren rechten Anfasser nach rechts unten, wird die Fläche größer.

Bewegen Sie den oberen linken Anfasser nach rechts unten, wird die Fläche verkleinert.

Die Anfasser an den Längsseiten können immer nur waagerecht oder senkrecht verschoben werden.

Probieren Sie jetzt einmal alle diese Verfahren aus:

1. Klicken Sie auf das Diagramm, damit es markiert erscheint.

2. Drücken Sie die Maustaste und halten Sie diese gedrückt.

3. Ziehen Sie das Diagramm mit gedrückter Maustaste so nach links oben, daß die obere rechte Ecke ungefähr in der Zelle A38 zu liegen kommt. Lassen Sie die Maustaste los.

4. Bringen Sie den Mauszeiger auf den Anfasser auf der unteren Linie des Rahmens. Haben Sie den richtigen Punkt getroffen, verändert sich das Aussehen des Mauszeigers - er wird zu einem senkrechten Doppelpfeil.

5. Drücken Sie die Maustaste und halten Sie diese gedrückt. Ziehen Sie mit gedrückter Maustaste nach oben, bis die Unterkante des Diagramms etwa in der Zeile 44 steht.

Sie sehen, daß das Diagramm jeweils an den zur Verfügung stehenden Platz angepaßt wird. Bei bestimmten Größen und Seitenverhältnissen können Sie das Diagramm gar nicht mehr erkennen.

6. Bringen Sie den Mauszeiger auf den Anfasser an der unteren rechten Ecke des Rahmens. Haben Sie den richtigen Punkt getroffen, verändert sich das Aussehen des Mauszeigers - er wird zu einem schrägen Doppelpfeil.

7. Ziehen Sie den Anfasser mit festgehaltener Maustaste, bis er etwa in der Zelle F52 steht. Lassen Sie die Maustaste los.

Sie haben jetzt die Verfahren kennengelernt, mit denen ein Diagramm in einer Tabelle verschoben und in der Größe verändert werden kann.

Jetzt ist ein guter Zeitpunkt gekommen, daß Arbeitsblatt in seiner veränderten Form auf der Festplatte zu speichern. Wählen Sie einfach den Befehl "Speichern" aus dem Menü "Datei". Das Speichern wird automatisch durchgeführt. Die aktuelle Fassung der Tabelle wird unter dem Namen gespeichert, der in der Titelleiste angezeigt wird.

6.2 Balken-, Säulen- oder Kreisdiagramme?

Wie gesagt: Nicht alle Daten eignen sich für alle Diagrammtypen. Genauer gesagt: Nicht mit allen Diagrammtypen können Sie vorhandene Zahlen sinnvoll darstellen. Ich möchte Ihnen die wichtigsten Diagrammtypen jetzt anhand von kleinen Beispielen vorstellen. Sie werden jeweils eine Abbildung sehen, in der Sie das Stück Tabelle sehen, das umgesetzt wurde, und das Diagramm, das dabei entstanden ist.

Flächendiagramm

Bei einem Flächendiagramm werden die Werte als Linienzüge dargestellt. Die dabei entstehenden Flächen werden farbig gefüllt.

Diese Darstellungsart ist immer dann sinnvoll einsetzbar, wenn sehr
viele Werte und deren Summe vergleichbar gemacht werden sollen.
Mein Beispiel zeigt eine Anwendung aus dem Bereich der Meßwert-
erfassung.

*Abb. 58: Ein
Flächendia-
gramm eignet
sich gut für
den gleich-
zeitigen Ver-
gleich einzelner
Werte und der
daraus resul-
tierenden
Summen*

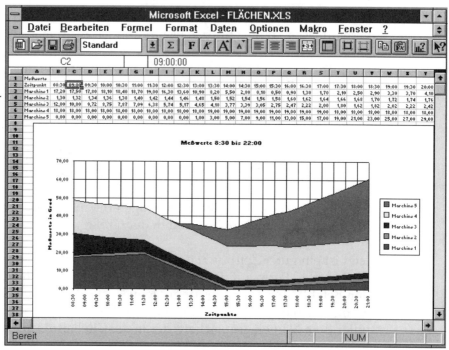

Ein Flächendiagramm kann auch mit dreidimensionalem Look
ausgestattet werden. Die Verfahrensweise beim Erstellen ist exakt
dieselbe wie im Beispiel (siehe Kapitel 6.1).

Abb. 59: Die dreidimensionale Variante des Flächendiagramms

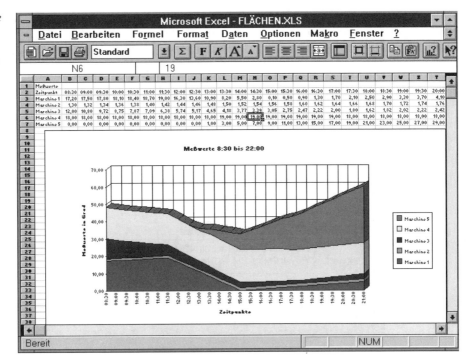

Balken- und Säulendiagramme

Das kennen Sie schon: Die Werte werden als Balken (waagerecht) oder Säulen (senkrecht) versinnbildlicht. Beide Typen eignen sich immer dann, wenn wenige Werte zu vergleichen sind.

Das Balkendiagramm eignet sich besser, wenn wenige Rubriken (z. B. drei oder vier Filialen) zu vergleichen sind, in einem Säulendiagramm können auch zehn, zwölf Rubriken brauchbar dargestellt werden.

Beide Diagrammtypen gibt es auch im 3D-Look (der noch eindrucksvoller ist).

Sind noch mehr Rubriken vorhanden, ist meist ein Flächen- oder Liniendiagramm schöner.

149

Abb. 60: Ein Balken-diagramm eignet sich gut für den Vergleich weniger Werte

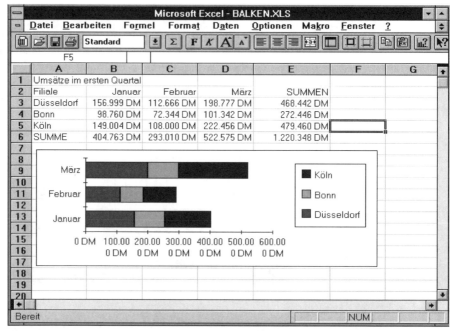

Abb. 61: Ein Säulen-diagramm (hier im 3D-Look) eignet sich gut für den Vergleich einzelner Werte, wenn etwa maximal 12 Rubriken vorliegen

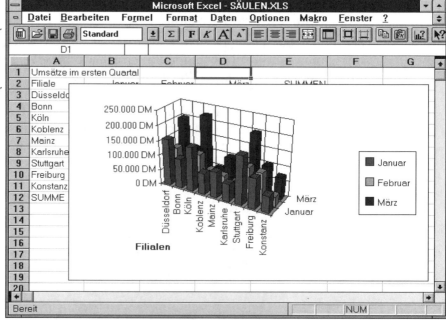

150

Liniendiagramme

Im Prinzip ist ein Liniendiagramm ein Flächendiagramm ohne Flächen.

Es eignet sich am besten für den Vergleich verschiedener Werte, wenn sich die einzelnen Linienzüge überschneiden, z. B. wenn gelegentlich negative Werte vorkommen. Das Beispiel ist ein abgewandeltes Meßwertdiagramm:

Abb. 62: Ein Linien-diagramm eignet sich gut für den gleich-zeitigen Ver-gleich einzelner Werte wech-selnder Größe

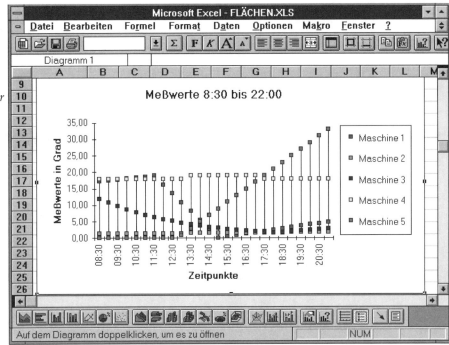

Bei Liniendiagrammen gibt es interessante Möglichkeiten bei den Formaten. So können Sie eine logarithmisch geteilte Größenachse benutzen; die Wertepunkte werden automatisch richtig gesetzt. Auch Maximum-, Minimum- und Mittelwerte-Darstellungen können automatisch erzeugt werden.

Kreisdiagramme

Mit Kreisdiagrammen können Sie ausschließlich die Verteilung von Werten innerhalb eines Ganzen verdeutlichen. Also z. B. Wahlergeb-

151

nisse. Wollen Sie gleichzeitig mehrere solcher Vergleiche anstellen, müssen Sie für jeden Vergleich ein eigenes Kreisdiagramm erzeugen.

Bevor Sie den Diagrammassistenten starten, darf also immer nur eine Zeile bzw. Spalte mit Werten markiert sein.

Abb. 63: Ein Kreisdiagramm dient ausschließlich dazu, eine Reihe von Werten in bezug auf ein Ganzes zu vergleichen

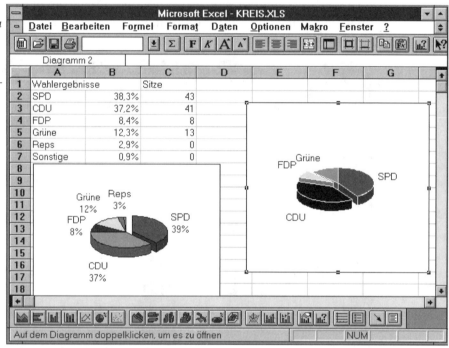

Besondere Diagrammtypen

Bei einem Netzdiagramm wird für jede Reihe eine eigene Achse angezeigt. Die Achsen treffen in einem gemeinsamen Mittelpunkt zusammen. Dies eignet sich z. B. zur Darstellung wissenschaftlicher Berechnungen.

Das Oberflächendiagramm erlaubt es, große Datenmengen in drei Ebenen optisch darzustellen. Das braucht man meistens dann, wenn die Ergebnisse von Differential- und Integralrechnungen dargestellt werden sollen.

Abb. 64: So sieht ein Netz-diagramm aus

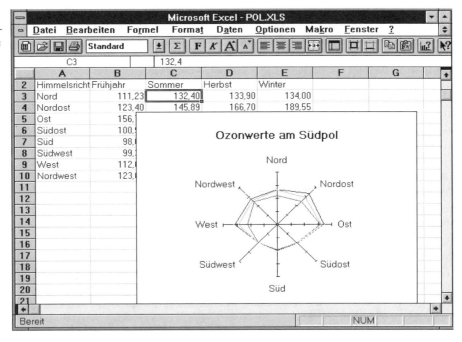

Abb. 65: So sieht ein Oberflächen-diagramm aus

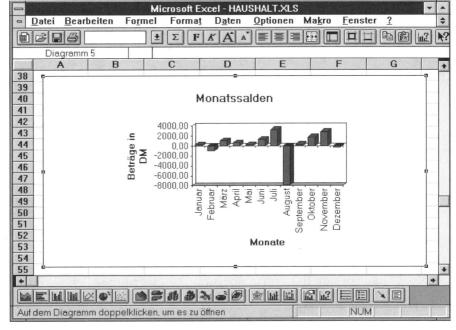

153

Schließlich gibt es noch Überlagerungsdiagramme, in denen Sie Balken und Linien mischen können, damit lassen sich dann z. B. auch Aktiencharts erzeugen.

6.3 So beschriften Sie Ihr Diagramm

Schon bei der Arbeit mit dem Diagrammassistenten können Sie für einige Beschriftungen sorgen: Sie können je einen Titel für das ganze Diagramm und für die Achsen eintragen.

Wenn Sie auch die einzelnen Elemente, z. B. die Säulen, beschriften wollen, müssen Sie schon beim Erstellen des Diagramms anders vorgehen.

Abb. 66:
Unser Beispiel-
Diagramm mit
Beschriftungen
für die Säulen

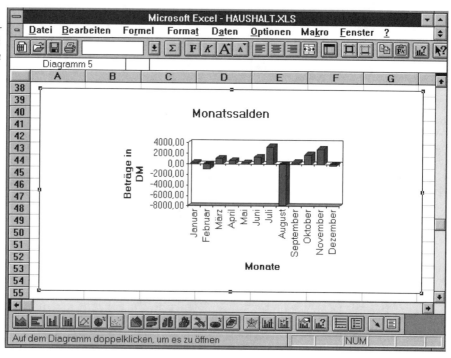

Bevor Sie den Assistenten starten, markieren Sie sowohl die Zellen, aus denen die Werte übernommen werden sollen als auch die Zellen, in denen die Namen für die einzelnen Säulen stehen. Bevor Sie das am Haushalts-Blatt ausprobieren, sollten Sie das alte Diagramm löschen.

154

Ein Diagramm aus dem Arbeitsblatt löschen

Dazu markieren Sie das Diagramm. Klicken Sie es einfach an. Das Diagramm wird durch einen Rahmen mit Anfassern hervorgehoben.

Drücken Sie die ⌈Rück⌉-Taste. Das Diagramm wird ohne weitere Nachfrage gelöscht!

Auch das Löschen eines Diagramms kann rückgängig gemacht werden. Wählen Sie den Befehl "Rückgängig: Inhalte löschen" aus dem Menü "Bearbeiten".

Mehrere Bereiche auf einmal markieren

Jetzt markieren Sie die beiden Bereiche, deren Inhalte in das Diagramm übernommen werden sollen:

1. Verschieben Sie den sichtbaren Ausschnitt so, daß Sie die Zeile mit den Monatsnamen sehen können.

2. Markieren Sie die Zellen mit den Monatsnamen (im Beispiel: D2 bis O2).

3. Verschieben Sie den sichtbaren Ausschnitt so, daß Sie die Zeile mit den Salden sehen können (im Beispiel: Zeile 35).

4. Drücken Sie die ⌈Strg⌉-Taste und halten Sie diese Taste gedrückt.

5. Markieren Sie jetzt die Zeile mit den Salden (im Beispiel: D35 bis O35).

6. Beide Bereiche sind markiert. Sie können die ⌈Strg⌉-Taste loslassen.

Klicken Sie auf das Symbol für den Diagrammassistenten (es ist die zweite Schaltfläche von rechts in der Symbolleiste).

Zeichnen Sie ein Rechteck für das Diagramm an. Die erste Dialogbox des Diagrammassistenten wird geöffnet. Im Eingabefeld sehen Sie jetzt folgende Bereichsangabe:

```
=$D$2:$O$2;$D$35:$O$35
```

Der Diagrammassistent benutzt jetzt beide markierten Bereiche. das Semikolon (;) bedeutet, daß eine Liste aus zwei Bereichen benutzt wird.

Jetzt können Sie noch einmal alle Schritte des Assistenten durchgehen. Sie werden feststellen, daß die Monatsnamen automatisch als Beschriftung für die einzelnen Säulen benutzt werden.

6.4 Andere Farben, anderes Aussehen

Weitere Verschönerungen am Diagramm können Sie leider nicht mehr mit Hilfe des Diagrammassistenten durchführen. Im Gegenteil: Sie müssen in das spezielle Diagramm-Modul von Excel umschalten. Dann stehen Ihnen allerdings fast unbegrenzte Möglichkeiten zur Verfügung.

Ich möchte Sie warnen: Experimente mit Verschönerungen an Diagrammen sind sehr zeitaufwendig - und machen süchtig!

Sie können derart intensiv herumspielen, daß das eigentliche Ziel der Aktion - ein Diagramm aussagefähiger zu machen - schnell aus dem Blickfeld gerät. Tun Sie sich selbst einen Gefallen, beschränken Sie sich auf das Notwendigste!

So schalten Sie zum Diagramm-Modul um

Ist das Diagramm markiert, brauchen Sie nur einen Doppelklick auf das Diagramm auszuführen. Damit schalten Sie automatisch in das Diagramm-Modul um. Daß diese Aktion geklappt hat, erkennen Sie an zwei Dingen:

* Es sind weniger und teilweise andere Namen in der Menüleiste.

* Das Diagramm erscheint in einem eigenen Fenster mit einer eigenen Titelleiste.

Wie groß dieses Fenster ist, hängt davon ab, wie groß das Fenster der Tabelle war. Wenn das Tabellenfenster auf volle Größe vergrößert wurde, wird auch das Diagrammfenster volle Größe annehmen. War das Tabellenfenster auf normale Größe eingestellt, wird das Fenster, das beim Umschalten in das Diagramm-Modul entsteht, genauso groß sein wie das Rechteck, das Sie für das Diagramm angezeichnet hatten.

Ist dies der Fall, sollten Sie das Diagrammfenster gleich auf volle Größe bringen. Klicken Sie auf die Schaltfläche mit dem nach oben zeigenden Dreieck am rechten Ende der Titelleiste des Diagrammfensters.

Abb. 67: So sieht Ihr Diagramm im Fenster des Diagramm-Moduls aus, das auf volle Größe gebracht wurde

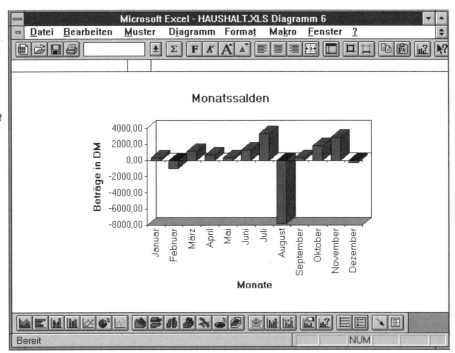

Elemente auswählen

Ein solches Diagramm setzt sich aus einer Reihe von Elementen zusammen, für die Excel jeweils einen festen Begriff verwendet. Welches Element welchen Namen trägt, können Sie leicht herausfinden: Wenn Sie auf ein Element (oder ein Teil des Diagramms, das Sie für ein Element halten) klicken, wird es markiert - am rechten Ende der Bearbeitungszeile erscheint der offizielle Name für dieses Element.

157

Klicken Sie z. B. auf den Titel des Diagramms ("Monatssalden"). Die Fläche, auf der das Wort steht, wird durch acht quadratische, weiße Anfasser markiert. In der linken Hälfte der Bearbeitungszeile erscheint der Name dieses Elements: "Titel".

In der rechten Hälfte wird der Inhalt des Elements angezeigt. Hier: "Monatssalden".

Diese Darstellungsweise entspricht eigentlich genau dem, was Sie aus der Tabelle kennen. In der Bearbeitungszeile wird links die Adresse der Zelle angezeigt und rechts daneben der Inhalt der Zelle.

Abb. 68: Ein Element im Diagramm - seine Name und sein Inhalt in der Bearbeitungszeile

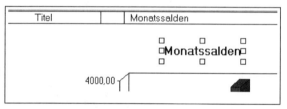

Beschriftungen ändern

Wissen Sie noch, wie man den Inhalt einer Zelle ändern kann? Genauso kann der Inhalt eines Elements geändert werden. Ändern Sie z. B. den Titel des Diagramms:

1. Klicken Sie auf den Titel (im Beispiel: "Monatssalden") - der Bereich wird durch weiße Anfasser markiert, der Inhalt erscheint in der Bearbeitungszeile.

2. Klicken Sie mit dem Mauszeiger in die Bearbeitungszeile - diese wird aktiviert und die beiden Schaltflächen (rotes Kreuz und grünes Häkchen) erscheinen.

3. Löschen Sie das Wort: Markieren Sie das Wort durch Überstreichen mit dem Textcursor vom letzten Buchstaben bis zum ersten und drücken Sie die [Rück]-Taste.

4. Tippen Sie in die nun leere Bearbeitungszeile "Plus und Minus" ein.

158

5. Bestätigen Sie die Änderung durch Anklicken der Schaltfläche mit dem grünen Häkchen oder einen Druck auf die `Enter`-Taste.

Beschriftungen löschen

Und wie wird eine solche Beschriftung gelöscht? Genauso wie ein Zellinhalt in der Tabelle. Sie steuern das Textelement, die Beschriftung, an und drücken die `Rück`-Taste. Dadurch wird die Bearbeitungszeile aktiviert, die allerdings leer ist. Mit der `Enter`-Taste bestätigen Sie das Löschen.

Im Diagramm-Modul können Sie noch schneller löschen. Markieren Sie das zu löschende Element und drücken Sie die `Entf`-Taste. Das Element wird ohne weitere Nachfrage gelöscht.

Löschen Sie auf diese Weise die Beschriftung der X-Achse ("Monate") und der Y-Achse ("Beträge in DM") - sofern vorhanden.

Beschriftungen hinzufügen

Excel verwaltet ganz bestimmte Beschriftungen auf besondere Art und Weise und nennt diese "zugeordneten Text". Folgerichtig gibt es einen Befehl "Text zuordnen..." im Menü "Diagramm". Dieser bringt eine Dialogbox auf den Bildschirm, mit der Sie festlegen können, welches Beschriftungselement hinzugefügt werden soll.

Abb. 69: So wählen Sie aus, welche Beschriftung hinzugefügt werden soll

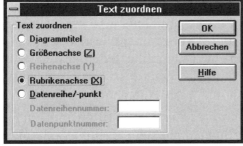

Sie könnten jetzt z. B. der X-Achse (in der Dialogbox heißt sie "Rubrikenachse (X)") wieder eine Beschriftung zuordnen. Gehen Sie folgendermaßen vor:

159

1. Wählen Sie den Befehl "Text zuordnen..." aus dem Menü "Diagramm".

2. Klicken Sie auf den Knopf "Rubrikenachse (X)" in der Dialogbox.

3. Schließen Sie die Dialogbox mit einem Klick auf "OK". Wenn Sie genau hinschauen, werden Sie jetzt ein neues Textelement unterhalb des Diagramms sehen. Es enthält nur den Buchstaben X. In der Bearbeitungszeile wird der Name des Elements ("Achsentext2") und der Inhalt ("X") angezeigt.

Wenn Sie jetzt in die Bearbeitungszeile klicken und diese aktivieren, können Sie aus dem schlichten "X" ein interessanteres "Monate" machen. Vergessen Sie nicht, die Änderung mit einem Druck auf die ⌐Enter⌐-Taste zu bestätigen.

Solche festen Textelemente können weder verschoben noch in der Größe verändert werden. Excel bringt sie immer an bestimmten Stellen des Diagramms an und verschiebt sie automatisch, wenn sich die Größe, Form und Lage des Diagramms ändert.

Sie können den zwei bzw. drei Achsen eine Beschriftung zuordnen, dem ganzen Diagramm einen Titel und den einzelnen Diagramm-elementen, die die Werte darstellen. Letzteres ist nicht ganz einfach.

Fachchinesisch

Excel arbeitet mit dem Begriff "Datenreihe" - damit ist ein Block Werte gemeint, der im Zusammenhang dargestellt wird. In unserem Beispiel sind die einzelnen Werte für das Monatssaldo zusammengesehen eine Datenreihe. Jeder einzelne Wert in einer Datenreihe ergibt dann - so nennt Excel das - einen Datenpunkt.

Wollen Sie nur eine einzelne Säule beschriften, müssen Sie wieder den Befehl "Text zuordnen..." aus dem Menü "Diagramm" wählen. In der Dialogbox klicken Sie den Knopf "Datenreihe/-punkt" an. Dann tragen Sie bei "Datenreihennummer" eine 1 ein (es gibt nur eine Datenreihe!) und bei "Datenpunktnummer" geben Sie die Laufnummer der Säule an, die Sie beschriften möchten (von links nach rechts gezählt). Schließen Sie die Box mit "OK", wird die Beschriftung an der

160

Säule erscheinen - als Inhalt werden Sie erstaunt zur Kenntnis
nehmen, daß es sich genau um den Wert handelt, den die Säule
darstellt.

Weitere Einzelheiten zur Beschriftung von Diagrammen finden Sie in
Kapitel 6.3.

Legende hinzufügen

Die Legende in einem Diagramm erklärt, welche Farbe welche
Kategorie darstellt. In unserem Beispiel ist das mangels verschiedener
Farben nicht nötig und sinnvoll. Wenn Sie mehrere Kategorien
vergleichen, wählen Sie einfach den Befehl "Legende einfügen" im
Menü "Diagramm". Die Legende wird automatisch erzeugt und
plaziert.

Sie erscheint gleich markiert und kann dann verschoben werden.
Dazu fassen Sie die ganze Legendenfläche an.

Gelöscht wird eine Legende auf die übliche Art und Weise: Sie
klicken die Legende an, so daß sie durch einen Rahmen mit
Anfassern markiert erscheint und drücken Sie dann die ⎡Entf⎤-Taste.

Pfeile hinzufügen

Wollen Sie ein bestimmtes Element - z. B. ein besonders negatives
Monatssaldo in unserem Beispieldiagramm - hervorheben, können
Sie mit einem Pfeil darauf hinweisen.

Wählen Sie den Befehl "Pfeil einfügen" im Menü "Diagramm". Es
erscheint ein Pfeil, der durch zwei quadratische Anfasser markiert ist.
Sie können den Endpunkt - also das Ende mit dem Pfeil - mit dem
dort angebrachten Anfasser verschieben. Der Anfangspunkt bleibt an
Ort und Stelle. Auch den Anfangspunkt können Sie an seinem
Anfasser verschieben.

Möchten Sie den ganzen Pfeil verschieben, fassen Sie die Pfeillinie an.
Sie wissen noch, was Anfassen und Verschieben bedeutet? Ein
Beispiel:

1. Wählen Sie den Befehl "Pfeil einfügen" aus dem Menü "Diagramm".

2. Setzen Sie den Mauszeiger auf den schwarzen, quadratischen Anfasser am Endpunkt des Pfeils - dahin, wo die Pfeilspitze angebracht ist.

3. Drücken Sie die Maustaste und halten Sie diese gedrückt.

4. Verschieben Sie den Anfasser mit festgehaltener Maustaste an die gewünschte Position.

5. Lassen Sie die Maustaste los.

Ein Pfeil wird gelöscht, indem Sie ihn durch Anklicken der Pfeillinie markieren (die Anfasser werden erscheinen) und dann die Taste ⌜Entf⌟ drücken.

Sie können beliebig viele Pfeile in ein Diagramm einfügen. Allerdings können Sie einen Pfeil nur einfügen, wenn gerade kein anderer markiert ist. Wie kriegen Sie die Markierung an einem Pfeil weg? Indem Sie irgendwoanders im Diagramm klicken.

Zusätzlichen Text hinzufügen

Solch ein Pfeil alleine ist nicht besonders informativ. Schön wäre es, wenn am Anfangspunkt ein Text angebracht werden könnte, der erläutert, warum dieser Pfeil auf etwas zeigt. Nicht nur in diesem Fall können Sie - zusätzlich zu den Beschriftungen - weitere Textelemente hinzufügen:

1. Achten Sie darauf, daß keines der festen Textelemente (Titel, Achsenbeschriftungen) markiert ist, Ist das der Fall, klicken Sie einfach irgendwo in die freie Fläche außerhalb des Diagramms. Dadurch wird eine eventuell vorhandene Markierung aufgehoben.

2. Klicken Sie in die leere Bearbeitungszeile, sie wird dadurch aktiviert.

3. Tippen Sie den gewünschten Text ein - im Beispiel könnten Sie eingeben: "Unser Urlaubsmonat". Bestätigen Sie die Eingabe mit einem Druck auf die ⌐Enter⌐-Taste.

Mitten im Diagramm selbst wird das neue Textelement eingefügt. Es erscheint durch acht schwarze, quadratische Anfasser markiert. Sie können das Textelement jetzt auf übliche Weise an die gewünschte Position verschieben. Fassen Sie die ganze Textfläche dazu an. Beim Verschieben wird das Textelement durch einen Rahmen dargestellt - der eigentliche Text bleibt so lange an Ort und Stelle, bis Sie die Maustaste nach dem Verschieben loslassen.

Abb. 70: So wird ein Diagramm mit einem Pfeil und zusätzlichem Text versehen

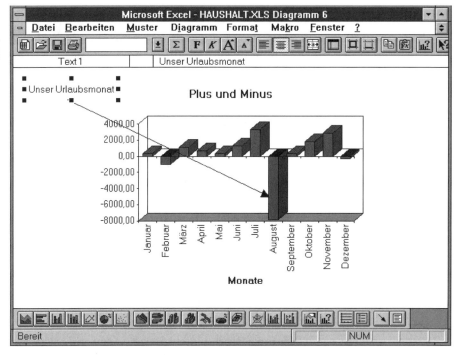

Gelöscht wird ein solches Textelement wie üblich: Markieren und ⌐Entf⌐-Taste drücken.

Farben verändern

Grundsätzlich gilt: Erst markieren, dann operieren. Wollen Sie eine Eigenschaft eines Elements ändern, müssen Sie es vorher durch

163

Anklicken markieren. Sie können sich einmal die Mühe machen, nach und nach auf die verschiedenen Teile des Diagramms zu klicken. In der linken Hälfte der Bearbeitungszeile wird jeweils gezeigt, wie das angeklickte Element heißt.

Klicken Sie z. B. auf eine der Säulen im Beispieldiagramm, wird in der Bearbeitungszeile links ganz lapidar "R1" stehen. Das heißt: Sie haben eines der Elemente angeklickt, das zur Datenreihe Nummer 1 gehört. Übrigens: In der rechten Hälfte der Bearbeitungszeile erscheint in diesem Fall eine ziemlich komplizierte Formel - Sie zeigt an, welche Daten aus der Tabelle hier in Säulen umgewandelt wurden.

Möchten Sie die Farbe der Säulen ändern, klicken Sie eine der Säulen an. In der Bearbeitungszeile sollte jetzt ein R und die Nummer der Datenreihe erscheinen. Nun wählen Sie den Befehl "Muster..." aus dem Menü "Format". Die folgende Dialogbox erscheint:

Abb. 71: Mit dieser Dialogbox bestimmen Sie die Farbe der Säulen im Diagramm

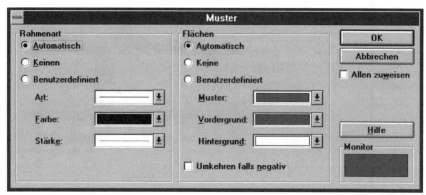

Der mittlere Bereich der Box ist mit dem Begriff "Flächen" gekennzeichnet. Darunter befinden sich drei Knöpfe. Normalerweise ist der Knopf "Automatisch" gedrückt. Das bedeutet, daß Excel selbst entschieden hat, welche Farbe die Säulen haben sollen.

Klicken Sie auf "Keine" und dann auf "OK", werden die Flächen der Säulen gar keine Farbe mehr enthalten, sie erscheinen durchsichtig.

Möchten Sie selbst die Farbe bestimmen, müssen Sie zuerst den Knopf "Benutzerdefiniert" anklicken. Mit den drei Feldern "Muster", "Vordergrund" und "Hintergrund" bestimmen Sie dann die Farbe.

Klicken Sie einmal auf die Schaltfläche mit dem Pfeil, die rechts am Feld "Muster" angebracht ist. Eine Liste klappt auf, die Ihnen alle möglichen Musterungen und Schraffuren anbietet.

Fachchinesisch

Excel versteht jede Flächenfärbung als Muster zweier Farben. Die Farbe, die den Untergrund bildet, heißt "Hintergrundfarbe"; die Farbe, die das Muster bildet, heißt "Vordergrundfarbe". Möchten Sie z. B. rote Schrägstriche auf gelbem Grund, wählen Sie zuerst Gelb als Hintergrund- und Rot als Vordergrundfarbe. Dann suchen Sie sich die gewünschte Schraffur bzw. das gewünschte Muster aus.

Die oberste Zeile der Liste heißt intern "Vollton". Das bedeutet, daß das gewählte Element mit der Vordergrundfarbe ausgefüllt wird. Wählen Sie diese Zeile durch Anklicken an. Dadurch schließt sich die Liste wieder. Öffnen Sie nun die Liste "Vordergrund", indem Sie auf die Schaltfläche mit dem Pfeil am rechten Rand der Liste klicken. Nun stehen Ihnen alle Farben zur Auswahl, die verwendet werden können. Suchen Sie Ihre Lieblingsfarbe aus und klicken Sie auf das Feld mit dieser Farbe. Die Liste schließt sich - Ihre gewählte Farbe erscheint im Feld "Vordergrund".

Wenn Sie jetzt die Dialogbox mit einem Klick auf "OK" schließen, werden die markierten Elemente - in unserem Beispiel die Säulen - in der gewählten Farbe erscheinen.

Haben Sie es sich anders überlegt, und möchten Sie wieder die ursprüngliche Farbe haben, markieren Sie das Element erneut und wählen Sie wieder den Befehl "Muster..." aus dem Menü "Format". Klicken Sie in der Dialogbox auf den Knopf "Automatisch" im Bereich "Flächen" und schließen Sie die Box mit einem Klick auf "OK".

Die ursprüngliche Farbe erhalten Sie durch den Befehl "Format/Muster".

165

Mit dieser Methode können Sie überall in Excel Änderungen der
Farbe erzielen. Sie können auf diese Art die Farbe von Text- und
anderen Diagrammelementen ändern, aber auch die Farbe von Text
und Zahlen in der Tabelle. Auch die Farbe von Zellenflächen läßt sich
so einstellen.

So kommen Sie zurück zum Arbeitsblatt

Das Diagrammfenster ist auf volle Größe gebracht, Ihre Tabelle nicht
sichtbar. Wie kommen Sie jetzt zum Arbeitsblatt zurück? Ganz
einfach: indem Sie das Diagrammfenster schließen. Das geht am
schnellsten mit einem Doppelklick auf das Systemmenü des
Diagramm-Fensters.

Das Systemmenü des Diagrammfensters ist das Quadrat mit dem
Minuszeichen, das in der Menüleiste direkt neben dem Menünamen
"Datei" angezeigt wird.

Achten Sie beim Schließen des Fensters darauf, daß Sie wirklich das
Systemmenü des Diagrammfensters erwischen. Wenn Sie versehentlich auf das Systemmenü des Programmfensters doppelklicken, wird
versucht, Excel zu beenden. Sie bekommen eine Meldung auf den
Bildschirm, ob das aktuelle Arbeitsblatt vor dem Schließen gespeichert werden soll. Klicken Sie in dieser Meldungsbox auf
die Schaltfläche "Abbrechen". Sie kehren zum
Diagrammfenster zurück und Sie können noch einmal
versuchen, dieses Fenster ordnungsgemäß zu schließen.

Das Diagrammfenster
wird durch das
Systemmenü dieses
Fensters geschlossen.

Im Arbeitsblatt finden Sie das Diagramm in seinem angezeichneten
Rahmen vor. Und zwar in der Fassung, die Sie im Diagramm-Modul
erarbeitet haben. Man sagt: Das Diagramm wird automatisch aktualisiert.

Dieses Aktualisieren geht noch weiter. Wenn Sie einen der Werte in
der Tabelle ändern, der im Diagramm optisch umgesetzt wird, ändert
sich automatisch auch das Diagramm.

6.5 Mögliche Fehler beim Erstellen von Diagrammen

Beim Erstellen eines Diagramms können Sie eigentlich überhaupt keinen schweren Fehler begehen. Ist irgendetwas schiefgegangen, löschen Sie einfach das Diagramm mit den Macken aus dem Arbeitsblatt - und versuchen Sie es noch einmal von Anfang an. Das ist meistens auch der schnellste Weg, verunstaltete Diagramme wieder hinzukriegen.

Und noch einmal eine Warnung: Sie können mit dem Erstellen und Verschönern von Diagrammen Stunden über Stunden verbringen. Das ist nicht schlimm, wenn Sie genug Zeit für solche Spielereien übrig haben. Geht es Ihnen aber um die vernünftige, klare Darstellung von Werten, schränken Sie Ihre Experimente auf das Nötigste ein. Die vom Diagrammassistenten erzeugten Diagramme sind sowieso meistens die besten.

Ich habe vor dem Starten des Diagrammassistenten vergessen, einen Bereich zu markieren

Kein Problem. In der ersten Dialogbox des Diagrammassistenten werden Sie in diesem Fall nur die Adresse der zuletzt angesteuerten Zelle finden. Und aus der könnten Sie kein Diagramm machen. Es ist jetzt aber möglich, den umzusetzenden Bereich nachträglich zu zeigen.

Lassen Sie die erste Dialogbox des Diagrammassistenten einfach geöffnet. Verschieben Sie jetzt den sichtbaren Ausschnitt des Arbeits-fensters mit Hilfe der Rollbalken so, daß Sie die Zellen sehen können, die Sie markieren möchten. Markieren Sie die gewünschten Zellen. Die Adressen werden jeweils im Eingabefeld der Dialogbox angezeigt.

Haben Sie die richtigen Bereiche markiert und erscheinen deren Adressen in der Dialogbox, können Sie die Arbeit mit dem Diagrammassistenten wie gewohnt fortsetzen.

Ich habe vergessen, den Bereich für die Namen zu markieren

Sie wollen aus den Werten eines Bereichs ein Diagramm erzeugen und die Texte eines anderen Bereichs als Beschriftung benutzen. Ist Ihnen das vor dem Starten des Diagramm-Assisten klargeworden,

167

markieren Sie einfach beide Bereiche vor dem Start. Dazu markieren Sie erst den einen Bereich, drücken dann die `Strg`-Taste und halten diese gedrückt, während Sie den zweiten Bereich markieren.

Nachträglich geht das auch:

1. Klicken Sie in der Dialogbox des Diagrammassistenten, in der Sie gerade gelandet sind, auf die Schaltfläche " | <"; dadurch kommen Sie zur ersten Dialogbox zurück.

2. Bringen Sie den Mauszeiger in das Feld "Bereich"; er wird als senkrechter Strich mit gegabelten Enden angezeigt.

3. Klicken Sie rechts neben das Gleichheitszeichen, so daß dort ein Textcursor blinkt.

4. Verschieben Sie den sichtbaren Ausschnitt mit Hilfe der Rollbalken so, daß Sie die Zellen sehen können, aus denen die Beschriftungen entnommen werden sollen.

5. Markieren Sie den Bereich mit den Zellen, deren Inhalte als Beschriftungen benutzt werden sollen. Die Adresse wird im Feld "Bereich" der Dialogbox eingefügt.

6. Klicken Sie in der Dialogbox auf "Weiter >".

7. Klicken Sie in der zweiten Dialogbox des Diagrammassistenten auf den Knopf "Rubriken-/X-Achsenbeschriftung" bei "Verwenden Sie die erste Zeile als".

8. Klicken Sie auf "OK".

Ich kann meine Tabelle nicht mehr sehen, das Diagramm verdeckt sie!

Ein Diagramm kann an eine beliebige Stelle in einem Arbeitsblatt eingeklebt werden - also leider auch über beschriebene Zellen. Manchmal ist das ganz sinnvoll, meistens aber nicht. Haben Sie versehentlich ein Rechteck für das Diagramm im Bereich benutzter Zellen angezeichnet, wird das Diagramm dort angezeigt.

Das fertige Diagramm können Sie aber jederzeit verschieben. Dazu markieren Sie es mit einem Klick auf die Diagrammfläche. Es erscheint durch acht Anfasser markiert. Fassen Sie die Diagrammfläche an und verschieben Sie das Diagramm.

Sie können auch direkt in den nicht sichtbaren Teil des Arbeitsblatts schieben - sobald Sie beim Verschieben an einen der Fensterränder stoßen, wird der sichtbare Ausschnitt entsprechend bewegt.

Ich möchte Schönheitskorrekturen am Diagramm vornehmen - wie geht das?

Alle Verfeinerungen an einem Diagramm müssen im speziellen Diagramm-Modul von Excel vorgenommen werden. Das erreichen Sie, indem Sie einen Doppelklick auf ein Diagramm ausführen.

Im Diagramm-Modul werden Sie eine zusätzliche Symbolleiste am unteren Fensterrand vorfinden. Außerdem werden weniger und andere Namen im Menü erscheinen.

Aus dem Diagramm-Modul kommen Sie ins Arbeitsblatt zurück, indem Sie das Diagrammfenster schließen. das geht am einfachsten mit einem Doppelklick auf das Systemmenü des Diagrammfensters.

7. *Schönheitskorrekturen an Tabellen und Diagrammen*

Ein Arbeitsblatt, das Sie so wie in Kapitel 5 beschrieben erstellt und nach den Empfehlungen des Kapitels 6 mit einem Diagramm ausgestattet haben, ist sozusagen erst der Rohdiamant, den es noch zu schleifen gilt. Sie sehen ja selbst: Die Überschriften in den Spalten A, B und C verdecken sich teilweise, die Zeilen mit den Summen, die man ja auf den ersten Blick identifizieren möchte, gehen völlig unter usw.

Das folgende Kapitel zeigt Ihnen alle wichtigen Methoden, mit denen Sie ein Arbeitsblatt verschönern können. Wozu ist das eigentlich wichtig?

Es gibt zwei Antworten auf diese Frage: Einerseits dienen alle Verschönerungen der besseren Übersicht am Bildschirm. Wenn Sie eine Tabelle erstellt haben, möchten Sie damit natürlich rationell und bequem arbeiten.

Und das geht nur, wenn Sie die Stellen, an denen etwas einzugeben ist, von den Zellen, in denen Ergebnisse erscheinen, rasch unterscheiden können.

Schönheitskorrekturen machen Ausdrucke übersichtlich

Ein zweiter Aspekt: Oft werden Sie Tabellen erstellen, die dazu dienen, anderen Menschen wichtige Informationen zu vermitteln. Und dazu werden Sie das Ergebnis Ihrer Bemühungen - das Arbeitsblatt eben - vermutlich ausdrucken (siehe Kapitel 8).

Ein solcher Ausdruck sollte dann wieder übersichtlich und vor allem optisch ansprechend sein. Nur dann wird der Betrachter Ihrer ausgedruckten Arbeitsblätter überhaupt bereit und willens sein, sich das Zahlenmaterial anzuschauen.

Es ist gar nicht so schwer, Excel-Arbeitsblätter mit einfachen Mitteln zu verschönern. Das liegt daran, daß Sie bei der Arbeit mit Excel von den Möglichkeiten der Gestaltung profitieren, die schon in der Windows-Oberfläche stecken. Das beginnt bei der Auswahl verschiedener Schriften und hört bei den bunten Farben für Texte, Zahlen, Zellen und Rahmen noch nicht auf.

Vorsicht! Farbe

Apropos Farbe: Vergessen Sie nicht, daß die feinste Farbgestaltung wenig bringt, wenn Sie nicht über einen Farbdrucker verfügen!

Wie Sie farbig gestaltete Arbeitsblätter auf einem Schwarzweißdrucker annehmbar zu Papier bringen können, erfahren Sie in Kapitel 8.6.

7.1 Eine andere Schrift wäre schöner

Sie können selbst bestimmen, wie die Schrift aussehen soll, mit der Zahlen und Texte in der Tabelle sowie Textelemente im Diagramm dargestellt werden. Wenn Sie sich um dieses Thema - Welche Schrift? - nicht kümmern, wird Excel für alle Texte und Zahlen eine festgelegte Standardschrift in einer festen Größe mit einem bestimmten Aussehen verwenden.

Das ist oft gar nicht mal der schlechteste Fall. Allerdings wird eine übersichtliche Gestaltung erst durch verschiedene Schriftgrößen und z. B. den Einsatz von Fettschrift möglich.

Welche Schriftarten gibt es?

Ich möchte Ihnen zunächst einmal zeigen, wie Sie herausfinden, welche Schriftarten Sie überhaupt benutzen können und wie diese aussehen. Dazu sollen Sie die Schriftart, die bisher für alle Texte und Zahlen in der Tabelle benutzt wird, ändern.

Wissen Sie noch, welcher Grundsatz beim Ändern von Dingen in einer Excel-Tabelle gilt? Richtig: Erst markieren, dann operieren! Und da Sie eine Eigenschaft ändern wollen, die momentan für alle Zellen der Tabelle gilt, müssen Sie als erstes einmal alle Zellen des Blatts markieren. Stellen Sie sich vor, Sie müßten jetzt von A1 bis IV 16384 alles von Hand markieren. Glücklicherweise ist das nicht nötig. Sie können alle Zellen eines Arbeitsblatts mit einem einzigen Klick markieren. Zuständig ist die Schaltfläche in der oberen linken Ecke der Tabelle - an der Stelle, an der die Leiste mit den Zeilenkoordinaten auf die Leiste mit den Spaltenkoordinaten trifft. Klicken Sie diese Schaltfläche an - alle Zellen des Arbeitsblatts werden markiert.

Abb. 72: Ein Klick auf die Schaltfläche, und alle Zellen werden markiert

Im Menü "Format", das Sie im Verlaufe dieses Kapitels sehr häufig öffnen werden, finden Sie den Befehl "Schriftart...". Wählen Sie ihn jetzt bitte an. Das bringt eine komplizierte Dialogbox auf den Bildschirm, mit der Sie alle Änderungen der Schrift vornehmen können.

Abb. 73: Mit dieser Dialogbox legen Sie fest, wie die Schrift aussehen soll

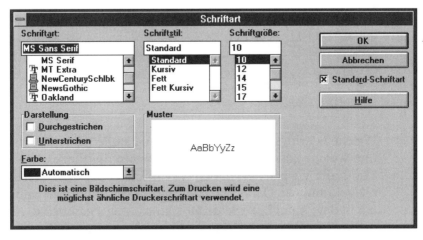

Betrachten Sie zunächst einmal nur das Listenfeld ganz links, das mit dem Namen "Schriftart" versehen ist. Was ist eine Schriftart? Nun. Sie haben sicher schon bemerkt, daß Schriften ganz verschieden aussehen können. Denken Sie einmal an den Unterschied zwischen der

173

Schrift in einer Zeitschrift und der Schrift auf einem Verkehrszeichen. Der Hauptunterschied zwischen den Schriften besteht darin, ob die Linien, aus denen sich ein Buchstabe zusammensetzt, stumpf auslaufen oder mit kleinen Schwüngen versehen sind.

Fachchinesisch

Die kleine Häkchen an den Enden der Linien, aus denen sich ein Buchstabe zusammensetzt, heißen Serifen. Man kann alle Schriften in solche mit und solche ohne Serifen einteilen. Die bekannteste Schrift mit Serifen ist sicher die Times, als prominenteste unter den serifenlosen Schriften muß die Helvetica bezeichnet werden.

Es gibt natürlich noch mehr Unterschiede; schließlich beschäftigt sich ein Heer spezialisierter Grafik-Designer mit nichts anderem als dem Entwerfen von Schriften.

Wenn Sie mit einem Programm wie Excel arbeiten, das die Möglichkeiten der Windows-Oberfläche benutzt, haben Sie den großen Vorteil, daß verschiedene Schriften am Bildschirm auch unterschiedlich aussehen. Sie können deshalb am Bildschirm schon sehen, wie eine Schrift später beim Drucken aussehen wird.

Abb. 74: Die Liste der verfügbaren Schriftarten in der Dialogbox "Schriftart"

Welche Schriften Ihnen zur Verfügung stehen, hängt davon ab, ob und welche zusätzlichen Schriften Sie auf der Festplatte in Ihrem Computer gespeichert haben. Vermutlich haben Sie sich darum noch nie gekümmert. Dann wird eine ganz bestimmte Auswahl an Schriften in der Dialogbox "Schriftart" angeboten - nämlich die Schriften, die fest zur Windows-Oberfläche gehören.

Sie können jetzt einmal die Liste durchblättern, die mehr oder weniger lang sein kann. Vielleicht fällt Ihnen auf, daß vor den Schriftartnamen gelegentlich ein Symbol angezeigt wird. Dieses

Symbol sagt etwas darüber aus, ob die jeweilige Schrift sich gut, weniger gut oder gar nicht für das Ausdrucken eignet.

Grundsätzlich gilt:

TT   •   Schriften mit diesem Symbol (es steht für TrueType) sehen beim Drucken immer gut aus.

    •   Schriften mit diesem Symbol sehen beim Drucken auf einem bestimmten Drucker sehr gut aus. Sie werden nur dann Schriften mit diesem Symbol in der Liste finden, wenn Sie irgendwann einmal die zu Ihrem Drucker mitgelieferten Schriften installiert haben oder wenn dies jemand anderes für Sie erledigt hat.

    •   Schriften ohne Symbol sehen nur am Bildschirm gut aus. Beim Drucken können Sie unangenehme Überraschungen erleben.

Beschränken Sie sich auf Schriften mit dem TrueType-Symbol. Das stellt sicher, daß Schrift am Bildschirm und beim Druck gut aussieht. Verwenden Sie Schriften mit dem Drucker-Symbol nur, wenn Sie sicher sind, daß es sich um Schriften handelt, die tatsächlich zu dem Drucker gehören, der an Ihrem Computer angeschlossen ist!

Überprüfen Sie durch einen Testdruck, welche Schriften sich am besten für Ihren Drucker eignen.

Genug der Vorrede: Wählen Sie jetzt einmal die Schrift an, die ziemlich weit oben in der Liste aufgeführt wird und den Namen "Arial" trägt. Diese Schrift wird mit 99%iger Sicherheit auch auf Ihrem Computer zur Verfügung stehen. Falls Sie diese Schrift nicht finden, belassen Sie es bei der Schrift, die zur Zeit ausgewählt ist.

Sobald Sie den Namen in der Liste anklicken, wird ein Schriftmuster in dem großen Feld "Muster" in dieser Dialogbox angezeigt.

Schließen Sie die Dialogbox mit einem Klick auf "OK". Sie werden möglicherweise keine sichtbare Veränderung am Schriftbild in der Tabelle feststellen. Das liegt dann daran, daß entweder schon vor der Änderung die Schrift "Arial" gewählt war, oder daß diese Schrift der zuvor benutzten sehr ähnlich sieht.

So stellen Sie die Schriftgröße ein

So, jetzt soll die Hauptüberschrift der Tabelle richtig schön groß gemacht werden. Sie müssen dazu die Schriftgröße verändern. Aber: Erst markieren, dann operieren!

Markieren Sie die Zelle A1. Dort sollte der Text für die Hauptüberschrift ("Haushaltsbuch...") untergebracht sein. Fällt Ihnen etwas auf? Der Text wird dieser Zelle zugeordnet, auch wenn er viel länger ist als die Zelle breit. Sie können sich vom Prinzip des ausgerollten Textes überzeugen, indem Sie einmal B1 ansteuern - diese Zelle ist aus Sicht von Excel leer, auch wenn Sie dort ein Stück der Hauptüberschrift sehen.

Für das Verändern von Schriftmerkmalen ist es wichtig, sich dieses Prinzip gut zu merken. Sie müssen jeweils die Zelle markieren, in der der Text untergebracht ist!

Wenn Sie A1 angesteuert haben, wählen Sie wieder den Befehl "Schriftart..." aus dem Menü "Format". Richten Sie Ihr Augenmerk dieses Mal auf das Listenfeld "Schriftgröße". Dort werden die möglichen Schriftgrößen aufgelistet.

Abb. 75: In dieser Liste wählen Sie die Schriftgröße aus

Welche Zahlen hier auftauchen, hängt von der gewählten Schriftart ab. Handelt es sich um eine Schrift, die mit dem TrueType-Symbol gekennzeichnet ist, werden Sie alle Werte zwischen 8 und 72 in Einerschritten, ab 12 in Zweierschritten und ab 28 in größeren Schritten vorfinden. Bei Schriften ohne Symbol wird manchmal nur eine oder nur wenige Größen zu finden sein. Bei den Druckerschriften ist es ganz unterschiedlich.

Fachchinesisch

Die Schriftgröße wird in der Maßeinheit "Punkt" angegeben. Dabei handelt es sich um eine traditionelle Maßeinheit aus dem Druckereigewerbe.

Für die Hauptüberschrift könnten Sie jetzt einmal den Wert 24 ausprobieren. Wählen Sie ihn an - wie die Schrift in dieser Größe aussieht, wird wieder im Feld "Muster" angezeigt. Schließen Sie die Dialogbox mit einem Klick auf "OK".

Sie sehen, in der Tabelle erscheint die Überschrift größer, die Höhe der Zeile wird automatisch an die veränderte Größe angepaßt.

Ich würde vorschlagen, Sie ändern jetzt auch die Schriftgröße für die Monatsnamen. Dabei müssen Sie nicht jede Zelle einzeln bearbeiten. Markieren Sie den Bereich mit den Monatsnamen und wählen Sie dann den Befehl "Schriftart..." aus dem Menü "Format". Für die Monatsnamen schlage ich die Größe 12 vor.

Fett, kursiv - und was es sonst so gibt

Nach dem gleichen Prinzip können Sie dafür sorgen, daß Schrift fett und/oder kursiv dargestellt wird. Die Hauptüberschrift und die Monatsnamen sollen jetzt in fetter Schrift erscheinen.

Dazu müssen Sie diese zuerst markieren:

1. Steuern Sie die Zelle A1 an (da sitzt die Hauptüberschrift).

2. Drücken Sie die ⌈Strg⌉-Taste und halten Sie diese gedrückt.

3. Markieren Sie jetzt die Zellen D2 bis O2 - die Monatsnamen.

4. Wählen Sie den Befehl "Schriftart..." aus dem Menü "Format".

Abb. 76: So stellen Sie ein, wie die Schrift aussehen soll

177

5. Klicken Sie auf den Eintrag "Fett" in der Liste "Schriftstil".

6. Schließen Sie die Dialogbox mit einem Klick auf "OK".

Die Hauptüberschrift und die Monatsnamen erscheinen in Fettschrift.

Es fällt Ihnen jetzt sicher nicht schwer, die Namen der einzelnen Posten (das, was in der Spalte C steht) in kursiver Schrift anzeigen zu lassen. Probieren Sie es!

Hat es geklappt? Wunderbar. Nur die Mühe mit dem Befehl "Schriftart..." hätten Sie sich gar nicht zu machen brauchen. Sind die betreffenden Zellen markiert, reicht auch ein Klick auf das passende Symbol in der Symbolleiste - dort gibt es eines mit einem schiefen K. Ein Klick auf diese Schaltfläche und die Schrift in den markierten Zellen wird kursiv dargestellt.

Abb. 77: Mit diesen Schaltflächen können Sie Schrift fett und kursiv setzen

Wollen Sie, daß kursive und/oder fette Schrift wieder "normal" aussieht, klicken Sie einfach erneut auf die entsprechende Schaltfläche. Ist eine Zelle angesteuert, deren Inhalt fett oder kursiv ist, erscheinen die Schaltflächen eingedrückt. Ein Klick darauf, und die Schaltfläche sieht wieder aus, als wäre sie nicht gedrückt.

Setzen Sie einmal mit Hilfe dieser Schaltflächen die Texte für die Kategorien der Abrechnung (z. B. "flexible Ausgaben") in fetter und kursiver Schrift. Die Überschriften "Ausgaben" und "Eingaben" sollen nur fett erscheinen.

Wie läuft der Text: linksbündig, zentriert oder rechtsbündig?

Excel ordnet Text in Zellen zunächst einmal immer linksbündig an. Das bedeutet, daß der Text ganz links in der Zelle beginnt und dann nach rechts ausgerollt wird. Bei Zahlen ist das anders, diese werden rechtsbündig ausgerichtet: Die Zahl sitzt so in der Zelle, daß sich die letzte Stelle ganz am rechten Rand der Zelle befindet.

Wie der Inhalt einer Zelle sitzt, wird durch die Ausrichtung bestimmt. Und diese können Sie ganz einfach mit drei der vier Schaltflächen in der Symbolleiste bestimmen.

Abb. 78: *Mit diesen Schaltflächen legen Sie fest,*
wie Zellinhalte ausgerichtet werden

Sie können für die markierten Zellen bestimmen, ob der Inhalt rechts- oder linksbündig angeordnet oder ob er zentriert werden soll. Zentriert heißt: Der Inhalt wird so in die Zelle gesetzt, daß links und rechts gleich viel Platz frei bleibt. Das funktioniert bei Text nur, wenn er ganz in seine Zelle paßt!

Setzen Sie einmal die Monatsnamen rechtsbündig. Wenn Sie möchten, können Sie auch andere Zellen anders ausrichten.

Mit den Knöpfen in der Dialogbox des Befehls "Ausrichtung..." im Menü "Format" können Sie die Ausrichtung von Text und Zahlen noch vielfältiger gestalten. Aber das ist meist nur in ganz bestimmten Fällen sinnvoll.

Texte gestalten in Diagrammen

Auch wenn Sie sich im Diagramm-Modul befinden, gibt es einen Befehl "Schriftart..." im Menü "Format". Er steht allerdings nur dann zur Wahl, wenn ein Textelement markiert ist. Dann bringt er die gleiche Dialogbox auf den Bildschirm, die Sie eben schon kennengelernt haben.

Die Einstellmöglichkeiten sind völlig identisch. Da es allerdings weder Spaltenbreiten noch Zeilenhöhen gibt, entfällt das Anpassen nach Änderungen an der Schriftgröße. Wenn ein Textelement durch eine größere Schrift länger wird, dann wird einfach die Textfläche auseinandergezogen. Das führt aber oft dazu, daß der Text andere Diagrammelemente überlagert.

Sie können dafür sorgen, daß Text in einem Element auf mehrere Zeilen verteilt wird. Markieren Sie das Textelement und fassen Sie den unteren rechten Anfasser an. Schieben Sie ihn so nach links

179

unten, daß die gewünschte Breite und Höhe für das Textelement erreicht ist. Lassen Sie die Maustaste nach dem Ziehen los, wird der Text in der neu angezeichneten Textfläche verteilt.

Text in Diagrammen kann auch ausgerichtet werden. Dazu benutzen Sie die Schaltflächen in der Symbolleiste. Ausgerichtet wird der Text an den unsichtbaren Rändern der Textfläche.

7.2 Spalten verbreitern und passend machen

Das Haushaltsblatt sieht jetzt schon viel freundlicher aus. Ein großes Manko besteht aber immer noch: Manche Texte werden nicht ganz angezeigt, weil die Zellen zu klein sind. Sie müssen die Spalten verbreitern, damit die Zellen auch breiter werden und der Text hineinpaßt.

Es gibt drei Möglichkeiten, die Spaltenbreite zu beeinflussen, die ich Ihnen jetzt vorstellen möchte.

So verbreitern Sie Spalten manuell

Das manuelle Verbreitern von Spalten kennen Sie bereits aus dem Kapitel 4.3. Sie können es jetzt noch einmal an der Spalte A ausprobieren. Und zwar soll diese Spalte ein wenig breiter werden.

Dazu bringen Sie den Mauszeiger auf die Trennlinie zwischen den Koordinaten A und B in der Leiste mit den Spaltenkoordinaten am oberen Rand der Tabelle. Die Form des Mauszeigers verändert sich: Ein senkrechter Strich mit je einem Pfeil nach rechts und links. Mit diesem Zeiger fassen Sie jetzt die Trennlinie an und verschieben Sie ein wenig nach rechts. Dabei wird eine senkrechte punktierte Linie bewegt, die anzeigt, wie breit die Spalte wird, wenn Sie die Maustaste loslassen.

Gleichzeitig wird in der linken Hälfte der Bearbeitungszeile die exakte Breite der Spalte fortlaufend angezeigt. Versuchen Sie einmal, sie auf genau 12,00 zu bringen.

180

Fachchinesisch

Was besagt eigentlich der angezeigte Wert für die Spaltenbreite? Welche Maßeinheit wird verwendet? Excel zeigt die Breite mit einem Wert an, der aussagt, wieviel Zeichen der Standardschrift durchschnittlich auf die angezeigte Breite passen.

So bringen Sie Spalten auf eine bestimmte Breite

Möchten Sie, daß eine Spalte eine ganz bestimte Breite hat, dann steuern Sie eine beliebige Zelle in dieser Spalte an und wählen Sie den Befehl "Spaltenbreite..." im Menü "Format".

Abb. 79: Mit dieser Dialogbox stellen Sie die Spaltenbreite ein

Tippen Sie den gewünschten Wert in das Eingabefeld "Spaltenbreite" ein. Sie müssen dieses Feld nach dem Öffnen der Dialogbox nicht extra anklicken, weil es sowieso markiert ist und Ihre Eingabe den vorhandenen Inhalt ersetzt. Geben Sie beispielsweise 13 ein. Schließen Sie die Dialogbox mit einem Klick auf "OK".

Optimale Spaltenbreite automatisch

Wollen Sie die Breite mehrerer Spalten auf einmal verändern, müssen Sie natürlich auch alle betroffenen Spalten markieren.

Eine besonders schöne Einrichtung ist die Möglichkeit, Spalten automatisch auf die optimale Breite bringen zu lassen. Die optimale Breite einer Spalte ist die, die dafür sorgt, daß in allen Zellen der Spalte alle Zellinhalte vollständig angezeigt werden. Das können Sie jetzt am Haushaltsblatt ausprobieren.

Markieren Sie die Spalten B bis Q und wählen Sie den Befehl "Spaltenbreite..." aus dem Menü "Format" an. Klicken Sie dort auf die

Schaltfläche "Optimale Breite". Damit wird die Dialogbox geschlossen und alle markierten Spalten werden auf die optimale Breite gesetzt.

Ganz so toll sieht das aber nicht aus. Da die Monatsnamen alle unterschiedlich lang sind, erscheinen jetzt die Spalten unterschiedlich breit. Schöner wären gleich breite Spalten. Aber welcher Wert ist dann der beste? Nun, die Breite der Spalte mit dem längsten Monatsnamen sollte Vorbild sein - und das ist Spalte L mit dem Monat September.

Steuern Sie die Zelle in dieser Spalte an und wählen Sie den Befehl "Spaltenbreite..." aus dem Menü "Format". Im Feld "Spaltenbreite" wird der aktuelle Wert angezeigt (im Beispiel: 12,43). Jetzt haben Sie einen Ausgangswert. Nun gehen Sie folgendermaßen vor:

1. Markieren Sie die Spalten D bis Q.

2. Wählen Sie den Befehl "Spaltenbreite..." aus dem Menü "Format".

3. Tippen Sie bei "Spaltenbreite" 12,5 ein.

4. Schließen Sie die Dialogbox mit einem Klick auf "OK".

Die Spalten mit den Monatsnamen haben jetzt alle die optimale Breite 12,5.

Sie könnten jetzt noch die Breite der Spalte A manuell so anpassen, daß die Texte wie "SUMME Ausgaben" hineinpassen.

7.3 So verändern Sie die Zeilenhöhe

Weniger wichtig ist das Ändern von Zeilenhöhen. Man kann die Möglichkeit der Veränderung aber ganz gut für bestimmte Effekte nutzen.

Größere Schrift = größere Zeilenhöhe

Wenn in einer Zelle einer Spalte eine größere Schrift verwendet wird, vergrößert Excel automatisch die Zeilenhöhe - und umgekehrt. Sie können das jetzt wieder an der Hauptüberschrift ausprobieren. Steuern Sie die Zelle A1 an.

182

Glücklicherweise müssen Sie für Experimente mit der Schriftgröße nicht unbedingt den Befehl "Schriftart..." aus dem Menü "Format" anwählen. Zwei Schaltflächen in der Symbolleiste machen es möglich, die Schriftgröße für eine Zelle stufenweise zu vergrößern und zu verkleinern.

Klicken Sie jetzt zwei-, dreimal nacheinander auf die linke der beiden Schaltflächen. Der Text wird stufenweise vergrößert, die Zeilenhöhe jeweils angepaßt. Klicken Sie vier-, fünfmal auf die rechte Schaltfläche, um die Schrift wieder zu verkleinern.

So passen Sie die Zeilenhöhe an

Sie können die Zeilenhöhe auch separat einstellen. Dazu dient der Befehl "Zeilenhöhe..." aus dem Menü "Format", der ganz ähnlich funktioniert, wie der Befehl zum Verändern der Spaltenbreite.

Abb. 80: Hier können Sie die Zeilenhöhe einstellen

So können Sie die Zeilenhöhe einstellen

In das Feld "Zeilenhöhe" tippen Sie einfach den gewünschten Wert ein. Die Maßeinheit ist wieder Punkt, wie bei der Schriftgröße. Schließen Sie die Dialogbox mit einem Klick auf "OK".

Wenn Sie eine Zeilenhöhe eintippen, die zu klein für die gewählten Schriftgrößen dieser Zeile ist, wird der Text nicht mehr richtig angezeigt! Ist Ihnen das passiert, wählen Sie gleich noch einmal den Befehl "Zeilenhöhe..." aus dem Menü "Format" an. Klicken Sie das Kästchen "Standardhöhe" an - es wird dort ein Kreuzchen erscheinen - und klicken Sie dann auf "OK".

Durch Klick auf "Standardhöhe" erhalten Sie die optimale Höhe.

So verändern Sie die Zeilenhöhe manuell

Sie können die Zeilenhöhe auch manuell verstellen. Dazu fassen Sie die Trennlinie zwischen zwei Zeilenkoordinaten an und verschieben diese. Also genauso, wie beim Verstellen der Spaltenbreite.

Das ist manchmal wünschenswert, wenn Sie etwas mehr Freiraum über einem Text haben möchten. Beim Verschieben wird die sich ändernde Höhe in der linken Hälfte der Bearbeitungszeile fortlaufend angezeigt. Bringen Sie die Höhe der Zeile 1 auf diese Weise auf einen Wert von 39,00.

Auch die manuelle Änderung einer Zeilenhöhe können Sie wieder zurücksetzen, indem Sie den Befehl "Zeilenhöhe..." aus dem Menü "Format" wählen, dort das Kästchen "Standardhöhe" anklicken und mit "OK" bestätigen.

7.4 Rahmen bringen mehr Übersicht

Zwar werden normalerweise die dünnen Trennlinien zwischen den Zeilen und Spalten mitgedruckt, aber die geben ein völlig unstrukturiertes Raster, das der Übersicht nicht besonders dienlich ist.

Besser ist es, diese Trennlinien auszublenden und statt dessen ganz bewußt Rahmenlinien um zusammengehörige Bereiche anlegen zu lassen.

Die Trennlinien blenden Sie so aus:

1. Wählen Sie den Befehl "Bildschirmanzeige..." aus dem Menü "Optionen". (Es spielt keine Rolle, ob dabei bestimmte Zellen markiert oder angesteuert sind, weil dieser Befehl immer auf das ganze Arbeitsfenster wirkt.)

2. Klicken Sie in das Kästchen neben "Gitternetzlinien", damit das Kreuz dort entfernt wird.

3. Schließen Sie die Dialogbox mit einem Klick auf "OK".

Abb. 81: So blenden Sie die Trennlinien zwischen Zeilen und Spalten aus

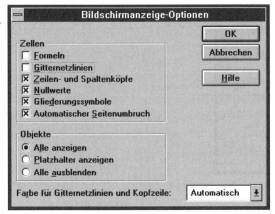

Ohne Trennlinien sieht das Blatt im Arbeitsfenster schon fast aus wie gedruckt.

So lassen Sie einen Bereich automatisch einrahmen

Vor dem Anlegen von Rahmen gilt: Erst markieren, dann operieren (Ich weiß, Sie mögen es schon nicht mehr lesen...). Dabei werden einzelne Zellen beim Umrahmen anders behandelt als Bereiche. Ein Test:

1. Steuern Sie die Zelle A35 an. Das ist im Beispiel die Zelle unterhalb der Überschrift "SALDO".

2. Wählen Sie den Befehl "Rahmen..." aus dem Menü "Format".

3. In der zugehörigen Dialogbox klicken Sie auf das Feld neben "Gesamt". Dort erscheint daraufhin ein Stück Linie.

4. Schließen Sie die Dialogbox mit einem Klick auf "OK".

Die Zelle ist es jetzt von einem Rahmen umgeben. Das können Sie zuerst nicht sehr gut sehen, weil sich der Zellrahmen und der Markierungsrahmen überdecken. Klicken Sie außerhalb der Zelle A35, damit der Markierungsrahmen woanders erscheint.

Abb. 82: So wird eine Zelle mit einem Rahmen versehen

Anders läuft dies ab, wenn ein Bereich markiert wird. Sie können das jetzt an den Überschriften der Kategorie "feste Ausgaben" ausprobieren.

1. Markieren Sie die Zellen mit den Namen der einzelnen Posten (im Beispiel: C3 bis C9).

2. Wählen Sie den Befehl "Rahmen..." aus dem Menü "Format".

3. In der zugehörigen Dialogbox klicken Sie auf das Feld neben "Gesamt". Dort erscheint daraufhin ein Stück Linie. Das bedeutet, daß der ganze Bereich mit einer Linie der gewählten Stärke umgeben wird.

4. Klicken Sie einmal auf das Feld mit der dicksten Linie im Bereich ganz unten. Es ist das ganz rechte Feld in der oberen Reihe. Im Feld neben "Gesamt" erscheint diese Linienstärke.

5. Schließen Sie die Dialogbox mit einem Klick auf "OK".

Den Rahmen können Sie erst richtig erkennen, wenn Sie woanders hin klicken. Der ehemals markierte Bereich ist komplett von einem Rahmen umgeben.

Jetzt sollen noch Trennlinien zwischen den einzelnen Posten eingesetzt werden. Markieren Sie dazu wieder diesen Bereich und wählen Sie den Befehl "Rahmen..." aus dem Menü "Format". Unangenehme Überraschung! Die Felder der Dialogbox sind völlig anders bestückt als nach Ihrer letzten Aktion!

186

Dies ist eine der Fallen beim Rahmenziehen mit Excel. Das Prinzip, nach dem Excel hier vorgeht, ist eigentlich auch nicht zu durchschauen. Es bleibt also nichts anderes übrig, als die Einstellungen jedes Mal sorgsam vorzunehmen.

In den Feldern neben "Links" und "Rechts" erscheint die dicke Linie. Die Felder bei "Oben" und "Unten" erscheinen grau. Das soll bedeuten, daß nicht alle Zellen des Bereichs mit einer Linie oben und unten versehen sind (was ja auch stimmt).

Gut, wie bekommen Sie jetzt aber einen dicken Rahmen um den Bereich und dünne Linien zwischen den Zellen hin? Zunächst müssen die fünf Felder wieder leer gemacht werden. Dazu klicken Sie auf das Feld mit der Linie. Die Linie verschwindet. Auf ein graues Feld müssen Sie zweimal klicken.

So, und jetzt klicken Sie wieder in das Feld "Gesamt". Dort erscheint die dicke Linie. Dann klicken Sie in das Feld "Links". Auch dort erscheint die dicke Linie. Die soll es aber nicht sein. Suchen Sie sich eine dünnere Linie im unteren Bereich aus und klicken Sie diese an. Im Feld "Links" wird diese Linie erscheinen. Gleichzeitig haben Sie diese Linienstärke ausgewählt. Sie klicken jetzt nacheinander die anderen Felder an, so daß überall die gewählte dünne Linie erscheint. Schließen Sie die Dialogbox mit "OK".

Rahmen löschen

Wollen Sie Rahmenlinien löschen, markieren Sie die gewünschte Zelle bzw. den gewünschten Bereich und wählen Sie den Befehl "Rahmen..." aus dem Menü "Format". Klicken Sie in die fünf Felder, bis diese alle leer sind. Klicken Sie anschließend auf "OK".

Sind anschließend immer noch Linien an den Zell- bzw. Bereichsrändern, gehören diese zu den Nachbarzellen. Dann müssen Sie auch diese markieren und die Linien löschen.

Rahmen können auch Stück für Stück gesetzt werden

Möchten Sie, daß die Seiten einer Zelle mit unterschiedlichen Linien versehen sein sollen, markieren Sie die Zelle und wählen Sie den Befehl "Rahmen..." aus dem Menü "Format". Dann suchen Sie sich die erste Linienstärke aus und klicken auf das Feld für die Seite, an der diese Linie erscheinen soll.

Dann klicken Sie auf das nächste Feld für eine der Seiten; dort wird die gleiche Linie wie zuvor eingefügt. Wählen Sie dann einen andere Linienstärke. So werden die beiden übrigen Felder ebenfalls gefüllt. Vergessen Sie nicht, die Dialogbox mit "OK" zu beenden.

Trennlinien ziehen

Meistens sind viel weniger komplizierte Anwendungen gefragt. Die Tabelle soll einen Rahmen bekommen, Bereiche durch Linien voneinander abgegrenzt werden. Und das ist genau das, was jetzt dem Haushaltsblatt zukommen soll.

Zunächst: Entfernen Sie alle Rahmen um Zellen und Bereiche, die Sie in der Experimentierphase angelegt haben.

Markieren Sie die ganze Tabelle (im Beispiel: A1 bis Q35). Wählen Sie den Befehl "Rahmen..." aus dem Menü "Format". In der zugehörigen Dialogbox klicken Sie auf das Feld neben "Gesamt". Ordnen Sie dem Feld die ganz dicke Linie zu und schließen Sie die Dialogbox mit "OK".

Ebenfalls eine dicke Linie soll die Hauptüberschrift vom Rest der Tabelle trennen. Jetzt haben Sie zwei Möglichkeiten: Entweder Sie ordnen allen Zellen der Zeile 1 eine untere Rahmenlinie zu oder allen Zellen der Zeile 2 eine obere. Welche Variante Sie wählen, ist Geschmacksache. Wichtig ist nur, daß Sie sich quer durch ein Arbeitsblatt immer für die gleiche Variante beim Linienziehen entscheiden.

Im Beispiel sollten Sie jetzt die Zellen der Zeile 2 von Spalte A bis Q markieren. Wählen Sie den Befehl "Rahmen..." aus dem Menü "Format". In der zugehörigen Dialogbox klicken Sie auf das Feld neben "Oben". Ordnen Sie dem Feld die ganz dicke Linie zu und schließen Sie die Dialogbox mit "OK".

Nach diesem Verfahren können Sie jetzt Trennlinien zwischen den Bereichen und Kategorien anlegen. Probieren Sie verschiedene Varianten aus.

Abb. 83: Die Tabelle wird durch Rahmen und Trennlinien gegliedert

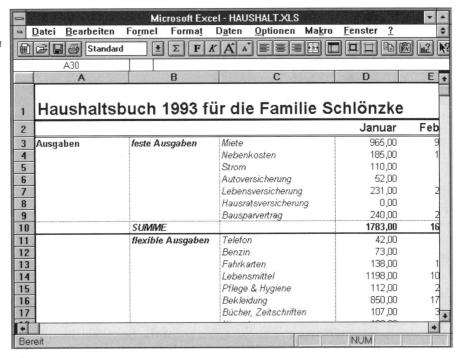

Etwas ganz anderes: Rahmen in Diagrammen

Es liegt in der Natur der Sache, daß Rahmen in den Diagrammelementen eine ganz andere Rolle spielen. Schließlich gibt's im Diagramm keine Zellen und Spalten, an denen die Rahmenlinien orientiert sein können.

Eine Textelement mit einem Rahmen zu versehen, ist recht simpel. Sie können es an dem zusätzlichen Textelement, das Sie im Diagramm des Haushaltsblatts angebracht haben (siehe Kapitel 6.5), ausprobieren.

Schalten Sie mit einem Doppelklick auf das Diagramm zum Diagramm-Modul um. Markieren Sie das zusätzliche Textelement und wählen Sie den Befehl "Muster..." aus dem Menü "Format". Die erscheinende Dialogbox kennen Sie: sie ist identisch mit der, die beim Verändern der Farben von Elementen aufgetaucht ist (siehe Kapitel 6.4).

189

Abb. 84: So werden Rahmen im Diagramm eingestellt (Ausschnitt aus der Dialogbox "Muster")

Klicken Sie den Knopf "Automatisch" an (und anschließend auf "OK"), wird das Textelement mit einem Rahmen bestimmter Stärke, Art und Farbe versehen. Klicken Sie den Knopf "Keinen" an, wird kein Rahmen gezogen. Möchten Sie den Rahmen nach eigenen Vorstellungen gestalten, klicken Sie auf den Knopf "Benutzerdefiniert".

Anschließend wählen Sie eine Art, eine Farbe und eine Stärke für den Rahmen aus. Wenn Sie jeweils auf die Schaltfläche mit dem nach unten zeigenden Pfeil am rechten Ende des jeweiligen Feldes klicken, klappt eine Liste mit den Möglichkeiten auf. Sie klicken auf den Eintrag, den Sie möchten. Er erscheint dann im jeweiligen Feld, die Liste wird geschlossen. Probieren Sie dies einmal aus.

Wenn Sie zusätzlich das Kästchen "Schatten" in der unteren linken Ecke der Box mit einem Klick ankreuzen, wird der Rahmen mit einem Schatten versehen.

Wie der Rahmen aussehen wird, können Sie immer im Feld "Monitor" am rechten unteren Rand der Dialogbox prüfen. Schließen Sie die Dialogbox mit einem Klick auf "OK".

7.5 So färben Sie Text, Zellen und Rahmen

Bevor Sie sich ans fröhliche Färben machen, denken Sie bitte daran, daß Farben nur für die Arbeit am Bildschirm von Bedeutung sind. Es sei denn, ein Farbdrucker ist an Ihrem Computer angeschlossen.

Auch wenn Sie über keinen farbfähigen Drucker verfügen, können Sie von den Farbmöglichkeiten Gebrauch machen. Beim Drucken können Sie nämlich dafür sorgen, daß die Farben ignoriert werden, so daß auf dem Papier alles schön sauber in Schwarzweiß erscheint.

Excel bietet eine Palette von 16 verschiedenen Farben zur Auswahl an. Je nachdem, wie Ihr Computer ausgestattet ist, könnten Sie auch mehr als 16 verschiedene Farben benutzen. Da Excel aber immer nur 16 Farbtöne anzeigen kann, nutzt Ihnen das wenig. Prinzipiell können Sie jede Farbe aus der Palette verändern - dazu dient der Befehl "Farbpalette..." aus dem Menü "Optionen". Ich würde davon aber abraten, weil es zu unvorhergesehenen Effekten kommen kann. Außerdem sind die Farben der Excel-Farbpalette alle sehr schön klar und brauchbar.

Schrift wird farbig

Schrift wird mit dem Befehl "Schriftart..." aus dem Menü "Format" farbig gemacht. Die Hauptüberschrift des Haushaltsblatts soll jetzt in vornehmem Dunkelblau erstrahlen. Steuern Sie also die Zelle A1 an und wählen Sie den Befehl "Schriftart..." aus dem Menü "Format".

Unten links gibt es ein Feld "Farbe", in dem normalerweise "Automatisch" steht. Das bedeutet, daß Excel der Schrift automatisch eine Farbe zuordnet - diese ist ohne weitere Einstellungen immer Schwarz. Klappen Sie die Farbliste auf, indem Sie auf die Schaltfläche mit dem Pfeil am rechten Rand des Feldes klicken.

Abb. 85: Das Feld zum Einstellen von Farbe bei Schrift (Ausschnitt aus der Dialogbox "Schriftart")

In der Liste erscheinen die 16 verschiedenen Farben. Sie sehen nur einen Teil davon, können den sichtbaren Ausschnitt der Liste aber mit dem Rollbalken verschieben. Für jede Farbe wird ein Pröbchen und der Farbname angezeigt. Wählen Sie den Eintrag "Dunkelblau" durch Anklicken aus. Die Liste wird geschlossen, im Feld "Farbe" erscheint "Dunkelblau". Schließen Sie die Dialogbox mit einem Klick auf "OK".

Wenn Sie möchten, können Sie auch andere Zellinhalte farbig gestalten. Benutzen Sie jeweils den Befehl "Schriftart..." aus dem Menü "Format". Das gilt übrigens auch für Textelemente in Diagrammen, die farbig erscheinen sollen!

Zellen können ganz schön bunt sein

Jede einzelne Zelle und natürlich auch Bereiche können farbig hinterlegt werden. Das heißt, daß der Untergrund der Zellen eine Farbe bekommt. Der Zellinhalt steht im Vordergrund.

Wie wäre es, wenn die Zeilen mit den Summen mit einem dezenten Hellgelb hinterlegt würden? Das geht wie folgt:

1. Markieren Sie die Zellen in der Zeile mit der Summe der festen Ausgaben (im Beispiel: A10 bis Q10).

2. Wählen Sie den Befehl "Muster..." aus dem Menü "Format". Die zugehörige Dialogbox erscheint.

3. Öffnen Sie die Liste am Feld "Muster", indem Sie auf die Schaltfläche mit dem Pfeil an diesem Feld klicken.

4. Wählen Sie die feine Schraffur aus, die in der Liste an vierter Stelle von oben erscheint.

5. Öffnen Sie die Liste am Feld "Vordergrund", indem Sie auf die Schaltfläche mit dem Pfeil an diesem Feld klicken.

6. Wählen Sie die Farbe Gelb aus. Wie diese Mischung aus der gewählten Schraffur und Farbe aussieht, können Sie im Feld "Monitor" beobachten.

7. Schließen Sie die Dialogbox mit einem Klick auf "OK".

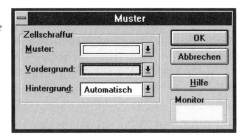

Abb. 86: So wird die Farbe von Zellen eingestellt

Die markierten Zellen erscheinen in diesem hellen Gelb. Wiederholen Sie das Verfahren für die anderen Summenzeilen. Die oberste Zeile könnten Sie mit einem dunkleren Gelb versehen - aber das bleibt Ihrem ästethischen Empfinden überlassen.

In Diagrammen können Sie nach diesem Prinzip die Flächen von Elementen färben.

Wie das geht, wurde in Kapitel 6.4 vorgestellt.

Sie können so aber auch die Fläche von Textelementen, die Hintergründe in Diagrammen und die ganze Diagrammfläche einfärben.

Farbige Rahmen leichtgemacht

Sollen Rahmenlinien farbig erscheinen, müssen Sie in der Dialogbox des Befehls "Rahmen..." im Menü "Muster" jeweils eine Farbe auswählen. Es gibt dort ein Feld "Farbe", das Sie mit einem Klick auf die Schaltfläche am Feld aufklappen. Dort werden die Farben aufgelistet. Wählen Sie die gewünschte Farbe - die Linienbeispiele in der Box werden dann schon in dieser Farbe angezeigt.

Setzen Sie die Rahmenlinien und schließen Sie die Dialogbox mit einem Klick auf "OK".

In Diagrammen werden Rahmen ja anders erzeugt. In den entsprechenden Dialogboxen (siehe oben) gibt es aber auch immer ein Feld zum Einstellen der Linienfarbe, das genauso bedient wird.

193

7.6 So verschönert Excel eine Tabelle automatisch

Haben Sie weder Lust noch Zeit noch Talent für sinnvolle Schönheitskorrekturen, können Sie auch die wunderschöne Funktion
"Autoformatieren..." benutzen. Mit dieser Funktion überlassen Sie die
ganze Gestaltung Excel.

Einzige Voraussetzung: Irgendeine Zelle innerhalb der zu formatie-
renden Tabelle muß angesteuert sein. Dann findet Excel sogar
automatisch heraus, wo die Tabelle anfängt und aufhört. Dies darf
nicht die Zelle A1 sein und auch nicht die Zelle an der unteren
rechten Ecke (im Beispiel: Q35). Am besten wählen Sie die Zelle in
der zweiten Zeile und Spalte der Tabelle (im Beispiel: B2). Anschließend wählen Sie den Befehl "Autoformatieren..." aus dem Menü
"Format".

Abb. 87: So
wählen Sie ein
Autoformat

Viele feine Varianten mit dem Autoformatieren

In der Dialogbox des Befehls finden Sie eine Liste mit den Namen der
zur Verfügung stehenden Autoformate. Klicken Sie eines der Formate
an, wird ein Beispiel für das Aussehen im Feld "Monitor" angezeigt.

Ein solches Autoformat verändert nicht nur die Farbe von Schrift,
von Zellen und Rahmen, sondern auch die Schriftarten, -größen und -
stile - und damit auch die Spaltenbreiten und Zeilenhöhen. Alle
Schönheitskorrekturen, die Sie vorgenommen haben, werden
dadurch zunichte gemacht!

Mit "Autoformat" ver-
werfen Sie alle vorhan-
denen Formatierungen.

Suchen Sie also ein Autoformat aus und klicken Sie auf
"OK" - die ganze Tabelle wird entsprechend formatiert.
Gefällt Ihnen das nicht,

194

wählen Sie ganz schnell den Befehl "Rückgängig: Autoformatieren" aus dem Menü "Bearbeiten"!

Sie können natürlich auch ein Autoformat auf die Tabelle anwenden und dann individuelle Änderungen auf die in diesem Kapitel beschriebene Art und Weise durchführen.

7.7. Mögliche Fehler bei Schönheitskorrekturen

Wirklich tragische Fehler können bei den verschiedenen Schönheitskorrekturen nicht entstehen. Schlimmstenfalls sieht die Tabelle nach Ihren Operationen häßlich aus. Denken Sie daran: Jede Aktion kann rückgängig gemacht werden! Allerdings immer nur sofort nach der Ausführung. Es gibt jeweils einen Befehl "Rückgängig:..." im Menü "Bearbeiten", den Sie benutzen können.

Ich möchte eine besondere Schrift verwenden, aber die wird nicht zur Auswahl angeboten

Das kann gut sein. Welche Schriften in der Dialogbox des Befehls "Schriftart..." auftauchen, hängt davon ab, welche Schriften auf Ihrem Computer gespeichert sind. Wenn weder Sie noch jemand anderes jemals zusätzliche Schriften in die Windows-Oberfläche eingebaut hat, wird die Auswahl nur fünf oder sechs Schriften umfassen.

Verzichten Sie dann auf größere Experimente mit den Schriftarten. Sie können in jedem Fall die Schrift Arial verwenden; die sollte immer verfügbar sein und sieht sowohl am Bildschirm wie beim Drucken gut aus.

Eine ganze Spalte ist verschwunden!

Dieses ärgerliche Phänomen kann auf zwei verschiedene Weisen entstanden sein: Entweder beim manuellen Verändern der Spaltenbreite oder durch einen versehentlichen Klick in der Dialogbox des Befehls "Spaltenbreite...".

Beim Verändern der Spaltenbreite kann es passieren, daß Sie eine Spalte auf den Wert 0 verkleinern. Dann ist sie natürlich nicht mehr zu sehen. Vielleicht haben Sie auch versehentlich auf die Schaltfläche

"Ausblenden" in der Dialogbox des Befehls "Spaltenbreite..." geklickt. In beiden Fällen können Sie das Unglück schnell beheben:

1. Stellen Sie fest, welche Spalte(n) verschwunden ist (sind). Sie erkennen das daran, daß in der Leiste mit den Spaltenkoordinaten Buchstaben ausgelassen sind.

2. Markieren Sie die Spalten links und rechts von der bzw. den verschwundenen Spalte(n). Klicken Sie dazu auf die Spaltenkoordinate links neben der verschwundenen Spalte. Drücken Sie die Maustaste und halten Sie die Maustaste gedrückt. Ziehen Sie mit festgehaltener Maustaste nach rechts, bis auch die Spalte rechts neben der bzw. den verschwundenen markiert erscheint. Lassen Sie die Maustaste los.

3. Wählen Sie den Befehl "Spaltenbreite..." aus dem Menü "Format".

4. Klicken Sie auf die Schaltfläche "Einblenden". Die Dialogbox wird geschlossen, die verschwundene(n) Spalte(n) wieder angezeigt.

Der Text in einer Zeile wird oben beschnitten und ist nicht mehr richtig lesbar

Wenn die eingestellte Höhe einer Zeile für die gewählte Schriftgröße zu gering ist, wird der Text dort nicht mehr ganz angezeigt. Das läßt sich leicht korrigieren. Steuern Sie eine beliebige Zelle in der betroffenen Zeile an und wählen Sie den Befehl "Zeilenhöhe..." aus dem Menü "Format".

Klicken Sie in das Kästchen "Standardhöhe", so daß dort ein Kreuz erscheint. Die korrekte Zeilenhöhe wird so wiederhergestellt. Schließen Sie die Dialogbox mit einem Klick auf "OK".

Meine Rahmen um Zellen und Bereiche sehen chaotisch aus

Bei dem umständlichen Verfahren, das Excel für das Umrahmen anbietet, ist das kein Wunder. Dagegen hilft nur Entfernen aller Rahmenlinien.

Markieren Sie die betreffende Zelle bzw. den betreffenden Bereich und wählen Sie den Befehl "Rahmen..." aus dem Menü "Format".

Klicken Sie sooft in jedes der fünf Felder im oberen Bereich, bis diese alle leer sind. Schließen Sie die Dialogbox mit einem Klick auf "OK".

Hat das nur teilweise genutzt, sollten Sie alle Rahmen um alle Zellen entfernen. Dazu markieren Sie das komplette Arbeitsblatt. Klicken Sie auf die Schaltfläche in der linken oberen Ecke - dort, wo die Leisten mit den Spalten- und Zeilenkoordinaten zusammenstoßen.

Entfernen Sie die Rahmenlinien wie oben beschrieben.

Hilfe! Nach dem Einfärben von Zellen kann ich die Inhalte nicht mehr lesen!

Klarer Fall: Sie haben eine Kombination aus Schrift- und Zellenfarbe gewählt, die der berühmten Flaggenfarbgebung "Weißer Adler auf weißem Grund" entspricht. Oder anders ausgedrückt: Sie haben die gleiche Farbe für die Schrift und den Zellenhintergrund gewählt.

Markieren Sie die entsprechenden Zellen, und wählen Sie den Befehl "Muster..." aus dem Menü "Format". Öffnen Sie die Liste am Feld "Muster" durch einen Klick auf die Schaltfläche rechts am Feld. Wählen Sie den Eintrag "Kein" - es ist jeweils der oberste Eintrag in der Liste. Klicken Sie auf diesen Eintrag und anschließend auf "OK".

Jetzt sollte der Inhalt der Zellen sichtbar sein. Ist das nicht der Fall, haben Sie für die Schrift die Farbe Weiß gewählt. Markieren Sie die betreffenden Zellen, und wählen Sie den Befehl "Schriftart..." aus dem Menü "Format". Öffnen Sie die Liste am Feld "Farbe" mit einem Klick auf die Schaltfläche rechts an diesem Feld. Suchen Sie den Eintrag "Automatisch" aus. Es ist jeweils der letzte Eintrag in der Liste. Klicken Sie auf den Eintrag und anschließend auf die Schaltfläche "OK". Jetzt haben Sie wieder schwarze Schrift auf weißem Grund in den betroffenen Zellen.

8. Drucken mit Excel

In den allermeisten Fällen werden Sie ein in mühevoller Arbeit erstelltes Arbeitsblatt auch drucken wollen. Voraussetzung dafür ist, daß ein Drucker an Ihrem Computer angeschlossen ist. Außerdem muß die Windows-Oberfläche für den Gebrauch dieses Druckers eingestellt sein. Das geschieht normalerweise bei der Installation von Windows (siehe auch Kapitel 3). Haben Sie nachträglich einen Drucker angeschafft, müssen Sie diese Einstellung noch vornehmen.

 In Kapitel 8.7 finden Sie eine kurze Anleitung, die beschreibt, wie Sie einen Drucker für den Gebrauch mit der Windows-Oberfläche einstellen.

198

Sie können das selbst durchführen oder jemanden, der sich mit Windows auskennt, bitten, dies zu tun.

Wie ein Arbeitsblatt am Bildschirm aussieht, hängt in mancher Hinsicht davon ab, welchen Drucker Sie am Computer angeschlossen haben, und ob dieser richtig eingestellt wurde.

8.1 Den richtigen Drucker auswählen

Sind mehrere Drucker angeschlossen oder haben Sie die Möglichkeit, andere Drucker mit zu benutzen, müssen Sie den Drucker auswählen, der Ihr Arbeitsblatt tatsächlich zu Papier bringen soll.

Das sollten Sie schon in einem sehr frühen Stadium der Arbeit tun - spätestens aber, wenn Sie beginnen, die Tabelle besonders zu gestalten.

Dazu wählen Sie den Befehl "Seite einrichten..." aus dem Menü "Datei". In der zugehörigen Dialogbox können Sie verschiedene Einstellungen vornehmen, auf die ich später noch eingehen möchte. Klicken Sie zunächst aber auf die Schaltfläche "Drucker einrichten...".

Abb. 88: Klicken Sie in dieser Dialogbox auf die Schaltfläche "Drucker einrichten..."

Das bringt die folgende Dialogbox auf den Bildschirm:

199

Abb. 89: Hier wählen Sie den Drucker an, den Sie benutzen möchten

Es kann gut sein, daß auf Ihrem Computer nur ein einziger Eintrag in dieser Liste erscheint. Sind es mehrere, klicken Sie auf die Zeile, in der Sie den Namen Ihres Druckers lesen.

Wenn Sie sich schon gut mit Ihrem Drucker auskennen, können Sie in dieser Dialogbox auf "Einrichtung..." klicken. Darauf erscheint eine Dialogbox am Bildschirm, die je nach dem gewählten Drucker ganz unterschiedlich aussehen kann. In dieser Dialogbox können Sie dann spezifische Eigenschaften des Druckers einstellen. Sie müssen das aber nicht tun, wenn der Drucker bereits einmal (auch außerhalb von Excel) richtig eingestellt worden ist.

Zusätzliche Fähigkeiten Ihres Druckers können unter "Einrichtung" eingestellt werden.

Schließen Sie die Dialogbox "Druckereinrichtung" mit einem Klick auf "OK". Sie kommen wieder zu der Dialogbox "Seite einrichten" zurück.

Wenn Sie einen anderen Drucker auswählen als den, der beim Erstellen der Tabelle angewählt war, kann es passieren, daß eine Meldung angezeigt wird. Diese Meldung macht Sie darauf aufmerksam, daß Sie durch das Wechseln des Druckers bestimmte optische Änderungen am Arbeitsblatt auslösen. Sie können diese Meldung jeweils einfach bestätigen. Anschließend sollten Sie sich Ihr Arbeitsblatt aber einmal aufmerksam ansehen und etwaige Unschönheiten korrigieren.

Durch einen Druckerwechsel kann sich das Aussehen der Tabelle verändern.

8.2 So bestimmen Sie, wie der Druck aussieht

Die verschiedenen Schaltflächen, Knöpfe, Kästchen und Listen in der Dialogbox "Seite einrichten" dienen dazu, genauer zu bestimmen, wie der Ausdruck aussehen soll. Sie kommen zu dieser Dialogbox über den Befehl "Seite einrichten..." im Menü "Datei".

Sie können aber auch jederzeit den Befehl "Seitenansicht..." aus dem Menü "Datei" anwählen. Dann werden die Seiten des Arbeitsblatts am Bildschirm so dargestellt, wie sie später auf Papier aussehen werden.

In dem Fenster der Seitenansicht gibt es eine Schaltfläche "Layout..."; klicken Sie diese an, kommen Sie ebenfalls zur Dialogbox "Seite einrichten".

Abb. 90: In der Dialogbox sind die Einstellungen vorgenommen, mit denen das Haushaltsblatt auf einem Laserdrucker optimal gedruckt wird

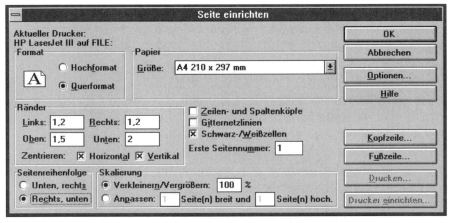

Die erste Entscheidung betrifft die Formatlage. Sie können die einzelnen Seiten entweder im Hoch- oder Querformat drucken lassen. Die Faustregel: Ist die Tabelle breiter als hoch, empfiehlt sich das Querformat.

Im Listenfeld bei "Größe", das Sie mit einem Klick auf den Pfeil rechts am Feld öffnen können, werden alle Papiergrößen angezeigt, die Ihr Drucker (genauer: Der gewählte Drucker) verarbeiten kann. Sie können hier eine Papiergröße wählen.

Meistens werden Sie ja auf DIN-A4-Papier drucken. Das gilt besonders dann, wenn Sie einen der gängigen Laserdrucker an Ihrem Computer angeschlossen haben.

Im Bereich "Ränder" geben Sie ein, wieviel Platz zwischen den Seitenrändern und der gedruckten Tabelle frei bleiben soll. Auch diese Einstellungen können Sie später noch verfeinern. Übliche Werte sind 1,2 für den linken und rechten, 2 für den unteren und 1,5 für den oberen Rand.

> Sie müssen selbst darauf achten, daß im Drucker auch das Papier der gewählten Größe eingelegt ist!

Die übrigen Einstellmöglichkeiten können Sie zunächst einmal ignorieren.

Schließen Sie die Dialogbox mit einem Klick auf "OK".

8.3 So bestimmen Sie, was gedruckt wird

Manchmal ist es nicht sinnvoll, das ganze Arbeitsblatt auszudrucken - jedenfalls nicht auf einmal. Dann können Sie festlegen, was überhaupt gedruckt werden soll.

Dazu müssen Sie den sogenannten Druckbereich festlegen. Und das geht folgendermaßen:

1. Markieren Sie die Zellen Ihres Arbeitsblatts, die gedruckt werden sollen. Im Beispiel ist dies der Bereich von A1 bis Q50.

2. Wählen Sie den Befehl "Druckbereich festlegen".

Ab sofort gelten die markieren Zellen als Druckbereich. Und nur der Inhalt des Druckbereichs wird später gedruckt.

Sie können jederzeit ändern, was als Druckbereich verstanden werden soll. Markieren Sie einfach einen anderen Bereich und wählen Sie dann wieder den Befehl "Druckbereich festlegen". Wollen Sie das Diagramm auf dem Haushaltsblatt z. B. nicht mitdrucken, markieren Sie A1 bis Q35; und wählen dann den Befehl "Druckbereich festlegen".

Seitenaufteilung und Seitenwechsel

Vielleicht fällt Ihnen auf, daß nach dem Festlegen des Druckbereichs gestrichelte Linien in der Tabelle auftauchen. Diese Linien zeigen sogenannte Seitenwechsel an. Das heißt: Wo eine solche Linie auftaucht, wird später beim Drucken ein neues Blatt begonnen. Meistens paßt eine Tabelle nicht auf eine Seite, sondern muß aufgeteilt werden.

Legen Sie keinen Druckbereich fest, druckt Excel alle Zellen, in denen etwas steht.

Diese Aufteilung nimmt Excel automatisch vor. Dabei richtet sich das Programm nach der gewählten Papiergröße und den eingestellten Rändern.

8.4 So sehen Sie, was gedruckt wird

Wählen Sie den Befehl "Seitenansicht" aus dem Menü "Datei", sehen Sie Ihr Arbeitsblatt am Bildschirm so, wie es später im Druck erscheinen wird. Die Darstellung richtet sich nach den Einstellungen, die Sie bisher vorgenommen haben. Also dem gewählten Drucker, der Formatlage, der Papiergröße und den eingestellten Rändern.

Gezeigt wird nur, was im festgelegten Druckbereich inbegriffen ist.

In der Leiste am unteren Fensterrand wird angegeben, wie viele Seiten es gibt und welche Seite gerade zu sehen ist (Beispiel: "Seitenansicht Seite 2 von 2"). Am oberen Rand gibt es eine Reihe von Schaltflächen.

Mit "Weiter" blättern Sie zur nächsten Seite, mit "Vorher" zur vorhergehenden. Klicken Sie auf "Zoom", wird die Ansicht so vergrößert, daß das, was Sie sehen, auch in der Größe ungefähr dem späteren Ausdruck entspricht. Haben Sie gezoomt, können Sie den sichtbaren Ausschnitt wie üblich mit den Rollbalken bewegen.

Der Mauszeiger sieht in der Seitenansicht aus wie eine Lupe. Klicken Sie damit auf die abgebildete Seite, wird der Teil herangezoomt, der sich rund um die Stelle, die Sie angeklickt haben, befindet. Mit einem Klick auf die Seite oder einem Klick auf "Zoom" kommen Sie wieder zur normalen Ansicht zurück.

Abb. 91: So sehen Sie am Bildschirm, wie der Ausdruck später aussehen wird

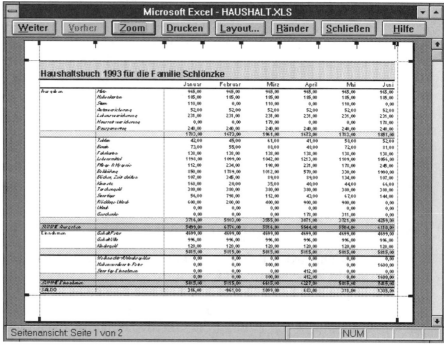

Klicken Sie auf "Drucken", kommen Sie zur entsprechenden Dialogbox, von der aus Sie den Druck starten.

Weiteres zum Thema Drucken finden Sie in Kapitel 8.6.

Über die Schaltfläche "Layout..." können Sie die Dialogbox "Seite einrichten" aufrufen und dort Einstellungen vornehmen oder verändern.

Durch Anklicken der Schaltfläche "Ränder" können Sie dafür sorgen, daß die Symbole, die die Seitenränder und die Spalten markieren, angezeigt oder ausgeblendet werden.

Ein Klick auf "Schließen" bringt Sie zurück zum Arbeitsfenster.

Und wozu dient die ganze Sache? Erstens können Sie sich genauer darüber informieren, wie Ihr Arbeitsblatt auf die Seiten verteilt wird.

Zweitens können Sie kontrollieren, ob die Schriften in Ordnung sind und die Verteilung von Text und Zahlen auf die Zellen tatsächlich dem entspricht, was Sie im Arbeitsfenster sehen.

8.5 So verbessern Sie die gedruckte Tabelle

Sie können aber aus der Seitenansicht heraus wichtige Änderungen vornehmen. So läßt sich hier am einfachsten Einfluß auf die Seitenränder nehmen, wobei Sie das Ergebnis Ihrer Veränderungen auch immer gleich sehen können.

Ränder einstellen

Sollten keine gestrichelten Linien die Seitenränder darstellen, müssen Sie erst auf "Ränder" klicken. Dann können Sie die Quadrate an den Enden der Randlinien mit dem Mauszeiger anfassen und verschieben. Wie breit der jeweilige Rand dadurch wird, erscheint in der Leiste am unteren Fensterrand links. Sobald Sie die Maustaste loslassen, wird die Verteilung der Spalten und Zeilen neu berechnet und dann angezeigt.

So können Sie dafür sorgen, daß ein bestimmter Teil der Tabelle auf einer bestimmten Seite gedruckt wird.

Mit den Anfassern an den kurzen Strichen am oberen Seitenrand können Sie prinzipiell die Spaltenbreite ändern. Das hat direkten Einfluß auf die Spaltenbreite im Arbeitsblatt, weshalb ich von diesem Verfahren abraten würde.

So eingestellte Seitenränder gelten für alle Seiten; Sie können leider keine unterschiedlichen Ränder auf verschiedenen Seiten anlegen.

Inhalt auf der Seite zentrieren

Alle weiteren Verfeinerungen stellen Sie in der Dialogbox "Seite einrichten" ein, die Sie über einen Klick auf die Schaltfläche "Layout..." erreichen. Im Bereich "Ränder" gibt es zwei Kästchen ("Horizontal" und "Vertikal"). Ist eine davon angeklickt oder beide, wird der Inhalt einer Seite automatisch so zentriert, daß die Ränder gleich breit bzw. hoch werden. Das sieht immer gut aus bei Tabellen, die ganz auf eine Seite passen.

Seiten automatisch anpassen

Eine ganz feine Sache finden Sie im Bereich "Skalierung". Klicken Sie auf den Knopf "Anpassen", können Sie bestimmen, auf wie viele Seiten das Arbeitsblatt verteilt wird. Tragen Sie ein, wie viele Seiten nebeneinander (bei "Seite(n) breit") und übereinander (Bei Seite(n) hoch") angelegt werden sollen.

Tragen Sie jeweils eine 1 ein, wird das ganze Arbeitsblatt (bzw. der festgelegte Druckbereich) so verkleinert, daß er auf eine einzige Seite paßt. Leider wird dabei die Schrift manchmal so klein, daß sie nicht mehr lesbar ist. Außerdem kann es zu anderen Verzerrungen kommen.

Trotzdem ist diese Möglichkeit sehr nützlich: In unserem Beispiel könnten Sie z. B. in der Breite 2 und in der Höhe 1 Seite angeben. Das ergibt eine fast optimale Aufteilung.

Besondere Einstellungen

Unterhalb des Bereichs "Papier" gibt es drei Kästchen zum Ankreuzen. Klicken Sie "Zeilen- und Spaltenköpfe" an, so daß dort ein Kreuz erscheint, werden die Koordinaten (A bis IV bzw. 1 bis 16384) am rechten bzw. oberen Rand mitgedruckt - das ist meistens mehr als überflüssig!

Haben Sie bei "Gitternetzlinien" ein Kreuzchen gesetzt, werden die sonst nur am Bildschirm sichtbaren Trennlinien zwischen den Zellen mitgedruckt. Das ist nur sinnvoll, wenn Sie keine Rahmen in der Tabelle benutzt haben.

Wichtig ist das Kästchen "Schwarz-/Weißzellen"! Haben Sie im Arbeitsblatt farbige Buchstaben, Rahmen oder Zellen benutzt, werden die Farben auf einem Schwarzweiß-Drucker oft sehr häßliche Schraffuren oder Punktmuster ergeben. Klicken Sie dieses Kästchen an, werden die Farben von Zellen völlig ignoriert und die Farben von Buchstaben und Rahmen in Schwarz verwandelt.

Und das können Sie in Kopf- und Fußzeilen unterbringen

Jede Seite kann mit einer Kopf- und einer Fußzeile versehen sein. Was in diesen Zeilen steht, ist jedoch auf jeder Seite gleich. Wo diese Zeilen angebracht sind, regelt Excel automatisch. Dabei werden die von Ihnen eingestellten Ränder nicht beachtet.

Wenn Sie in der Seitenansicht sehen, daß die Tabelle den Inhalt von Kopf- und/oder Fußzeile verdeckt, müssen Sie die Seitenränder entsprechend ändern.

Die beiden Dialogboxen für das Festlegen des Inhalts von Kopf- und Fußzeile sind identisch. Sie bekommen sie durch Anklicken der entsprechenden Schaltfläche in der Dialogbox "Seite einrichten".

Es gibt jeweils drei Bereiche (links, Mitte, rechts), die separat behandelt werden können. In die Eingabefelder können Sie beliebigen Text eingeben. Erreichen Sie den rechten Rand, wird eine neue Zeile begonnen. Möchten Sie in einer neuen Zeile schreiben, drücken Sie [Strg] + [Enter].

Abb. 92: So legen Sie den Inhalt der Kopfzeile fest

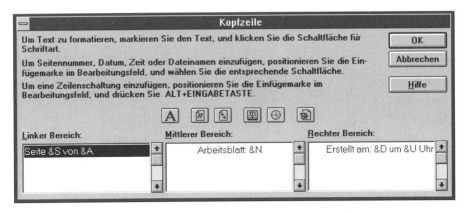

Sie können statt eines eingegebenen Textes aber auch Platzhalter für bestimmte Informationen einsetzen. Wollen Sie z. B. im linken Bereich der Kopfzeile die jeweilige Seitenzahl und einen Hinweis auf die gesamte Seitenzahl einfügen, gehen Sie wie folgt vor:

1. Klicken Sie in das Feld "Linker Bereich".

2. Tippen Sie ein "Seite" und dahinter ein Leerzeichen.

3. Klicken Sie auf die Schaltfläche mit dem # oberhalb des mittleren Bereichs. Hinter dem von Ihnen eingetippten Text wird das Kürzel &S eingefügt. Es dient als Platzhalter für die Seitennummer. Auf der ersten Seite wird anstelle des Kürzels die Ziffer 1 eingesetzt, auf der zweiten Seite die Zahl 2 usw.

4. Tippen Sie hinter dem Kürzel &S ein Leerzeichen und dann "Von" sowie ein weiteres Leerzeichen ein.

5. Klicken Sie auf die Schaltfläche mit den zwei Pluszeichen oberhalb des mittleren Bereichs. Das Kürzel &A wird eingefügt. Es wird beim Drucken durch die Gesamtzahl der Seiten ersetzt.

Im mittleren Bereich können Sie den Namen Ihres Arbeitsblatts einsetzen lassen. Klicken Sie in den mittleren Bereich. Tippen Sie ein "Arbeitsblatt:" und dahinter ein Leerzeichen. Klicken Sie jetzt auf die Schaltfläche mit dem Excel-Symbol. Das Kürzel &N wird eingesetzt - es wird später durch den Namen des Arbeitsblatts ersetzt.

Im rechten Bereich können Sie z. B. das Datum und die Uhrzeit einsetzen. Die jeweiligen Platzhalter bekommen Sie über die Schaltflächen mit dem stilisierten Kalender und der stilisierten Uhr.

Schließen Sie die Dialogbox mit "OK". Wenn Sie aus der Dialogbox "Seite einrichten" wieder zur Seitenansicht umschalten, können Sie den Inhalt der Kopfzeile mit der Zoomfunktion prüfen.

8.6 Und so starten Sie den Ausdruck

Den Ausdruck können Sie direkt von der Seitenansicht aus über die Schaltfläche "Drucken" starten. Sie können aber auch vom Arbeitsblatt aus den Befehl "Drucken..." im Menü "Datei" wählen. Es erscheint jeweils die gleiche Dialogbox.

Abb. 93: So bestimmen Sie, was gedruckt werden soll, und starten den Druck

	A	B	C	D
1	So berechnet man das Alter einer Person			
2		Aktuelles Datum	Geburtsdatum	Alter
3	Eingabe:	=HEUTE()		=(B2+1)-C2
4	Zahlenformat:	TT.MM.JJJJ	TT.MM.JJJJ	JJ
5	Ausgabe:	15.03.1993	08.07.1985	07

Ist der Knopf "Alles" gedrückt, werden alle Seiten gedruckt. Sie können aber in den Feldern "Von" und "Bis" die Seitennummern eintragen, die gedruckt werden sollen.

Wie viele Kopien nacheinander gedruckt werden, geben Sie bei "Kopien" ein. Alle anderen Einstellmöglichkeiten können Sie ignorieren.

Klicken Sie auf "OK", wird der Druckvorgang gestartet.

8.7 Mögliche Probleme beim Drucken mit Excel

Eine Auswahl von möglichen Problemen beim Drucken möchte ich Ihnen schildern und zeigen, wie Sie die Probleme beheben können.

Kein Drucker zur Auswahl

Sie haben den Befehl "Seite einrichten..." aus dem Menü "Datei" gewählt. In der Dialogbox "Seite einrichten" haben Sie dann auf die Schaltfläche "Drucker einrichten..." geklickt. In der folgenden Dialogbox taucht aber kein Eintrag mit einem Druckernamen auf. Dann haben Sie den an Ihrem Computer angeschlossenen Drucker nicht richtig eingestellt. Dafür ist die Windows-Oberfläche zuständig.

Sie können den Drucker von einem Experten einrichten lassen oder es nach der folgenden Anleitung selbst versuchen. Dazu müssen Sie den Namen Ihres Druckers kennen und über die Original-Disketten von Windows oder eine Diskette verfügen, die zum Drucker mitgeliefert wurde.

Am besten führen Sie diese Arbeit nach dem nächsten Start von Windows aus.

1. Öffnen Sie das Symbol der Gruppe "Hauptgruppe".

2. Öffnen Sie die Systemsteuerung mit einem Doppelklick auf das entsprechende Symbol.

3. Mit einem Doppelklick auf das Symbol "Drucker" bekommen Sie die entsprechende Dialogbox auf den Bildschirm.

4. Klicken Sie auf die Schaltfläche "Drucker hinzufügen >>". Die Dialogbox wird unten um eine Liste erweitert.

5. Suchen Sie in der Liste Ihren Drucker aus und klicken Sie auf "Installieren...". Taucht Ihr Drucker nicht in der Liste auf, wählen Sie den obersten Listeneintrag ("Nicht aufgeführter oder aktualisierter Drucker") und klicken Sie ebenfalls auf "Installieren...".

6. Legen Sie entweder die angeforderte Original-Windows-Diskette oder die Diskette, die zu Ihrem Drucker geliefert wurde, in das Diskettenlaufwerk ein und klicken Sie auf "OK".

7. In der folgenden Dialogbox klicken Sie auf den Eintrag mit dem Namen Ihres Druckers und dann auf "OK". Der Druckername

wird dann im oberen Teil der Dialogbox "Drucker" in der Liste "Installierte Drucker" auftauchen.

8. Als Druckeranschluß wird LPT1: ("... an LPT1:") angegeben. Das ist die erste parallele Schnittstelle an Ihrem Computer. In den meisten Fällen wird das korrekt sein. Wenn Sie wissen, daß dies nicht richtig ist, können Sie einen anderen Anschluß wählen. Dazu klicken Sie auf "Verbinden..." und wählen einen anderen Anschluß aus.

9. Über die Schaltfläche "Einrichten..." öffnen Sie die Dialogbox, mit der Sie die Voreinstellungen für den Drucker festlegen. Diese Dialogbox sieht bei jedem Drucker anders aus. Meist können Sie hier angeben, welcher Papiereinzug verwendet werden soll, welche Papiergröße und welche Formatlage. Bei manchen Druckern können Sie aber auch einstellen, ob farbig gedruckt werden soll oder nicht, und welche Druckerschriften benutzt werden können.

Haben Sie die Druckereinrichtung hinter sich gebracht, probieren Sie aus, ob alles in Ordnung ist. Versuchen Sie, ein Excel-Arbeitsblatt zu drucken. Klappt das nicht, sollten Sie einen freundlichen Experten um Rat und Tat bitten.

Schriften im Ausdruck sehen schlecht aus

Klar: Sie haben Schriftarten gewählt, die nur am Bildschirm gut aussehen. Markieren Sie im Arbeitsblatt die Zellen, die von diesem Effekt betroffen sind und wählen Sie eine andere Schrift aus. Und zwar eine, die in der Liste mit dem TrueType-Symbol versehen ist (das doppelte T).

Diese Schriften werden in jedem Fall beim Drucken gut aussehen.

Zellinhalte werden gar nicht gedruckt

Manche Zellen erscheinen im Ausdruck ganz schwarz, so daß der Inhalt nicht sichtbar ist. Das liegt daran, daß die Farbe, die Sie für den Zellhintergrund gewählt haben, vom Drucker in Schwarz umgesetzt wird.

211

Am besten, Sie klicken in der Dialogbox des Befehls "Seite einrichten..." aus dem Menü "Datei" in das Kästchen "Schwarz-/Weißzellen".
Dann werden die Farben von Zellen ignoriert.

Tabelle und Kopf- bzw. Fußzeilen verdecken sich

Sie haben eine Kopf- und/oder Fußzeile definiert, aber deren Inhalte
werden von der Tabelle verdeckt.

Excel setzt Kopf- und Fußzeilen an feste Positionen auf der Seite.
Haben Sie oben und unten sehr schmale Ränder eingestellt, wird die
Tabelle über Kopf- und/oder Fußzeile gedruckt. Sie müssen dann die
Ränder von Hand so verstellen, daß genug Platz für Kopf- und
Fußzeile bleibt.

Das machen Sie am besten in der Seitenansicht. Werden die
gestrichelten Linien für die Ränder nicht angezeigt, klicken Sie auf
"Ränder". Anschließend können Sie die Randlinien verschieben,
indem Sie einen der quadratischen Anfasser mit dem Mauszeiger
verschieben.

9. Excel als Karteikasten

Ja, Sie können mit Excel auch einen herkömmlichen Karteikasten ersetzen. Sie müssen sich allerdings darüber im klaren sein, daß Excel von Hause aus dafür nicht geschaffen ist. Trotzdem: Gerade solche einfacheren Aufgaben, wie die Verwaltung von Adressen, lassen sich mit Excel ganz gut erledigen.

Im folgenden Kapitel möchte ich Ihnen an einem Beispiel zeigen, wie Sie Excel als Ersatz für den Karteikasten bzw. das Adreßbüchlein benutzen können.

9.1 Das sind Datensätze und Datenfelder

Vielleicht benutzen Sie zur Verwaltung Ihrer Adressen einen Karteikasten, vielleicht ein Adreßbuch. In beiden Fällen sind diese nur dann nützlich, wenn eine gewisse Ordnung darin herrscht. Eventuell haben Sie sich ja sogar Gedanken über die Struktur der Adressen gemacht, bevor Sie die Karteikarten angelegt haben.

213

Dabei ist Ihnen vielleicht klar geworden, daß die Kartei um so einfacher zu benutzen ist, je gleichmäßiger die Karteikarten aufgebaut sind.

Vorbild Karteikarte

Der erste Gedanke ist sicher, daß für jede Adresse genau eine Karteikarte angelegt wird. Die zweite Idee ist vermutlich, daß auf jeder Karteikarte die gleichen Informationen an der gleichen Stelle eingetragen werden.

Abb. 94: So sieht eine klassische Karteikarte für eine Adressenverwaltung aus

Der Nachname wird am besten ganz oben eingetragen, so daß Sie ihn beim Heraussuchen einer Karte schnell erkennen können.

Darunter erscheinen dann die einzelnen Angaben; schön ordentlich nach Sinnzusammenhängen in einzelnen Zeilen angeordnet. Leider wird sich diese Gestaltung bei der Arbeit mit den Adressen rasch auflösen - jede Änderung führt zu Streichungen und Zusätzen. Irgendwann ist dann die Karteikarte nur noch für Kenner auszuwerten.

Das sind Datensätze

Wenn Sie eine Adressen-Datei in einem Excel-Arbeitsblatt anlegen, dann wird der Inhalt einer Karteikarte genau eine Zeile einnehmen. Man sagt: Jede Zeile der Tabelle stellt einen Datensatz dar.

Das sind Datenfelder

Jedes Feld auf der Karteikarte entspricht einer Spalte auf dem Excel-Arbeitsblatt. Man sagt auch: Jede Spalte entspricht einem Datenfeld.

Während Sie auf einer Karteikarte nicht unbedingt feste Namen für jedes Feld eintragen, so ist dies in einem Excel-Arbeitsblatt unbedingt sinnvoll. Der Name eines Datenfeldes erscheint in der ersten Zeile der betreffenden Spalte.

214

So wird also eine Adressendatei in Tabellenform angelegt: Jede Spalte ist ein Datenfeld, jede Zeile ein Datensatz.

9.2 So legen Sie eine Adressendatei an

So, bevor Sie jetzt Ihre Adressendatei kreieren, sollten Sie alle Arbeitsfenster schließen, die eventuell noch geöffnet sind. Führen Sie einen Doppelklick auf das Systemmenü des Arbeitsfensters aus. Das Systemmenü eines Fensters ist das Quadrat mit dem Minuszeichen in der oberen linken Ecke.

Haben Sie das Arbeitsfenster innerhalb des Excel-Programmfensters auf volle Größe gebracht, erscheint das Systemmenü des Arbeitsfensters ganz links in der Menüleiste. Schließen Sie jetzt das geöffnete Arbeitsfenster. Gibt Excel dann eine Warnung aus, die Sie darauf hinweist, daß das betreffende Arbeitsblatt noch nicht gespeichert ist, klicken Sie in der Warnungsbox auf die Schaltfläche "Ja". Dann wird das Arbeitsblatt vor dem Schließen gespeichert.

Sind weitere Arbeitsfenster geöffnet, schließen Sie bitte auch diese. Daß kein Arbeitsblatt mehr geöffnet ist, merken Sie daran, daß sich die Excel-Menüleiste verändert - sie wird auf zwei Menünamen verkürzt.

Wählen Sie dann den Befehl "Neu..." aus dem Menü "Datei". Klicken Sie in der folgenden Dialogbox auf den Eintrag "Tabelle", wenn dieser nicht sowieso markiert ist. Schließen Sie die Dialogbox mit einem Klick auf "OK".

Sie haben jetzt ein neues leeres Arbeitsfenster vor sich. Bringen Sie dieses Arbeistfenster am besten auf volle Größe, indem Sie auf die Schaltfläche mit dem nach oben zeigenden Dreieck am rechten Ende der Titelleiste des Arbeitsfensters klicken. Wenn das Arbeitsfenster schon die volle Größe hat, erübrigt sich das Vergrößern natürlich.

Die Namen für die Datenfelder eintragen

Die wichtigste Arbeit beim Anlegen einer neuen Datenbank ist das Eintragen der Namen für die Datenfelder. Diese Namen gehören in die oberste Zeile der Tabelle. Steuern Sie also die Zelle A1 an.

215

Geben Sie dort ein

NAME

und bestätigen Sie die Eingabe am besten mit einem Druck auf die Taste ⏎. Damit wird der Eintrag in die Zelle A1 gesetzt, und die Markierung wandert gleich weiter zur Zelle B1. Dort tragen Sie jetzt den nächsten Datenfeldnamen ein.

Orientieren Sie sich bei Ihren Datenfeldnamen an der folgenden Abbildung:

Abb. 95: So tragen Sie die Datenfeld- namen ein

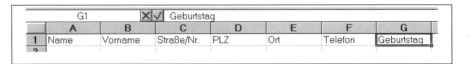

Wenn alle Datenfeldnamen eingetragen sind, ist ein guter Zeitpunkt erreicht, das Arbeitsblatt zu speichern. Wählen Sie den Befehl "Speichern" aus dem Menü "Datei". Öffnen Sie bei Bedarf ein anderes Verzeichnis als das aktuelle. Löschen Sie den Inhalt des Feldes "Dateiname", und tragen Sie dort als Name

ADRESSEN

ein.

Klicken Sie auf "OK", dann wird das Arbeitsblatt gespeichert.

Den Datenbankbereich festlegen

Damit Sie später in Ihrer Adressendatei suchen können, muß Excel wissen, daß es sich bei dieser Tabelle um eine Datenbank handelt. Dazu muß ein Bereich, der aus den Zellen mit den Datenfeldnamen und den jeweils darunterliegenden leeren Zellen besteht, als Datenbankbereich definiert werden.

Und das geht so:

Markieren Sie die Zellen mit den Datenfeldnamen und die jeweils darunterliegenden Zellen (im Beispiel: A1 bis G2). Wählen Sie den Befehl "Datenbank festlegen" aus dem Menü "Daten". Das war's:

216

Excel weiß jetzt, daß es sich bei dem markierten Bereich um eine Datenbank handelt. Sie erkennen das übrigens daran, daß direkt nach Ausführung des Befehls der Name "Datenbank" für den markierten Bereich in der linken Hälfte der Bearbeitungszeile erscheint.

Stellen Sie sicher, daß der Datenbankbereich überhaupt und auch richtig festgelegt ist, Nur dann funktionieren die verschiedenen Arbeiten an der Adressendatei!

Datensätze eingeben

Als nächstes würde ich vorschlagen, die Datenfeldnamen in Fettschrift darstellen zu lassen, damit Sie diese immer schön im Blick behalten. Markieren Sie die Zellen mit den Datenfeldnamen (im Beispiel: A1 bis G1) und klicken Sie auf das Symbol für Fettschrift in der Symbolleiste (es ist die Schaltfläche mit dem "F").

Fast alle weiteren Arbeiten an der Datenbank werden Sie mit Hilfe einer Dialogbox vornehmen, die "Maske" genannt wird. Sie bringen die Maske mit dem Befehl "Maske..." aus dem Menü "Daten" auf den Bildschirm.

Abb. 96: Mit dieser Dialog-box - der Maske - kön-nen Sie alle Arbeiten an der Adressendatei steuern

Noch einmal: Die Maske wird nur dann erscheinen, wenn ein Datenbankbereich festgelegt wurde. Brauchbar ist sie nur, wenn der Datenbankbereich korrekt markiert wurde.

In der Maske finden Sie im rechten Bereich eine Reihe von Eingabefeldern. Sie stellen rasch fest, daß jedes Eingabefeld genau einem Datenfeld der Adressendatei entspricht. Die Namen an den Eingabefeldern sind identisch mit den Datenfeldnamen.

Es geht jetzt darum, diese Eingabefelder mit den Daten für die erste Adresse auszufüllen. Im obersten Feld (im Beispiel: "Name") blinkt schon ein Textcursor, so daß Sie gleich mit dem Eintragen beginnen können. Tippen Sie also den ersten Nachnamen ein.

Halt! Bestätigen Sie die Eingabe nicht mit der [Enter]-Taste! Sie wollen ja auch noch die anderen Felder ausfüllen!

Sie können jetzt entweder mit dem Mauszeiger in das nächste Feld klicken, so daß dort ein Textcursor erscheint. Sie können aber auch die [Tab]-Taste drücken; dann wird der Textcursor automatisch ins nächste Feld gesetzt. Mit dieser Methode können Sie das Eingeben beschleunigen: Tippen Sie jeweils den Inhalt ins Feld und drücken Sie dann die [Tab]-Taste.

Machen Sie sich keine Sorgen, wenn ein Eintrag nicht ganz ins Feld paßt. Das beeinflußt nur die Anzeige in der Maske, nicht aber das, was tatsächlich in der Tabelle eingetragen wird.

Sind alle Felder gefüllt, klicken Sie auf die Schaltfläche "Neu". Sie haben den ersten Datensatz angelegt. Vielleicht haben Sie aus den Augenwinkeln wahrgenommen, daß der Datensatz in die zweite Zeile der Tabelle übertragen wird. Excel sorgt nicht nur dafür, sondern erweitert dabei auch automatisch den Datenbankbereich.

Da die Maske nach dem Eingeben eines Datensatzes nicht geschlossen wird, sondern geöffnet bleibt und wieder leere Eingabefelder präsentiert, können Sie jetzt fortlaufend weitere Datensätze eingeben.

Bitte tun Sie das jetzt, so daß schließlich fünf, sechs Datensätze existieren.

Datensätze ändern

Und was dann? Nun, wenn es keine weiteren Sätze einzugeben gibt, schließen Sie die Maske. Dafür gibt es eine eigene Schaltfläche "Schließen", die Sie einfach anklicken.

Sie sehen dann die Datensätze im Arbeitsblatt.

Wollen Sie Tippfehler korrigieren, können Sie das gleich hier tun. Steuern Sie die Zelle an, deren Inhalt Sie verändern wollen und klicken Sie in die Bearbeitungszeile. Nehmen Sie dort die gewünschten Änderungen vor und bestätigen Sie die Änderung mit einem Klick auf das grüne Häkchen oder Drücken der Enter -Taste.

Aber auch in der Maske können Datensätze geändert werden. Wählen Sie den Befehl "Maske..." aus dem Menü "Daten".

Abb. 97: So sieht die Maske mit Datensätzen aus

In der Maske finden Sie jetzt keine leeren Eingabefelder vor, sondern mit den Inhalten des ersten Datensatzes gefüllte. Oberhalb der Schaltfläche "Neu" wird angezeigt, der wievielte Datensatz von insgesamt wie vielen gerade angezeigt wird (im Beispiel: 1 von 6).

Sie können jetzt durch die Datensätze blättern. Klicken Sie auf die Schaltfläche "Nächsten sichern". Die Inhalte des zweiten Datensatzes erscheinen in den Feldern - die Datensatznummer wird angezeigt. Rückwärts können Sie ebenfalls blättern - klicken Sie auf die Schaltfläche "Vorherigen suchen". Sind Sie beim letzten Datensatz und klicken Sie noch einmal auf "Nächsten suchen", erklingt ein Warnton. Das passiert ebenfalls, wenn Sie den ersten Datensatz in den Feldern haben und auf "Vorherige suchen" klicken. Irgendwelche negativen Auswirkungen hat der Ton nicht - er will Ihnen nur sagen: "Hier geht's nicht weiter".

Erscheint der Datensatz, an dem Sie etwas ändern wollen, in den Feldern der Maske, klicken Sie in das betreffende Feld und führen die Änderung aus. Sie müssen die Änderung nicht bestätigen! Wenn Sie auf einer der Schalflächen zum Blättern klicken oder auf "Neu" oder die Maske schließen, wird die Änderung in die Tabelle übernommen.

In den Datensätzen blättern

Es gibt noch ein weitere Methode, die Datensätze zu durchblättern, die sich gerade dann empfiehlt, wenn sehr viele Datensätze existieren. Und zwar das Bedienen des Rollbalkens neben den Eingabefeldern. Klicken Sie auf die Pfeile oben und unten, blättert jeweils ein Datensatz vor bzw. zurück. Klicken Sie unterhalb des Quadrats in den Rollbalken, wird zum letzten Datensatz geblättert - und das ist immer ein neuer, leerer Datensatz! Klicken Sie oberhalb des Quadrats in den Rollbalken, wird zum ersten Datensatz geblättert. Sie können natürlich auch das Quadrat im Rollbalken mit dem Mauszeiger anfassen und verschieben - damit blättern Sie dann sozusagen "stufenlos".

Einen neuen Datensatz hinzufügen

Wie schon erwähnt: Der letzte Datensatz, den Sie beim Blättern mit dem Rollbalken erreichen, ist immer leer. Wenn Sie also einen neuen Datensatz eintippen wollen, blättern Sie zu diesem letzten Datensatz. Dann füllen Sie die Eingabefelder aus und klicken anschließend auf die Schaltfläche "Neu".

Sie können aber auch erst die Schaltfläche "Neu" anklicken. Dann bekommen Sie wieder leere Eingabefelder, die Sie ausfüllen. Sie brauchen die Eingabe nicht zu bestätigen - wenn Sie irgendeine Schaltfläche in der Maske anklicken, wird der Datensatz in die Tabelle eingetragen.

Datensätze löschen

In der Maske steuern Sie den Datensatz an, den Sie löschen möchten. Dann klicken Sie auf die Schaltfläche "Löschen". Excel bringt eine Warnung auf den Bildschirm. Wollen Sie den Datensatz tatsächlich löschen, klicken Sie auf "OK". Haben Sie es sich anders überlegt, klicken Sie auf "Abbrechen".

Neue Datenfelder einfügen

Ein neues Datenfeld einzufügen, ist so einfach wie das Einfügen einer neuen Spalte in der Tabelle. Sie markieren die Spalte, neben der rechts eine neue eingefügt werden soll, indem Sie auf die Spaltenkoordinate in der Leiste am oberen Rand der Tabelle klicken.

Wählen Sie dann den Befehl "Zellen einfügen" aus dem Menü "Bearbeiten". Eine neue, leere Spalte wird eingefügt. Nun tragen Sie in die erste Zeile dieser neuen Spalte den Datenfeldnamen ein.

Wenn Sie jetzt wieder die Maske öffnen (mit dem Befehl "Maske..." aus dem Menü "Daten"), wird dort ein weiteres, in allen Datensätzen noch leeres, Eingabefeld auftauchen. Sie können dies jetzt in allen Datensätzen ausfüllen.

Wenn Sie ganz am rechten Ende der Tabelle eine neue Spalte als Datenfeld einfügen wollen, können Sie das wie beschrieben tun, Sie müssen jedoch danach den Datenbankbereich neu festlegen. Markieren Sie dazu die ganze Adressentabelle inklusive der Spalte mit dem neuen Datenfeld. Wählen Sie dann den Befehl "Datenbank festlegen" aus dem Menü "Daten".

Bei Veränderungen der Tabelle muß der Datenbereich neu festgelegt werden.

Das Arbeitsblatt mit der Adressendatei gestalten

Auch wenn Sie ohnehin nur mit der Maske arbeiten, ist es doch sinnvoll, wenigstens einfache Schönheitskorrekturen an der Tabelle vorzunehmen. So ist sicher von Nutzen, ab und an die Spalten der Datenbank zu markieren, den Befehl "Spaltenbreite..." aus dem Menü "Format" zu wählen und in der zugehörigen Dialogbox auf die Schaltfläche "optimale Breite" zu klicken.

Möchten Sie es besonders schön haben, markieren Sie die Datenbank (inklusiver einer leeren Zeile am unteren Ende der Tabelle!), wählen Sie den Befehl "Autoformatieren..." aus dem Menü "Format" und suchen Sie sich das Autoformat "Liste 2" aus.

Das paßt sehr gut zu Datenbank-Tabellen.

9.3 So lassen Sie die Adressen sortieren

Leider können Sie die Datensätze Ihrer Adressendatei nicht von der Maske aus sortieren. Das liegt daran, daß die Sortierfunktion von Excel nicht nur in Datenbanken wirkt.

Erste Voraussetzung für das Sortieren ist das Markieren des Bereichs, dessen Inhalt sortiert werden soll. Bei einer Datenbank sind das nur die Zeilen mit den Datensätzen - also ohne die Zeile mit den Datenfeldnamen und ohne die unterste, leere Zeile. Im Beispiel müssen Sie A2 bis G7 markieren.

Dann wählen Sie den Befehl "Sortieren..." aus dem Menü "Daten", der die folgende Dialogbox auf den Bildschirm bringt.

Abb. 98: So legen Sie fest, wie sortiert werden soll

Achten Sie darauf, daß oben links der Knopf "Zeilen" bei "Sortieren nach" gedrückt ist. Falls nicht, klicken Sie ihn an.

Sortierschlüssel festlegen

Sie können eine Datenbank nach maximal drei Schlüsseln sortieren lassen. Unter einem Schlüssel ist bei einer Datenbank das Datenfeld gemeint, nach dessen Inhalt sortiert werden soll. Im Eingabefeld "1.

Schlüssel" muß dazu lediglich die Adresse einer Zelle in der entsprechenden Spalte eingetragen sein.

Sie können jetzt die Datenbank nach den Nachnamen sortieren lassen. Also muß im Eingabefeld "1. Schlüssel" eine Zelladresse aus der Spalte A erscheinen. Und wie kommt die dorthin (falls sie nicht eh schon dort steht)? Indem Sie mit dem Mauszeiger auf eine Zelle in dieser Spalte klicken. Die Adresse wird dann in dieses Eingabefeld übernommen.

Sie können dann noch entscheiden, ob auf- oder absteigend sortiert werden soll. Dazu dienen die beiden Knöpfe unterhalb des Eingabefeldes. "Aufsteigend" bedeutet: Es wird alphabetisch von A bis Z sortiert. Zahlen werden von 0 aufsteigend vor den Buchstaben einsortiert. Bei "Absteigend" würde von Z nach A sortiert.

Klicken Sie auf "OK" werden die Datensätze alphabetisch nach dem Nachnamen sortiert.

Wieso gibt es weitere Eingabefelder für den zweiten und dritten Schlüssel? Sie können dafür sorgen, daß Datensätze, bei denen der erste Schlüssel identisch ist, nach einem gewählten Kriterium sortiert werden. Beispiel: Geben Sie als ersten Schlüssel das Datenfeld "PLZ" an (eine Zelle der Spalte D). Geben Sie als zweiten Schlüssel das Datenfeld "Name" an (eine Zelle der Spalte A). Jetzt werden die Datensätze nach der Postleitzahl sortiert. Bei gleicher PLZ wird nach dem Namen sortiert.

Sie können jederzeit umsortieren. Haben Sie viele Datensätze in der Adressendatei (mehr als 1.000), kann das Sortieren einige Zeit dauern.

9.4 So finden Sie eine Adresse

Wenn Sie einen bestimmten Datensatz suchen, dann geht das am besten wieder mit der Maske. Wählen Sie den Befehl "Maske..." aus dem Menü "Daten".

Suchkriterien eingeben

Klicken Sie auf die Schaltfläche "Suchkriterien". Oberhalb der Schaltfläche wird der Hinweis "Suchkriterien" ausgegeben, und Sie finden lauter leere Eingabefelder vor. Sie können jetzt einfach eingeben, was Sie suchen. Brauchen Sie beispielsweise die Adresse von Herrn Edelmann, geben Sie im Feld "Name" einfach

```
EDELMANN
```

ein.

Klicken Sie auf "Nächsten suchen"; der gefundene Datensatz erscheint in den Eingabefeldern. Gibt es keinen Datensatz, der Ihrem Suchkriterium entspricht, wird der erste Datensatz angezeigt.

Die gefundenen Datensätze durchblättern

Wenn mehrere Datensätze gefunden wurden, springen Sie mit den Schaltflächen "Vorherigen suchen" und "Nächsten suchen" von einer Fundstelle zur nächsten.

Möchten Sie, daß wieder alle Datensätze ansteuerbar sind, klicken Sie auf "Suchkriterien" und löschen Sie alle Inhalte aus den Eingabefeldern - dazu dient die Schaltfläche "Inhalte löschen".

Sie können auch nach mehreren Kriterien gleichzeitig suchen lassen; geben Sie einfach mehrere Suchkriterien ein.

Wenn Sie nach etwas suchen, von dem Sie nichts Genaues wissen, reicht es, den Anfang einzutippen. Wissen Sie nicht mehr, ob Sie den Herrn Müller oder Meier suchen, tippen Sie einfach ein "M" ins Eingabefeld "Name" ein. Es werden alle Datensätze gefunden, bei denen der Name mit einem "M" beginnt. Unklare Teile können Sie durch ein Fragezeichen (?) als Platzhalter ersetzen.

Der Eintrag

```
M??ER
```

im Feld "Name" findet sowohl den Meier, also auch den Maier, den Meyer und den Mayer.

9.5 Mögliche Fehler beim Anlegen und Benutzen einer Adressendatei

Es gibt nur einen wirklich schweren Fehler beim Einsatz eines Arbeitsblatts als Datenbank. Wenn der Datenbankbereich nicht festgelegt wurde, funktionieren alle Arbeiten an der Datei nicht. Es wird nicht einmal eine Maske angezeigt.

Markieren Sie alle Zellen der Datenbank - beginnend mit der obersten Zeile mit den Datenfeldnamen bis einschließlich der untersten, leeren Zeile. Wählen Sie dann den Befehl "Datenbank festlegen" aus dem Menü "Daten".

Danach stehen Ihnen alle Möglichkeiten der Datenbankverwaltung zur Verfügung.

225

10. Einige nette Dinge, die Sie nicht unbedingt brauchen

Excel kann noch einiges mehr als das, was bisher geschildert wurde. Das, was Sie in den Kapiteln 3 bis 9 gelernt haben, wird allerdings in den meisten Fällen ausreichen.

Ich möchte Ihnen im folgenden ein paar Fähigkeiten von Excel vorstellen, die Sie nicht unbedingt brauchen, die Ihnen aber die Arbeit erleichtern und die Möglichkeiten erweitern werden.

10.1 So gestalten Sie eigene Zahlenformate

Die Arbeit mit den Zahlenformaten haben Sie in den Kapiteln 4 und 7 kennengelernt. Sie wissen ja: Das Zahlenformat, das Sie über den Befehl "Zahlenformat..." im Menü "Format" gewählt haben, bestimmt, wie Zahlen, aber auch Datums- und Zeitwerte in den Zellen aussehen.

In der Dialogbox "Zahlenformat" finden Sie links eine Liste mit den Gruppen und rechts die jeweils enthaltenen Zahlenformate. Steuern Sie jetzt einmal einen der Werte im Haushaltsblatt an. Wählen Sie dann den Befehl "Zahlenformat..." im Menü "Format". Dort entscheiden Sie sich bitte für die Gruppe "Zahl".

Kreuzchen und Farben

Was bedeuten die einzelnen dort vorhandenen Zahlenformate eigentlich? Jedes Zahlenformat sagt folgendes aus:

- Wie viele Nachkommastellen angezeigt werden.

  Jede 0 nach dem Komma im Zahlenformat steht für eine Nachkommastelle, die angezeigt wird. Jede 0 bedeutet aber auch, daß der Zahl eine 0 als Nachkommastelle hinzugefügt wird, falls die Zahl weniger Stellen hat. Beispiel: Aus der Zahl 965,8 wird mit dem Zahlenformat 0,00 die Zahl 965,80.

  Hat eine Zahl mehr Nachkommastellen als im Zahlenformat Nullen nach dem Komma erscheinen, wird die Zahl auf die nächste Nachkommastelle gerundet. Aus 965,888 wird mit dem Zahlenformat 0,00 die Zahl 965,89.

- Ob bei Werten ab 1.000 der berühmte Tausenderpunkt eingefügt wird.

  Hier spielen die Kreuzchen (#) eine Rolle. Sie stehen für die Anzahl Stellen zwischen dem Komma und dem ersten Tausenderpunkt. Aus 965432,11 wird mit dem Zahlenformat #.###0,00 die Zahl 965.432,11.

  Ein Kreuzchen steht grundsätzlich für eine Stelle vor oder nach dem Komma, die nur angezeigt wird, wenn sie in der Zahl tatsächlich nicht gleich Null ist. Beispiel: 965,1 sieht mit dem Zahlenformat 0,00 aus wie 965,10; mit dem Zahlenformat 0,## wird aber 965,1 daraus.

- Wie negative Werte dargestellt werden.

  Eine Zahl wird als negativ betrachtet, wenn ein Minuszeichen vorangestellt ist. In manchen Zahlenformaten finden Sie gleich

227

zwei Angaben, die durch ein Semikolon voneinander getrennt sind - das Zahlenformat rechts vom Semikolon wird für negative Werte benutzt.

Abb. 99: In dieser Dialog-box wählen Sie Zahlenformate an und gestal-ten neue

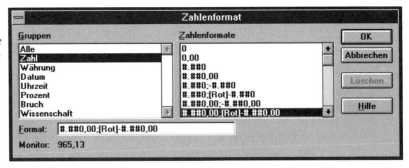

Zahlenformat selbstgemacht

Ein Zahlenformat der Gruppe "Zahl" kann also aus folgenden Bestandteilen zusammengesetzt werden:

- Nullen mit einem Komma für die immer angezeigten Vor- und Nachkommastellen.

- Kreuzchen (#) für die Vor- und Nachkommastellen, die nur angezeigt werden, wenn sie nicht gleich Null sind.

- Tausenderpunkt, der eingesetzt werden kann.

- Minuszeichen.

Außerdem können bei Bedarf und nach Wunsch noch Klammern (runde und spitze) und ein Pluszeichen eingebaut werden.

Schließlich kann sowohl dem Format für positive wie negative Werte eine feste Farbe zugeordnet werden. Das Zahlenformat #.##0,00;[Rot]-#.##0,00 bewirkt z. B., daß negative Werte in roter Farbe erscheinen. Folgende Farbnamen können - jeweils zwischen eckigen Klammern - benutzt werden:

```
[SCHWARZ]
[WEIß]
```

```
[ROT]
[HELLGRÜN]
[GELB]
[MAGENTA] = VIOLETT
[CYAN] = TÜRKIS
```

Sie können sich jederzeit ein eigenes Zahlenformat zusammenbasteln. Dazu markieren Sie eine Zelle mit einer Zahl und rufen den Befehl "Zahlenformat..." aus dem Menü "Format" auf. Wählen Sie dann die gewünschte Gruppe und innerhalb der Gruppe das Zahlenformat, das Ihren Anforderungen am ehesten entspricht aus.

Das gewählte Zahlenformat erscheint im Eingabefeld. Sie können es jetzt dort verändern. Ein Beispiel:

1. Markieren Sie die Zelle D3 im Haushaltsblatt.

2. Wählen Sie den Befehl "Zahlenformat..." aus dem Menü "Format".

3. Klicken Sie in der Liste "Gruppe" auf "Zahl".

4. Klicken Sie in der Liste "Zahlenformate" auf "#.##0,00;[Rot]-#.##0,00".

5. Klicken Sie in das Eingabefeld "Format".

6. Ändern Sie das Format, so daß anschließend "[Blau]#.##0,##;[Rot]-#.##0,##" im Eingabefeld steht.

7. Klicken Sie auf "OK".

Sie haben ein neues Zahlenfomat erzeugt, das auch gleich angewendet wird. Wenn Sie jetzt noch einmal den Befehl "Zahlenformat..." aus dem Menü "Format" wählen, werden Sie feststellen, daß Ihr neues Format dort aufgeführt wird. Es wird in Zukunft immer wieder benutzbar sein.

Zahlenformate löschen

Sie können in der Dialogbox "Zahlenformat" nur solche Formate löschen, die Sie selbst angelegt haben. Klicken Sie auf den entsprechenden Eintrag und dann auf "OK". Das Zahlenformat wird gelöscht.

Ein schönes, neues Währungsformat

Vielleicht haben Sie schon mal die Zahlenformate der Gruppe "Währung" ausprobiert. Häßlich, nicht wahr? Das Kürzel "DM" wird immer vorangestellt, deshalb erscheinen die Zahlen nie ordentlich untereinander ausgerichtet. Das liegt daran, daß Excel automatisch das Währungssymbol (ganz gleich, ob DM oder $, £ oder ¥) immer voranstellt, weil das mit den Dollars in den USA so üblich ist.

Sie gestalten jetzt ein schönes, neues Währungsformat. Markieren Sie wieder die Zelle D3 und wählen Sie den Befehl "Zahlenformat..." aus dem Menü "Format". Wählen Sie die Gruppe "Währung" aus und dort das Zahlenformat "DM #.##0,00;[Rot]-DM #.##0,00".

Verändern Sie dieses Zahlenformat im Eingabefeld so, daß es folgendermaßen ausieht:

```
#.##0,00 DM;[ROT]-#.##0,00 DM
```

Jetzt haben Sie ein Währungsformat, das Sie im Haushaltsblatt wunderbar benutzen können.

Spiele mit dem Datum

Bei den Datumsformaten stehen die Buchstaben nicht nur für bestimmte Bestandteile, sondern auch für deren Schreibweise. Hier die Liste der Möglichkeiten:

T	= Tageszahl ein- oder zweistellig - also 1 oder 16
TT	= Tageszahl zweistellig - also 01 oder 16
TTT	= Tagesname mit drei Buchstaben abgekürzt - also Mon oder Frei
TTTT	= Tagesname ausgeschrieben - also Montag oder Freitag
M	= Monatszahl ein- oder zweistellig - also 1 oder 11
MM	= Monatszahl zweistellig - also 01 oder 11

230

MMM	= Monatsname mit drei Buchstaben abgekürzt - also Jan oder Nov
MMMM	= Monatsname ausgeschrieben - also Januar oder November
JJ	= Jahreszahl zweistellig - also 01 oder 93
JJJJ	= Jahreszahl vierstellig - also 1901 oder 1993

Aus diesen Kürzeln können Sie sich ein beliebiges Datumsformat zusammenbauen, wobei als Trennzeichen neben einem Leerzeichen auch Punkte, Schrägstriche (/), Bindestriche und Doppelpunkte erlaubt sind. Sie können auch eine Farbe angeben (siehe oben).

Bei den Uhrzeitformaten ist zu beachten, daß hier folgende Platzhalter gelten:

h	= Stunden im 12-Stunden-Format wie in den englischspra-chigen Ländern
hh	= Stunden im 24-Stunden-Format
mm	= Minuten (immer zweistellig!)
ss	= Sekunden (immer zweistellig)

Die innere Uhr von Excel kennt die Uhrzeit 24:00 nicht! Auf 23:59:59 folgt 0:00:00! Das müssen Sie eventuell beachten, wenn Sie Uhrzeiten eintragen und mit ihnen rechnen wollen!

Wird ein 12-Stunden-Format benutzt, können Sie AM und PM hinzufügen. Als Trennzeichen sind die gleichen Zeichen gestattet wie beim Datum.

10.2 So arbeiten Sie mit Druckformaten

Als ordentlicher Mensch sind Sie wahrscheinlich bemüht, gleiche Dinge in einem Arbeitsblatt gleich aussehen zu lassen. Also mit der gleichen Schriftart und -größe, gleicher Umrahmung und Ausrichtung zu versehen.

Alle diese Eigenschaften lassen sich zu einem sogenannten Druckformat zusammenfassen. So ein Druckformat kann - ist es erst einmal festgelegt - jederzeit für eine Zelle oder einen Bereich ausgewählt werden. In der Symbolleiste gibt es ein spezielles Listenfeld für die Druckformate.

Abb. 100: Das ist die Druckformat-liste in der Symbolleiste

Möchten Sie gerne ein eigenes Druckformat kreieren, gehen Sie folgendermaßen vor. Dabei wird übrigens ein Druckformat entstehen, das die dunkelblaue Überschrift auf hellgelbem Grund wie in Ihrem Haushaltsblatt zeigt.

1. Steuern Sie die Zelle A1 an. Dort steht die Überschrift mit all den Formateigenschaften, die Sie ihr (wie bereits in Kapitel 7 beschrieben) zugeordnet haben.

2. Klicken Sie in das Feld der Druckformatliste in der Symbolleiste.

3. Löschen Sie den dort stehenden Eintrag und schreiben Sie statt dessen

   HAUPTÜBERSCHRIFT

   hinein.

4. Bestätigen Sie die Eingabe mit der ⌈Enter⌋-Taste.

Sie haben ein neues Druckformat erzeugt, das unter dem Namen "Hauptüberschrift" in der Druckformatliste auftaucht. Testen Sie:

1. Steuern Sie A3 an.

2. Öffnen Sie die Druckformatliste, indem Sie auf die Schaltfläche mit dem Pfeil neben der Liste klicken.

3. Wählen Sie den Eintrag "Hauptüberschrift" aus.

Jetzt wird die Zelle A3 genauso formatiert aussehen wie die Zelle A1 - Sie haben das Druckformat "Hauptüberschrift" auf die Zelle A3 angewendet.

Auf diese Weise können Sie jederzeit neue Druckformate erzeugen.
Sie wählen ein Beispiel im Arbeitsblatt, dann tragen Sie einen neuen
Namen in das Eingabefeld der Druckformatliste ein und danach
drücken Sie die ⌑Enter⌑-Taste.

Druckformate bearbeiten

Weitergehende Möglichkeiten haben Sie, wenn Sie den Befehl
"Druckformat..." aus dem Menü "Format" wählen. Dort finden Sie
zunächst auch nur eine Druckformatliste zum Auswählen. Zusätzlich
wird aber eine Beschreibung angezeigt, so daß Sie schon vor der
Auswahl ungefähr wissen, wie die formatierte Zelle aussehen wird.

Klicken Sie auf "Festlegen>>", bietet sich das folgende Bild:

Abb. 101: Mit dieser Dialog-box können Sie ein Druckfor-mat festlegen

Sie können jetzt ein nicht mehr benötigtes Druckformat entfernen,
indem Sie auf die Schaltfläche "Löschen" klicken.

Über die Kästchen im Bereich "Druckformat enthält" können Sie
bestimmen, welche Bestandteile tatsächlich benutzt werden sollen.

Mit den sechs Schaltflächen im Bereich "Ändern" kommen Sie dann
jeweils zu den Dialogboxen, mit denen Sie die entsprechenden
Eigenschaften einstellen können.

Haben Sie das getan und in der Dialogbox auf "OK" geklickt, klicken
Sie auch in der Dialogbox "Druckformat" auf "OK" - Sie haben

233

gleichzeitig das Druckformat geändert und es der Zelle, die gerade angesteuert war, zugeordnet.

10.3 So benutzen Sie die Rechtschreibprüfung

Mal unter uns: Tippen Sie immer absolut fehlerfrei? Sind Sie völlig sicher in der Orthographie? Ich auch nicht. Deshalb benutze ich oft und gerne die Rechtschreibprüfung von Excel. Sie sorgt dafür, daß zumindest die Texte im Arbeitsblatt frei von Tippfehlern sind.

So funktioniert eine Rechtschreibprüfung

Ein Rechtschreibprüfprogramm (Fachleute sagen "Spellchecker" dazu) geht nach und nach alle Wörter im Arbeitsblatt durch und vergleicht sie mit den in seinem Lexikon verzeichneten Wörtern. Findet der Spellchecker ein unbekanntes Wort, meldet er dies.

Gleichzeitig geht er davon aus, daß es sich bei dem unbekannten Wort um ein durch Tippfehler verunstaltetes handelt. Deshalb macht der Spellchecker Vorschläge - also Wörter aus seinem Lexikon, die mit dem unbekannten Wort gemeint sein könnten.

Sie können auf ein solches unbekanntes Wort unterschiedlich reagieren. Entweder Sie stellen ebenfalls fest, daß es sich um einen Tippfehler handelt. Dann korrigieren Sie den Fehler manuell oder wählen Sie einen der Vorschläge.

Oder Sie wissen, daß es sich um ein korrekt geschriebenes Wort handelt, das aber im Lexikon der Rechtschreibprüfung nicht vorhanden ist. Dann können Sie dafür sorgen, daß das Wort zunächst ignoriert wird, oder daß es auch im weiteren Verlauf des Korrekturdurchgangs immer ignoriert wird - oder: Sie lassen das Wort in Ihr ganz persönliches Benutzerwörterbuch aufnehmen. Dann wird es in Zukunft vom Spellchecker immer als richtig erkannt.

Ein Rechtschreibprogramm kann natürlich nicht den Sinn eines Satzes überprüfen. Daher kann es vorkommen, daß das Programm beispielsweise "Waise" mit "ai" anstelle von "Weise" mit "ei" nicht als falsch erkennt, da dieses Wort im Lexikon vorhanden ist.

234

So prüfen Sie Texte im Arbeitsblatt

Zunächst können Sie bestimmen, welche Zellen geprüft werden
sollen. Wenn Sie einen Bereich markieren, wird nur dieser durchge-
prüft. Ansonsten werden alle Zellen rechts und unterhalb der gerade
angesteuerten Zelle geprüft.

Wollen Sie das ganze Arbeitsblatt durchsehen lassen, steuern Sie die
Zelle A1 an (z. B. mit der Tastenkombination $\boxed{\texttt{Strg}}$ + $\boxed{\texttt{Pos1}}$). Dann
wählen Sie den Befehl "Rechtschreibung..." aus dem Menü
"Optionen". Die folgende Dialogbox erscheint.

Abb. 102: Die
Dialogbox der
Rechtschreib-
prüfung

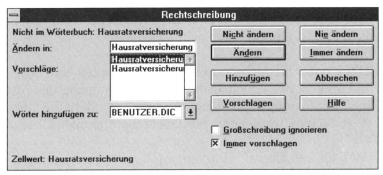

In Ihrem Haushaltsblatt wird der Spellchecker z. B. über das Wort
"Hausratsversicherung" stolpern. In der Dialogbox wird oben rechts
angezeigt:

Nicht im Wörterbuch: Hausratsversicherung.

In der Liste bei "Vorschläge" werden die Wörter aufgelistet, von
denen der Rechtschreibprüfer annimmt, sie könnten gemeint sein.
Das wahrscheinlichste Wort steht oben in der Liste und gleichzeitig
im Eingabefeld bei "Ändern in".

So, und nun müssen Sie sich entscheiden:

*   Sie meinen, die Schreibweise "Hausratsversicherung" ist richtig -
    klicken Sie auf "Nicht ändern"; wollen Sie, daß das Wort in dieser
    Schreibweise nicht mehr angemahnt wird, klicken Sie auf "Nie
    ändern".

235

- Sie finden, daß der Vorschlag "Hausratversicherung" in Ordnung ist - klicken Sie auf "Ändern" oder, wenn alle weiteren Vorkommen des Wortes geändert werden sollen, auf "Immer ändern".

- Finden Sie den anderen Vorschlag besser - klicken Sie auf den entsprechenden Eintrag in der Liste und verfahren Sie wie zuvor beschrieben.

- Möchten Sie lieber "HR-Vers." einsetzen - tippen Sie das ins Eingabefeld "Ändern in" ein und klicken Sie auf "Ändern".

Egal, was Sie wählen, als nächstes wird z. B. der "Bausparvertrag" angemahnt. Dieses Wort ist dem Spellchecker so unbekannt, daß er nicht einmal einen Vorschlag machen kann.

Jetzt können Sie nicht nur einfach dafür sorgen, daß dieses Wort hier und im Rest des Arbeitsblatts nicht mehr angemahnt wird (Klicken auf "Nicht Ändern" oder "Nie Ändern"), sondern das unbekannte Wort auch in Ihr persönliches Lexikon aufnehmen lassen.

Dazu klicken Sie auf "Hinzufügen".

Dieses sogenannte Benutzerwörterbuch benutzt der Spellchecker wie sein eigenes, eingebautes Lexikon, so daß in Zukunft der Bausparvertrag nicht mehr unerkannt bleibt.

Sie können den Durchgang jederzeit abbrechen, indem Sie auf "Schließen" klicken. Ist der Spellchecker fertig, meldet er dies. Die von Ihnen angeordneten Änderungen sind bereits ausgeführt. Jetzt sollten Sie Ihr Arbeitsblatt aber auf jeden Fall einmal speichern!

10.4 Makros - und wie Sie von ihnen profitieren

Stellen Sie sich vor, Sie hätten ein ganz großes Arbeitsblatt angelegt. In diesem Arbeitsblatt müssen Sie immer wieder die gleichen Arbeitsschritte ausführen. Das ist auf die Dauer ziemlich ermüdend und langweilig.

Excel stellt Ihnen etwas zur Verfügung, das sich Makro nennt. Ein Makro ist eine Zusammenfassung mehrerer Aktionen. Solch ein Makro kann mit einem Tastendruck ausgeführt werden. Dann werden alle enthaltenen Aktionen nacheinander stattfinden; genauso, als würden Sie diese manuell anordnen.

Ein Makro aufnehmen

Da sich in den Beispielblättern nichts wirklich für ein Makro anbietet, möchte ich Ihnen diese Funktion ausnahmsweise ganz theoretisch vorstellen.

Wollen Sie ein Makro erzeugen, gehen Sie wie folgt vor:

1. Überlegen Sie gut, welche Aktionen (Menübefehle und Mausoperationen) in Ihrem Makro vorkommen sollen.

2. Spielen Sie diese Aktion einmal durch. Wenn Sie es ganz genau nehmen, dann notieren Sie sich die einzelnen Schritte kurz auf einem Blatt Papier.

3. Wählen Sie den Befehl "Aufzeichnung beginnen..." aus dem Menü "Makro". Die folgende Dialogbox erscheint:

Abb. 103: Die Dialogbox zum Aufzeichnen eines Makros

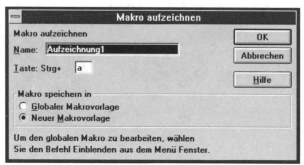

4. Jedes Makro bekommt einen Namen, der (fast) beliebig lang sein darf. Sie dürfen keine Leerzeichen im Namen verwenden. Vorgegeben wird "Aufzeichnung1" für das erste Makro, das Sie aufzeichnen - die weiteren Aufzeichnungen werden durchnumeriert.

5. Im Feld bei "Taste; Strg+" geben Sie einen Buchstaben zwischen a und z ein. Mit der Tastenkombination aus der ⌈Strg⌋-Taste und der Taste mit diesem Buchstaben können Sie Ihr Makro später starten.

6. Achten Sie darauf, daß der Knopf "Neue Makrovorlage" bzw. "Makrovorlage (Makro1)" angeklickt ist und schließen Sie die Dialogbox mit einem Klick auf "OK".

Die Aufzeichnung läuft. Sie erkennen das daran, daß unten rechts das Wort "Aufzeichnung" angezeigt wird.

Nun führen Sie die Aktionen durch, die Sie aufzeichnen möchten. Versuchen Sie, möglichst wenig überflüssige Schritte zu gehen und sich möglichst wenig zu "verklicken".

Haben Sie alle Aktionen durchgeführt, wählen Sie den Befehl "Aufzeichnung beenden" aus dem Menü "Makro". Die Aufzeichnung wird abgeschlossen, alle aufgezeichneten Aktionen in einem Makro gespeichert, das den von Ihnen eingetragenen Namen trägt.

Fachchinesisch

Das Makro wird in einem Arbeitsblatt vom Typ "Makrovorlage" gespeichert. In diesem Arbeitsblatt erscheint Ihr Makro mit seinem Namen. Sie können sich die aufgezeichneten Makrobefehle anschauen. Über das Menü "Fenster" können Sie zur Makrovorlage umschalten. Diese heißt - falls Sie nichts geändert haben - einfach "Makro1".

Das Arbeitsblatt mit dem Makro muß separat gespeichert werden und - wenn Sie Ihr Makro benutzen wollen - zusätzlich zum eigentlichen Arbeitsblatt geöffnet werden.

Ein Makro abspielen

Sie können die Aktionen, die im Makro aufgezeichnet sind, natürlich auch wieder abspielen. Am einfachsten geht das, indem Sie die Tastenkombination drücken, die Sie dem Makro zugeteilt haben - also die `Strg`-Taste und die Taste mit dem vergebenen Kennbuchstaben.

Das Makro wird dann ausgeführt; d. h., alle gespeicherten Aktionen werden so ausgeführt, als würden Sie diese manuell auslösen.

Sie können ein Makro aber auch auf die folgende Weise starten:

1. Wählen Sie den Befehl "Ausführen..." aus dem Menü "Makro".

2. Klicken Sie im Listenfeld der Dialogbox auf den Eintrag mit dem Namen Ihres Makros.

3. Schließen Sie die Dialogbox mit einem Klick auf "OK".

Das Makro wird ausgeführt.

Natürlich können Sie auch mehrere Makros aufzeichnen und speichern. Allerdings können Sie nur maximal 24 Tastenkombinationen (a bis z) zuordnen, wobei es bei manchen Tastenkombinationen Probleme gibt, weil sie schon von Excel für Menübefehle verwendet werden.

Wenn diese Hinweise zu den Makros Ihr Interesse geweckt haben, sollten Sie sich anhand anderer Bücher zu Excel näher informieren, etwa mit "Excel Add-in" von DATA BECKER.

11. Was Sie besser lassen sollten

Es gibt ein paar Dinge, die Sie grundsätzlich nicht tun sollten, wenn Sie mit Excel arbeiten. Wobei alle Ratschläge, die Sie im folgenden finden, immer gelten, wenn Sie mit Ihrem Computer und mit der Windows-Oberfläche arbeiten.

11.1 Computer ausschalten, während Excel noch läuft

Selbst wenn Sie vorher das Arbeitsblatt abgespeichert haben, an dem Sie zuletzt gearbeitet haben, kann es passieren, daß Dateien nicht richtig gespeichert werden und nach dem nächsten Start von Windows und Excel nicht mehr geöffnet werden können.

Sie sollten den Computer erst ausschalten, wenn Sie Excel beendet und auch die Windows-Oberfläche verlassen haben. Am Bildschirm sollte nur die bewußte Eingabeaufforderung

```
C:\>
```

zu sehen sein. Außerdem sollten die Leuchten der Laufwerke nicht
mehr aufleuchten.

Ist das alles der Fall, können Sie den Computer ausschalten.

11.2 Computer ausschalten, während die Windows-Oberfläche noch eingeschaltet ist

Unangenehme Folgen kann es haben, wenn Sie den Computer
ausschalten, während noch die Windows-Oberfläche läuft. Und so
beenden Sie Ihre Arbeit richtig:

1. Speichern Sie das Arbeitsblatt, an dem Sie gerade arbeiten, mit
    dem Befehl "Speichern" aus dem Menü "Datei".

2. Schließen Sie Excel mit dem Befehl "Beenden" aus dem Menü
    "Datei". Sie kommen zurück zum Programm-Manager der
    Windows-Oberfläche.

3. Schließen Sie die Windows-Oberfläche, indem Sie im Menü
    "Datei" des Programm-Managers den Befehl "Windows
    beenden..." wählen.

4. Klicken Sie in der folgenden Dialogbox auf "OK".

Jetzt wird der Programm-Manager - ohne daß Sie es merken - einige
Einstellungen in bestimmte Dateien auf der Festplatte speichern. Das
ist notwendig, damit Windows nach dem nächsten Start wieder
ordnungsgemäß arbeiten kann.

Wenn der Bildschirm schwarz wird und die Eingabeaufforderung

```
C:\>
```

in der obersten Zeile zu sehen ist, können Sie den Computer
ausschalten.

Nehmen Sie alle Disketten aus den Laufwerken, falls noch welche drin sind. Das stellt sicher, daß der Computer sich nach dem nächsten Einschalten korrekt meldet.

11.3 Von einer Diskette aus arbeiten

Es ist zwar technisch möglich, Arbeitsblätter von der Diskette aus zu bearbeiten, die Arbeitsgeschwindigkeit sinkt dabei aber drastisch ab. Besser, Sie kopieren Dateien mit Arbeitsblättern auf die Festplatte in eines der Verzeichnisse von Excel.

Excel selbst kann nur benutzt werden, wenn es auf der Festplatte gespeichert wurde.

11.4 Diskette rausziehen, während das Laufwerk noch arbeitet

Wenn Sie einmal ein Arbeitsblatt von der Diskette aus öffnen und auch wieder dorthin speichern, sollten Sie darauf achten, daß Sie die Diskette nur herausnehmen, wenn die Leuchte am Laufwerk nicht mehr leuchtet.

Manchmal scheint es nämlich so, als sei ein solcher Vorgang schon beendet, obwohl die Leuchte am Diskettenlaufwerk noch an ist. Das Öffnen und Speichern ist aber tatsächlich erst dann erfolgreich beendet, wenn die Leuchte aus ist.

11.5 Kabel rausziehen oder reinstecken, während der Computer eingeschaltet ist

Je nachdem, welches Kabel Sie herausziehen oder hineinstecken, kann eine solche Aktion bei eingeschaltetem Computer zu ernsthaften Beschädigungen führen. Deshalb:

Bevor Sie irgendwelche Manipulationen an den Kabeln vornehmen, beenden Sie Excel, schließen Sie die Windows-Oberfläche und schalten Sie den Computer aus.

Dann können Sie Kabel ziehen und stecken so viel Sie möchten!

11.6 Das Verzeichnis, in dem Excel gespeichert ist, umbenennen

Wenn Sie sich mit der Windows-Oberfläche vertraut gemacht haben, wissen Sie, daß man Dateien und Verzeichnisse umbenennen kann. Das ist auch oft sinnvoll. Eines dürfen Sie jedoch auf keinen Fall: Das Verzeichnis, in dem Excel gespeichert ist (meist: C:\EXCEL) darf nicht umbenannt werden.

Tun Sie das trotzdem, kann Excel nicht mehr gestartet werden, ohne größere Veränderungen an den Eigenschaften des Excel-Programm-symbols vorzunehmen.

Lassen Sie den Namen dieses Verzeichnisses wie er ist. Das gilt übrigens für alle Verzeichnisnamen, die bei einer Programminstalla-tion automatisch erzeugt wurden.

12. Die wichtigsten Funktionen im Überblick

In diesem Kapitel finden Sie die wichtigsten Excel-Funktionen. Und zwar alphabetisch sortiert. Sie können hier nachschlagen, wenn Sie in einem Arbeitsblatt eine Funktion benutzen wollen.

Haben Sie das Geeignete gefunden, können Sie die Funktion in der Dialogbox auswählen, die Sie mit dem Befehl "Funktion einfügen..." aus dem Menü "Formel" auf den Bildschirm bringen.

ANZAHL(Bereichsadresse)

Mit dieser Funktion ermitteln Sie die Anzahl der gefüllten Zellen in einem Bereich. Tragen Sie z. B. die Formel

```
=ANZAHL(A1:Q35)
```

im Haushaltsblatt ein, wird in der Zelle der Wert

```
430
```

erscheinen.

GANZZAHL(Zahl)

Ergibt eine Berechnung eine Zahl mit vielen Nachkommastellen, können Sie diese mit der Funktion GANZZAHL() abschneiden. Beispiel:

```
=GANZZAHL(987,6876876)
```

ergibt

```
987
```

HEUTE()

Wenn Sie das aktuelle Datum brauchen, setzen Sie in der gewünschten Zelle die Funktion

```
=HEUTE()
```

ein. Wählen Sie für diese Zelle eines der Datumsformate (z. B.: TT MMMM JJJJ). Dann erscheint in der Zelle z. B.

```
16. MÄRZ 1993
```

JETZT()

Wenn Sie das aktuelle Datum und/oder die aktuelle Uhrzeit brauchen, setzen Sie in der gewünschten Zelle die Funktion

```
=JETZT()
```

ein. Wählen Sie für diese Zelle eines der Datums- oder Zeitformate (z. B. hh:mm). Dann erscheint in der Zelle z. B.

```
11:39
```

MAX*(Bereichsadresse oder Liste)*

Den höchsten Wert in einem Bereich oder einer Liste von Werten ergibt diese Funktion. Beispiel:

```
=MAX(1;2;3)
```

ergibt

```
3
```

MIN*(Bereichsadresse oder Liste)*

Den niedrigsten Wert in einem Bereich oder einer Liste von Werten ergibt diese Funktion. Beispiel:

```
=MIN(1;2;3)
```

ergibt

```
1
```

MITTELWERT*(Bereichsadresse oder Liste)*

Den Mittelwert in einem Bereich oder einer Liste von Werten ergibt diese Funktion. Beispiel:

```
=MITTELWERT(1;2;3)
```

ergibt

```
2
```

RUNDEN*(Zahl;Anzahl der Stellen)*

Mit dieser Funktion können Sie eine Zahl nach den üblichen Regeln auf- oder abrunden. Die Formel

```
=RUNDEN(9987,675439;3)
```

ergibt

```
9987,675
```

Außer dem Wert müssen Sie angeben, auf wie viele Stellen gerundet werden soll.

SUMME(Bereichsadresse oder Liste)

Die mit Abstand häufigste Funktion dient zum Summieren von Werten in einem Bereich. Sie können zwischen den Klammern Adressen einzelner Zellen mit Adressen von Bereichen und Konstanten mischen. Getrennt wird jeweils mit einem Semikolon - Beispiel:

```
=SUMME(D3:S3;A40;99)
```

=WENN(Wahrheitsprüfung;Dann;Sonst)

Manchmal geht es darum, einen Wert abhängig vom Ergebnis einer Prüfung einzusetzen. So können Sie z. B. dafür sorgen, daß in einer Zelle das Wort "Ja" eingesetzt wird, wenn in einer Zelle eine 1 steht. In dieser Zelle müßte dann die Formel

```
=WENN(A40=1;"JA";"NEIN")
```

stehen. Haben Sie in A40 eine 1 eingetragen, wird in der Zelle mit dieser Formel das Wort "Ja" erscheinen. Steht in A40 etwas anderes als 1, wird das Wort "Nein" eingesetzt

WURZEL(Zahl)

Na ja, wenn Sie wirklich einmal die Quadratwurzel aus einer Zahl ziehen müssen, dann verwenden Sie halt diese Funktion.

ZUFALLSZAHL()

Diese Funktion setzt einen zufällig ermittelten Wert zwischen 0 und 1 in die Zelle mit der entsprechenden Formel. Das können Sie sich zunutze machen, um z. B. einen Würfel zu simulieren.

Sehen Sie hierzu auch in Kapitel 13 nach.

13. Ein paar fertige Formeln für den Sofortgebrauch

Natürlich können Sie sich Formeln, die Sie für bestimmte Zwecke einsetzen wollen, auch selbst schreiben. Es gibt jedoch ein paar Fälle, in denen das eine mühevolle Arbeit ist, weil man beim Einsatz von Excel-Funktionen manchmal ein wenig um die Ecke denken muß.

In diesem Kapitel möchte ich Ihnen deshalb ein paar fertige Formeln für ganz unterschiedliche Einsatzgebiete vorstellen.

Sie werden jeweils die Formel vorfinden, aber auch Anweisungen für die geeigneten Zahlenformate und zusätzliche Tips.

Wie alt ist Oma? - Rechnen mit Datumswerten

Eine der schönsten Eigenschaften von Excel ist, daß Sie mit Datumswerten rechnen können. Wenn Sie z. B. eine Geburtstagsliste als Datenbank (siehe Kapitel 9) aufbauen, dann können Sie dort auch das jeweilige Alter der Menschen ausrechnen lassen.

249

In eine der Zellen fügen Sie das aktuelle Datum ein; dazu verwenden Sie die Funktion HEUTE(). In eine zweite Zelle tragen Sie das Geburtsdatum der Person ein. Ordnen Sie diesen beiden Zellen das Zahlenformat TT.MM.JJJJ zu.

In der dritten Zelle geben Sie dann eine Formel ein, die die Differenz zwischen aktuellem Datum und Geburtsdatum ausrechnet - Beispiel

    =B2-C2

Wollen Sie, daß der Geburtstag richtig erkannt wird, wenn er auf das aktuelle Datum fällt, müssen Sie zum aktuellen Datum eine 1 addieren - Beispiel

    =(B2+1)-C2

Wählen Sie für diese Zelle das Zahlenformat JJ aus.

Es erscheint dort das Alter der Person in Jahren. Haben Sie es mit Babies zu tun, können Sie das Ergebnis auch in Monaten anzeigen lassen - benutzen Sie das Zahlenformat MM.

Abb. 104: So können Sie das Alter einer Person berechnen lassen

	A	B	C	D
1	So berechnet man das Alter einer Person			
2		Aktuelles Datum	Geburtsdatum	Alter
3	Eingabe:	=HEUTE()		=(B2+1)-C2
4	Zahlenformat:	TT.MM.JJJJ	TT.MM.JJJJ	JJ
5	Ausgabe:	15.03.1993	08.07.1985	07

Das Prinzip, das dahinter steckt: Sie können grundsätzlich mit Datums- und Zeitwerten rechnen. Das aktuelle Datum bekommen Sie mit der Funktion HEUTE(); das aktuelle Datum und die aktuelle Uhrzeit mit der Funktion JETZT(). Mit dem zugeordneten Zahlenformat bestimmen Sie, wie das Ergebnis ausgewertet wird.

War der 1. April 1980 ein Freitag? - Den Wochentag bestimmen

Noch eine Variante zum Thema: Sie können leicht ermitteln, auf welchen Wochentag ein Datum fällt bzw. fiel. Dazu gibt es die Funktion WOCHENTAG().

In einer Zelle tragen Sie das betreffende Datum ein und wählen dafür das Zahlenformat TT.MM.JJJJ. In eine zweite Zelle füllen Sie die Funktion WOCHENTAG() ein und geben Sie als Argument die Zelle mit dem Datum an - Beispiel

```
=WOCHENTAG(B2)
```

Diese Zelle bekommt das Zahlenformat TTTT; dadurch wird dort der Name des Wochentags ausgegeben.

Abb. 105: So stellen Sie fest, auf welchen Wochentag ein Datum fällt

	A	B	C	D
1	So ermitteln Sie, auf welchen Wochentag ein Datum fällt			
2		Datum	Wochentag	
3	Eingabe:	10.11.1952	=WOCHENTAG(B5)	
4	Zahlenformat:	TT.MM.JJJJ	TTTT	
5	Ausgabe:	10.11.1952	Montag	

Excel kann würfeln - Spielen mit der Zufallszahl

Vielleicht fällt Ihnen auf Anhieb kein praktischer Einsatz für die folgende Formel ein; interessant ist es allemal, die Funktion ZUFALLSZAHL() auszuprobieren. Sie liefert einen zufälligen Wert zwischen 0 und 1.

Zum Würfeln möchten Sie aber, daß zufällig ganze Zahlen zwischen 1 und 6 fallen. Das erreichen Sie durch eine speziellen Umbau der Funktion ZUFALLSZAHL(). Tippen Sie folgende Formel in eine Zelle ein:

```
=GANZZAHL(ZUFALLSZAHL()*((6-1+0,5)+0,5)+1)
```

Durch die Funktion GANZZAHL() und die Verrechnung erreichen Sie, daß erstens immer eine ganze Zahl und zweitens eine zwischen 1 und 6 geworfen wird. Wählen Sie statt der 6 in dieser Formel eine andere ganze Zahl, werden nur ganze Zahlen bis zu diesem Wert einschließlich erzeugt.

Wichtig: Nach dem Eintippen der Formeln und dem Bestätigen mit der ⌑Enter⌑-Taste erscheint die erste Zahl. Jeden weiteren Wurf

251

müssen Sie durch Drücken der Taste [F9] auslösen. Damit werden nämlich alle Formeln im Arbeitsblatt neu berechnet - eine neue Zufallszahl entsteht.

Abb. 106: So erzeugen Sie zufällig die Zahlen 1 bis 6

	A	B	C	D
1	So können Sie Excel würfeln lassen			
2		Der Würfel:		
3	Eingabe:	=GANZZAHL(ZUFALLSZAHL()*((6-1+0,5)+0,5)+1)		
4	Zahlenformat:	0		
5	**Ausgabe**	6		
6	Hinweis:	Einen neuen Wurf erreichen Sie durch Drücken der Taste <F9>		

Zins, Zinseszins und günstige Darlehen

Aus der Fülle der finanzmathematischen Funktionen habe ich zwei herausgegriffen, die vielleicht auch Ihnen von Nutzen sein können. Angenommen, Sie planen, ein Darlehen aufzunehmen. Sie kennen den effektiven Jahreszins, die Laufzeit und den Darlehensbetrag; dann können Sie ausrechnen, wie hoch die monatlichen Raten sind.

Abb. 107: So berechnen Sie die Höhe der Raten bei einem Darlehen

	A	B	C	D	E
1	So berechnen Sie die monatlichen Raten für ein Darlehen				
2		Jahreszins	Laufzeit	Darlehensbetrag	Höhe der Rate
3	Eingabe:	0,0975	36	25000	=ABS(RMZ(B5/12;C5;D5))
4	Zahlenformat:	0,00%	0	#.##0,00 DM	#.##0,00 DM
5	**Ausgabe:**	9,75%	36	25.000,00 DM	803,75 DM

Orientieren Sie sich bei eigenen Versuchen mit der Funktion RZM() an den Angaben in der Abbildung.

Umgekehrt können Sie die Funktion BW() nutzen. Wenn Sie wissen, wieviel Sie monatlich abzahlen können, den Zinssatz wissen und eine Laufzeit anpeilen, dann errechnet diese Funktion die Höhe des so abzahlbaren Darlehens. Schauen Sie in der folgenden Abbildung nach.

Abb. 108: So ermitteln Sie die mögliche Höhe eines Darlehens

	A	B	C	D	E
1	So berechnen Sie die mögliche Höhe eines Darlehens				
2		Jahreszins	Laufzeit	Höhe der Rate	Darlehensbetrag
3	Eingabe:	0,078	240	2400	=BW(B5;C5/12;-(D5*12))
4	Zahlenformat:	0,00%	0	#.##0,00 DM	#.##0,00 DM
5	Ausgabe:	7,80%	240	2.400,00 DM	287.021,14 DM

Prozentrechnen und die liebe Mehrwertsteuer

Am einfachsten können Sie die Prozentrechnung ausführen, indem Sie das Prozentzeichen (%) als Rechenzeichen benutzen. Tippen Sie in eine Zelle z. B.#

```
=(45,67*30%)
```

ein, wird ein Betrag erscheinen, der eben dreißig Prozent von 45,67 entspricht.

Oft ist es aber nötig, sowohl den Prozentbetrag als auch den Bruttobetrag zu ermitteln, der sich aus einem Netto und einem Prozentsatz ergibt. Denken Sie nur an Rechnungen mit der Mehrwertsteuer. Die folgende Abbildung zeigt, wie Sie die Mehrwertsteuer ausrechnen und den Bruttobetrag ermitteln.

Abb. 109: So addieren Sie die Mehrwertsteuer zu einem Nettobetrag

	A	B	C	D	E
1	So berechnen Sie die Mehrwertsteuer für einen Netto-Betrag				
2		Brutto-Betrag	MWSt.-Satz	MWSt.-Betrag	Netto-Betrag
3	Eingabe:	998,67	0,15	=B4*C4	=B4+D4
4	Zahlenformat:	#.##0,00 DM	0,00%	#.##0,00 DM	#.##0,00 DM
5	Ausgabe:	102,00 DM	15,00%	15,30 DM	117,30 DM

Andersherum ist es ein bißchen komplizierter: Sie haben einen Bruttobetrag und möchten wissen, wieviel Mehrwertsteuer enthalten und wie hoch der Bruttobetrag ist. Die folgende Abbildung zeigt, wie Sie das am besten rechnen:

253

Abb. 110: So rechnen Sie die Mehrwertsteuer aus einem Betrag heraus

	A	B	C	D	E
1	So berechnen Sie die Mehrwertsteuer aus einem Brutto-Betrag				
2		Brutto-Betrag	MWSt.-Satz	MWSt.-Betrag	Netto-Betrag
3	Eingabe:	998,67	0,15	=B3-E3	=B5/(100+(C5*100))*100
4	Zahlenformat:	#.##0,00 DM	0,00%	#.##0,00 DM	#.##0,00 DM
5	Ausgabe:	120,00 DM	15,00%	15,65 DM	104,35 DM

Je mehr, um so billiger - Mengenrabatt bestimmen

Excel bietet Funktionen an, die über die reine Rechnerei weit hinausgehen. Die sogenannten "logischen" Funktionen dienen z. B. dazu, je nach dem Ergebnis einer Wahrheitsprüfung einen bestimmten Wert in eine Zelle zu schreiben. Die Funktion WENN() lautet in ihrer allgemeinen Form

```
WENN(WAHRHEITSPRÜFUNG, DANN;SONST)
```

Die Wahrheitsprüfung findet mit den üblichen logischen Vergleichen statt; die Aussage

```
1>0
```

ergibt z. B. den Wahrheitswert WAHR(): Im Gegensatz dazu würde

```
2<0
```

den Wahrheitswert FALSCH() ergeben.

Die Wahrheitsprüfung findet innerhalb der WENN()-Funktion statt. Ergibt sie WAHR(), wird der erste Wert in die Zelle mit dieser Formel eingesetzt. Wird FALSCH() errechnet, wird der zweite Wert in die Zelle gesetzt.

Ein praktisches Beispiel: Sie möchten automatisch den Rechnungsbetrag errechnen lassen, wobei ab einer bestimmten Bestellmenge (Grenzwert) ein bestimmter Mengenrabatt gewährt wird. Eintragen müssen Sie als Konstante dieser Rechnung die Mindestbestellmenge und den Rabattsatz, der bei einer Bestellung ausreichender Größe gewährt wird.

In der Zelle, die den Rechnungsbetrag aufnehmen soll, wird dann eine Formel mit der WENN()-Funktion eingetragen:

```
=WENN(E3>D3;(B3*E3)*(1-C3);B3*E3)
```

Wobei davon ausgegangen wird, daß die Zellen folgende Einträge enthalten:

B3 = Einzelpreis
C3 = Rabattsatz
D3 = Mindestbestellmenge
E3 = Bestellmenge

Schauen Sie sich noch einmal die folgende Abbildung an:

Abb. 111: So rechnen Sie den Mengen-rabatt aus

	A	B	C	D	E	F
1	So berechnen Sie einen Mengenrabatt					
2		Einzelpreis	Rabatt	GW	Menge	Endpreis
3	Eingabe:	35,98	0,15	10	11	=WENN(E3>D3;(B3*E3)*(1-C3);B3*E3)
4	Zahlenformat:	#.##0,00 DM	0,00%	0	0	#.##0,00 DM
5	Ausgabe:	35,98 DM	15,00%	10	9	323,82 DM

So können Sie einen Mengenrabatt errechnen lassen

Mit der WENN()-Funktion können Sie grundsätzlich Rechnungen abhängig von bestimmten Bedingungen ausführen lassen. Die Möglichkeiten sind fast unbegrenzt!

14. Excel-Begriffe, die Sie kennen sollten

In diesem Kapitel finden Sie noch einmal die wichtigsten Excel-Begriffe. Und zwar alphabetisch sortiert. Sie können hier nachschlagen, wenn Ihnen ein Begriff in den Kapiteln unbekannt vorkommt oder Sie nicht ganz genau wissen, was gemeint ist.

Adresse(n)

Jede Zelle im Arbeitsblatt hat eine Adresse. Sie setzt sich zusammen aus einer Spaltenkoordinate und einer Zeilenkoordinate. Die Spalte wird durch einen Buchstaben von A bis Z bzw. zwei Buchstaben von AA bis IV gekenzeichnet. Die Zeilen sind von 1 bis 16384 durchnumeriert. Die Zelle in der oberen linken Ecke des Arbeitsblatts hat die Adresse A1.

Auch Bereiche werden durch eine Adresse identifiziert. Diese Adresse besteht aus der Adresse der obersten linken Zelle und der Adresse der untersten linken Zelle - getrennt durch einen Doppelpunkt. Die Adresse A1:Q35 bezeichnet also den Bereich von A1 bis Q35.

Arbeitsblatt

Ein Arbeitsblatt in Excel ist immer gleich groß: Es umfaßt genau 256 Spalten mit je 16384 Zeilen. In einem Arbeitsblatt können Sie eine oder mehrere Tabellen anlegen, ein oder mehrere Diagramme einfügen und einen Datenbankbereich verwalten.

Jedes einzelne Arbeitsblatt wird in einer Datei gespeichert.

In diesem Buch werden die Begriffe "Arbeitsblatt" und "Tabelle" praktisch gleichbedeutend verwendet, weil die vorgestellten Arbeitsblätter immer nur eine Tabelle enthalten.

Arbeitsfenster

Wenn Sie Excel gestartet haben, erscheinen immer zwei Fenster auf dem Bildschirm: Das Excel-Fenster und in diesem Programmfenster das Arbeitsfenster. Im Arbeitsfenster wird ein Teil des Arbeitsblatts angezeigt - der sichtbare Ausschnitt. Die Titelleiste des Arbeitsblatts zeigt den Namen des Arbeitsblatts an. Ein neues, leeres Arbeitsblatt heißt immer "Tab" plus einer laufenden Nummer.

Ist das Arbeitsfenster auf volle Größe gebracht worden, verschwindet seine Titelleiste. Der Arbeitsblattname wird dann in der Titelleiste des Excel-Fensters angezeigt. Außerdem finden Sie dann das System-menü des Arbeitsfensters (Quadrat mit Minuszeichen) am rechten Ende der Menüleiste. Am linken Ende der Menüleiste erscheint die Schaltfläche mit dem Doppeldreieck. Klicken Sie darauf, wird das Arbeitsfenster wieder auf normale Größe gebracht.

Bereich

Eine Menge rechteckig angeordneter Zellen wird im Excel-Jargon als "Bereich" bezeichnet. Die Bereichsadresse setzt sich zusammen aus der Adresse der obersten linken Zelle und der untersten rechten Zelle; getrennt durch einen Doppelpunkt. Beispiel: A1:Q35 kennzeichnet den Bereich von A1 bis Q35.

Bereichsnamen

Sie können jedem Bereich einen Namen geben. Dieser Name steht dann stellvertretend für diesen Bereich und kann in Formeln benutzt werden. Markieren Sie den Bereich und wählen Sie den Befehl "Namen festlegen..." aus dem Menü "Formel" und tragen einen Namen ein. Der Name darf bis zu 256 Buchstaben lang sein und nur Ziffern und Buchstaben enthalten. Als Trenner zwischen Wörtern verwenden Sie den Unterstrich (Umschalt + -).

Datenbankbereich

Möchten Sie eine Tabelle als Datenbank benutzen, müssen Sie ein paar Vorkehrungen treffen. Jede Spalte, die ausgefüllt werden soll, bekommt eine Überschrift, den Datenfeldnamen. Die einzelnen Zeilen enthalten dann die Datensätze. Danach markieren Sie die Zeile mit den Datenfeldnamen und die darunterliegende leere Zeile und legen Sie diesen Bereich als Datenbankbereich fest. Dafür gibt es einen Befehl im Menü "Daten". Ist das geschehen, können Sie über die Maske Datensätze eingeben, ändern und suchen.

Diagramm

Wollen Sie Zahlenwerte optisch verdeutlichen, gestalten Sie ein Diagramm. Dazu markieren Sie den Bereich mit den Zahlen und den Überschriften und starten den Diagrammassistenten. Zuerst zeichnen Sie im Arbeitsblatt ein Rechteck an, in das Ihr Diagramm eingefügt werden soll. Dann arbeiten Sie die fünf Schritte des Diagrammassistenten durch. Ist das geschehen, wird das Diagramm im Arbeitsblatt eingefügt.

Verfeinerungen am Diagramm nehmen Sie dann im speziellen Diagramm-Modul von Excel vor. Sie schalten dorthin um, indem Sie auf das Diagramm im Arbeitsblatt doppelklicken. Im Diagramm-Modul können Sie dann die einzelnen Elemente des Diagramms bearbeiten. Wenn Sie fertig sind, schließen Sie das Fenster des Diagramm-Moduls. Sie kommen zurück zum Arbeitsblatt, die veränderte Version des Diagramms erscheint dort automatisch.

Druckbereich

Wenn Sie möchten, daß nur ein Teil Ihres Arbeitsblatts gedruckt werden soll, legen Sie den Druckbereich fest. Markieren Sie den Bereich, der gedruckt werden soll und wählen Sie den Befehl "Druckbereich festlegen" aus dem Menü "Optionen".

Sie können jederzeit einen anderen Bereich des Arbeitsblatts als Druckbereich festlegen.

Element

Jeden Bestandteil eines Diagramms nennt man ein Element. Es gibt Textelemente; dazu zählen z. B. die Überschrift des Diagramms und die Achsenbeschriftungen, aber auch selbst eingegebene Textstücke. Die übrigen Elemente: Achsen, Balken etc. und Flächen.

Möchten Sie die Eigenschaften eines Elements (Farbe, Größe, Lage etc.) verändern, gilt der Grundsatz: Erst markieren, dann operieren.

Excel-Fenster

Das Fenster, das sich nach dem Start von Excel öffnet, ist das Excel-Fenster, Programmfenster genannt. Im Excel-Fenster kann ein Arbeitsfenster oder können mehrere Arbeitsfenster geöffnet sein.

Das Excel-Fenster hat die üblichen Fensterelemente und vor allem die wichtigen Excel-Bedienelemente: Menüleiste, Symbolleiste und Bearbeitungszeile.

Formel

Sie können folgendes in eine Zelle eintragen: Text, Zahlen oder Formeln. Eine Formel ist eine Rechenanweisung, die den Inhalt von Zellen und Bereichen verarbeiten kann. Die einfachste Formel dient dazu, die Werte zweier Zellen zu addieren und heißt z. B. =A1+B1 - sie ergibt die Summe der Werte dieser Zellen.

Wenn Sie in eine Zelle eine Formel eintragen wollen, beginnen Sie immer mit einem Gleichheitszeichen (=); in der Formel können Sie dann Zahlen (Konstante) und Adressen (Variablen) mit den üblichen Rechenzeichen (+, -, *, / und ^) verknüpfen oder dazu Funktionen benutzen.

Funktion

Funktionen sind vorgefertigte Rechenvorschriften, die in Excel selbst enthalten sind. Solche Funktionen erleichtern die Arbeit und machen manche Auswertung erst möglich. Jede Funktion besteht aus ihrem

Namen und zwei Klammern, zwischen denen die Argumente
angegeben werden müssen. Die Argumente sind Zahlen oder
Adressen, die mit der Funktion ausgewertet werden sollen.

Die einfachste Funktion heißt SUMME() und dient dazu, Zellen
und/oder Bereiche aufzuaddieren. Die Formel =SUMME(A1:Q35)
würde z. B. die Werte aller Zellen in diesem Bereich addieren.

Den einfachsten Zugriff auf die Funktionen haben Sie über den Befehl
"Funktion einfügen..." im Menü "Formel". Dieser bringt eine Dialogbox auf den Bildschirm, aus der Sie sich die gewünschte Funktion
einfach aussuchen können. Die gewählte Funktion wird dann in der
Bearbeitungszeile eingefügt.

Koordinaten

Jede Spalte ist mit einem bzw. zwei Buchstaben bezeichnet, jede Zeile
mit einer Nummer versehen. Das sind die Spalten- und Zeilenkoordinaten. Die Adresse einer Zelle setzt sich aus ihrer Spalten- und
ihrer Zeilenkoordinate zusammen.

Maske

Wenn Sie eine Tabelle als Datenbank verwenden wollen, die
Datenfeldnamen eingegeben und den Datenbankbereich festgelegt
haben, können Sie alle Aktionen (Datensätze eingeben, ändern,
löschen und suchen) über die sogenannte "Maske" abwickeln. Diese
bringen Sie mit dem Befehl "Maske..." aus dem Menü "Daten" auf den
Bildschirm. In der Maske gibt es ein Eingabefeld für jedes Datenfeld
und eine Reihe Schaltflächen, mit denen Sie die gewünschte Aktion
einleiten.

Programmfenster

siehe Excel-Fenster

Spreadsheet

(sprich: Sprädschiet) der Fachbegriff für Arbeitsblatt

Tabelle

Unter einer Tabelle versteht man eine Menge an Zellen und/oder Bereichen, die zusammengehören. So ganz genau läßt sich das nicht beschreiben. Jedenfalls: Ein Arbeitsblatt kann mehrere Tabellen enthalten.

Zelle(n)

Die kleinste Einheit in einem Arbeitsblatt. Eine Zelle sitzt jeweils im Schnittpunkt einer Spalte mit einer Zeile. Deshalb kann sie anhand ihrer Adresse, die sich aus der Spalten- und der Zeilenkoordinate zusammensetzt, identifiziert werden.

Eine Zelle kann leer sein oder Text, eine Zahl oder eine Formel enthalten.

15. Begriffe, die Sie kennen sollten, um "mitreden" z. können

ASCII   *sprich: Asskie*

Abkürzung für "American Standard Code for Information Interchange".

Bedeutung:

Eine Datei ist dann eine ASCII-Datei, wenn sie reinen Text ohne jede Formatierung (ohne Fettschrift, Ausrichtung etc.) enthält. Eine solche Datei kann praktisch in jedem Programm - auch in Excel geöffnet werden.

Der Fachmann sagt:

"Hol Dir die Tabelle doch einfach als Asskie nach Excel!"

Booten   sprich: buten

Bedeutung:

Alles das, was nach dem Einschalten des Computers passiert - bis hin
zur Eingabeaufforderung oder der Windows-Oberfläche.

Der Fachmann sagt:

"Auch nach einem Warmstart wird der Computer neu gebutet."

DOS   sprich: Doss

Abkürzung für "Disk Operating System"

Bedeutung:

Das Betriebssystem - es heißt bei Ihrem Computer entweder MS-DOS
oder DR DOS (oder so ähnlich) - besteht aus einer Menge
Programme, die dafür sorgen, daß Ihr Computer Sie überhaupt
versteht. Ohne Betriebssystem ist Ihr Computer strohdumm und
kennt weder Maus noch Tastatur, keinen Bildschirm und keine
Diskettenlaufwerke und Festplatten.

Der Fachmann sagt:

"Unter Windohs liegt immer noch das gute, alte Doss."

Keyboard   sprich: Kibort

Bedeutung:

Das englische Wort für Tastatur. Wird von Insidern oft und gern
benutzt.

Der Fachmann sagt:

"Laß mich mal ans Kibort, ich kriege das schon hin."

VGA   *sprich: Vau-ge-a*

Abkürzung für "Video Graphics Array"

Bedeutung:

Der Bildschirm Ihres Computer wird von einem Grafikadapter angesteuert. Er sorgt dafür, daß überhaupt etwas und dann das Gewünschte auf dem Monitor erscheint. Für Grafikadapter gibt es Standards; einer davon heißt VGA. Der Grafikadapter in Ihrem Computer wird vermutlich nach dem VGA-Standard arbeiten. Kann sein, daß er aber auch ein Super-VGA-Adapter ist...

Der Fachmann sagt:

"Meine neue Es-Vau-Ge-A-Karte mit Es-Drei-Tshipp-Satz kann 1024mal 768 in 256 Farben, allerdings nur interleßt..."

Windows   *sprich: Windohs*

Bedeutung:

Windows ist eine grafische Benutzeroberfläche. Das heißt, daß Sie Ihren Computer dann mit der Maus bedienen können und am Bildschirm Fenster und Symbole sehen, wenn auf Ihrem Computer die Windows-Oberfläche läuft.

Für Excel brauchen Sie Windows.

Der Fachmann sagt:

"Windohs Drei-Punkt-Eins ist ja schon ganz schön, aber warte mal, wenn Windohs En-Teh da ist!"

WYSIWYG   *sprich: Wisiwick*

Abkürzung für "What You See Is What You Get"

Bedeutung:

Ein Prinzip, das besagt: Was Sie auf dem Bildschirm sehen, kriegen
Sie auch auf Papier aus dem Drucker.

Wenn Sie mit der Windows-Oberfläche arbeiten, zeigen alle
Programme ihre Daten nach dem WYSIWYG-Prinzip an - jedenfalls
mehr oder weniger...

Der Fachmann sagt:

"Echtes Wisiwick gibt's nicht - guck Dir bloß mal die Farben an!"

Stichwortverzeichnis

A

Absolute Adressen 117
Achse beschriften 144
Addieren 83
Adresse 118, 256
    absolut 117
    sortieren 222
Adressendatei 215
    anlegen 215
Altersbestimmung 249
Anfasser 108
Anklicken 26
ANZAHL 245
Arbeitsblatt 55, 257
    aufteilen 136
    schließen 88, 98
    vergrößern 91
    verschieben 57
Arbeitsfenster 55, 257
ASCII 262

B

Balkendiagramm 149
Bearbeitungszeile 56
    aktivieren 125
Beenden 88, 242
Bereich 257
    benennen 120
Bereichsnamen 257
    übernehmen 122
Beträge eingeben 121
Booten 263

C

Cursor 21

D

Datei
    öffnen 89
    speichern 84
Dateiname 85
Datenbank 216
Datenbankbereich 258
Datenfeld 214
Datenfeld einfügen 221
Datenpunkt 160
Datenreihe 160
Datensatz 214
    ändern 219
    blättern 220
    eingeben 217
    hinzufügen 220
    löschen 221
    suchen 223
Datumsformat 230
Diagramm 258
    beschriften 144
    Darstellungsformen 143
    erstellen 137
    Farbe ändern 164
    löschen 155
    Muster 165
    Pfeil hinzufügen 161
    speichern 147
    Text hinzufügen 162
    verschieben 146, 169
Diagramm-Modul einschalten 156
Diagrammassistent 137
Diagrammbeschriftung hinzufügen 159
Diagrammerstellung 137
Diagrammfenster schließen 166
Diagrammfläche bearbeiten 146
Diagrammformate 143
Diagrammtitel
    ändern 158
    löschen 159
Diagrammtyp auswählen 141
Doppelklicken 27
DOS 263
Druckbereich 258
    festlegen 202

Drucken 198, 208
 Format festlegen 201
Drucker
 auswählen 199
 installieren 210
 Schnittstelle 211
Druckformat 231

E

Eigene Zahlenformate 226
Eingabefeld 218
Element 259
Excel
 beenden 88, 242
 installieren 47
 starten 44
Excel-Fenster 259
Exponentialschreibweise 64

F

Farbe 190
 in S/W drucken 206
Fenster vergrößern 49
Fettschrift 75
Flächendiagramm 148
Formel 81, 116, 132, 259
 eingeben 82, 114
 kopieren 117
 verschieben 116
Funktion 123, 125, 259

G

GANZZAHL 246
Gitternetzlinien ausblenden 184
Großbuchstaben 19
Gruppensymbole 42

H

HEUTE 246
Hilfetext 21
Hintergrundfarbe 165

I

Invers 72

J

JETZT 246

K

Kalkulationen 31
Karteikasten 213
Keyboard 263
Koordinaten 260
Kopfzeile 207
Kopieren 129
Kreisdiagramm 142, 151

L

Legende 161
Liniendiagramm 142, 151
Linksbündig 178
Löschen 76
 rückgängig machen 78
Lupe 203

M

Makro 237
 abspielen 239

aufnehmen 237
Markieren 72
Markierung
    aufheben 73
    erweitern 73
Maske 217, 260
Maus 25
Maustaste 25
Mauszeiger 26
MAX 247
Mehrwertsteuer 253
Mengenrabatt 254
MIN 247
MITTELWERT 247

N

Netzdiagramm 152

P

Programm beenden 88
Programmfenster 260
Prozentrechnen 253

Q

Querformat 201

R

Rahmen 185
    farbig 193
    löschen 187
    Schatten 190
Rechtsbündig 179
Rechtschreibprüfung 234
Relative Adressen 118
Reset-Schalter 36
Rollbalken 57
Rückgängig 195
RUNDEN 247

S

Säule beschriften 154, 160
Säulendiagramm 142, 149
Schrift
    ändern 172
    farbig 191
    fett 177
    kursiv 178
Schriftart 173
Schriftgröße einstellen 176
Seite automatisch anpassen 206
Seitenansicht 201, 203
Seitenränder einstellen 202
Seitenwechsel 203
Sortieren 222
    absteigend 223
    aufsteigend 223
Spalte
    markieren 73
    verbreitern 63, 180
    vergrößern 93
Spaltenbreite automatisch anpassen 181
Speichern 84, 128
Spellchecker 234
Spreadsheet 260
Suche ausschalten 224
Suchkriterium 224
SUMME 248
Symbolleiste 74

T

Tabelle 55, 261
    aufbauen 54
    automatisch gestalten 194
    benennen 95
    laden 96
    öffnen 89
    speichern 84, 96, 128
    suchen 96
Tabellenkalkulation 29
Tabellenüberschrift 69
Tastatur 16
Text
    eingeben 67
    korrigieren 70
Tippfehler 61, 132

Trennlinie ausblenden 184
TrueType 175

Verzeichnis öffnen 86
VGA 264
Vollton 165
Vordergrundfarbe 165

Warmstart 38
Windows 24, 264
    installieren 45
    starten 36
Wochentag bestimmen 250
WURZEL 248
WYSIWYG 265

Z

Zahlen
    addieren 79
    eingeben 58
Zahlenformat 103, 129
    löschen 230
Zeile markieren 113
Zeilenhöhe verändern 182
Zelle 56, 261
    alle markieren 173
    ausfüllen 107
    automatisch ausfüllen 108
    einfügen 106, 113
    einkleben 105
    farbig 192
    kopieren 105
    löschen 95
    mehrere löschen 77
    verschieben 112, 131
Zelleninhalt überschreiben 66
Zentriert 179
Ziffernblock 22
Zinsberechnung 252
ZUFALLSZAHL 248

Vielen Dank!

Wenn Sie Ihr Buch nicht von hinten nach vorne studieren, dann haben Sie jetzt den ganzen Band gelesen und können ihn an Ihren eigenen Erwartungen messen.
Schreiben Sie uns, wie Ihnen das Buch gefällt, ob der Stil Ihrer "persönlichen Ader" entspricht und welche Aspekte stärker oder weniger stark berücksichtigt werden sollten.
Natürlich müssen Sie diese Seite nicht herausschneiden, sondern können uns auch eine Kopie schicken; für längere Anmerkungen fügen Sie einfach ein weiteres Blatt hinzu.
Vielleicht haben Sie ja auch Anregungen für ein neues Buch oder ein neues Programm, das Sie selbst schreiben möchten.
Wir freuen uns auf Ihren Brief!

Mein Kommentar: _____

_____

_____

_____

_____

☐ Ich möchte selbst DATA-BECKER-Autor werden.
Bitte schicken Sie mir Ihre Informationen für Autoren.

Name _____

Straße _____

PLZ Ort _____ _____

Ausschneiden oder kopieren und einschicken an:
DATA BECKER, Abteilung Lektorat
Merowingerstr. 30, 40223 Düsseldorf

440 300